Student Activities Manual

SECOND EDITION

LIAISONS

An Introduction To French

WYNNE WONG
THE OHIO STATE UNIVERSITY

STACEY WEBER-FÈVE
IOWA STATE UNIVERSITY

BILL VANPATTEN
MICHIGAN STATE UNIVERSITY

CENGAGE
Learning®

Australia • Brazil • Mexico • Singapore • United Kingdom • United States

CENGAGE
Learning·

Liaisons, Second Edition
Student Activities Manual
Wong | Weber-Fève | VanPatten

For product information and technology assistance, contact us at **Cengage Learning Customer & Sales Support, 1-800-354-9706**

For permission to use material from this text or product, submit all requests online at **www.cengage.com/permissions** Further permissions questions can be emailed to **permissionrequest@cengage.com**

ISBN: 978-1-305-64278-2

Cengage Learning
20 Channel Center Street
Boston, MA 02210
USA

Cengage Learning is a leading provider of customized learning solutions with office locations around the globe, including Singapore, the United Kingdom, Australia, Mexico, Brazil, and Japan. Locate your local office at: **www.cengage.com/global**

Cengage Learning products are represented in Canada by Nelson Education, Ltd.

To learn more about Cengage Learning Solutions, visit **www.cengage.com.**

Purchase any of our products at your local college store or at our preferred online store **www.cengagebrain.com**

Printed in the United States of America
Print Number: 03   Print Year: 2017

TABLE DES MATIÈRES

Bienvenue

CHAPITRE

PARTIE 1

VOCABULAIRE 1

Comment ça va?

ACTIVITÉ A Les salutations (Greetings) Listen as the speaker asks a question or says a statement. Then select the most logical response.

P-1

1. a. Bonjour.   b. Ça va bien.   c. Je m'appelle Lise Auger.
2. a. Au revoir.   b. Très bien.   c. Caroline.
3. a. Marie.   b. Dubois.   c. Marie Dubois.
4. a. À demain.   b. Rien de nouveau.   c. Pas mal.
5. a. De rien.   b. Pas grand-chose.   c. À plus tard.
6. a. À bientôt.   b. Enchanté.   c. Il n'y a pas de quoi.

ACTIVITÉ B Vrai ou faux? Listen to the following conversation between a professor and a student and then indicate whether each statement is true (**vrai**) or false (**faux**).

P-2

	vrai	faux
1. Le professeur s'appelle Diane Dufault.	☐	☐
2. L'étudiant s'appelle Pierre.	☐	☐
3. L'étudiant est de Montréal.	☐	☐
4. Le professeur est de Paris.	☐	☐

ACTIVITÉ C Conversations Complete each conversation with one of the following words or expressions.

LEXIQUE			
JE M'APPELLE	BONJOUR	ENCHANTÉ	ÇA VA TRÈS BIEN
AU REVOIR	COMMENT ÇA VA	SALUT	

CLAUDE: 1. _____.

PATRICK: Bonjour. Je m'appelle Patrick. Comment t'appelles-tu?

CLAUDE: 2. _____ Claude.

PATRICK: 3. _____, Claude.

ANNE: Salut, Caroline.

CAROLINE: 4. _____.

ANNE: 5. _____?

ANNE: 6. _____. Et toi?

CAROLINE: Moi aussi.

ANNE: Au revoir.

CAROLINE: 7. _____.

ACTIVITÉ D Comment vous épelez…? *(How do you spell . . .?)*

P-3

Étape 1. Listen as the speaker spells the names of some cities. Write what you hear.

1. _____   3. _____   5. _____

2. _____   4. _____   6. _____

Étape 2. Now write in English the country or state of the cities in **Étape 1.**

1. _____   3. _____   5. _____

2. _____   4. _____   6. _____

ACTIVITÉ E Questions Write the question for each of the following statements.

QUESTION: 1. _____

RÉPONSE: Très bien merci.

QUESTION: 2. _____

RÉPONSE: Je m'appelle Claire Gagner.

QUESTION: 3. _____

RÉPONSE: Pas grand-chose.

QUESTION: 4. _____

RÉPONSE: Oui, ça va bien.

ACTIVITÉ F Réponses How would you answer the following questions or respond to the following statements

from a professor you have just met?

PROF: Bonjour.

VOUS *(You)*: 1. _____

PROF: Comment vous-appelez vous?

VOUS: 2. _____

PROF: Enchanté. Je suis Monsieur Boivin.

VOUS: 3. _____

PROF: Au revoir. À bientôt.

VOUS: 4. _____

from a good friend you have just run into?

AMI *(Friend)*: Salut!

VOUS: 5. _____

AMI: Ça va bien?

VOUS: 6. _____

AMI: Quoi de neuf?

VOUS: 7. _____

AMI: À plus tard!

VOUS: 8. _____

Nom _____ Date _____

GRAMMAIRE 1

Pour parler de nos origines

Le verbe *être* / Les pronoms sujets / Les questions

ACTIVITÉ G **Qui est-ce? / C'est qui?** *(Who is it?)* You will hear a series of sentences that have no subjects. Select who is being referred to.

Modèle: *You hear:* ... sont des professeurs de Nice.
You see: a. Guy et Claude b. Guy
You select: **a. Guy et Claude**

1. a. Candice b. Candice et Sarah   4. a. Marc b. Marc et Alain   7. a. Je b. Nous   10. a. Nous b. Vous

2. a. Michel b. Michel et Vincent   5. a. Je   b. Nous   8. a. Je b. Nous   11. a. Je   b. Tu

3. a. Colette b. Colette et Anne   6. a. Je   b. Nous   9. a. Tu b. Je   12. a. Nous b. Vous

ACTIVITÉ H **Qui sommes-nous?** *(Who are we?)* Indicate what the subject pronoun of each sentence should be.

Modèle: **Elle** est étudiante à New York.

1. _____ est professeur.

2. _____ sommes étudiants.

3. _____ suis professeur de français.

4. _____ sommes étudiants à Lyon.

5. _____ êtes de bons étudiants?

6. _____ est étudiante en anglais?

ACTIVITÉ I **Qui sont-ils?** Complete each sentence with the correct form of the verb **être**.

1. Je _____ étudiant(e).

2. Isabelle Boulay _____ une chanteuse *(singer)* de Montréal.

3. Bill Clinton et George W. Bush _____ des ex-présidents.

4. David Letterman _____ un humoriste *(comedian)* américain.

5. Will Smith et Tom Cruise _____ des acteurs américains.

6. Mon colocataire et moi, nous _____ intelligents.

ACTIVITÉ J **Les origines**

Étape 1. Can you guess where the following people are from? Take your best guess and then check your answers and make corrections.

1. Vanessa Paradis _____   a. Gary (Indiana)

2. Les Maple Leafs _____   b. Chicago

3. Oprah Winfrey et Michael Jordan _____   c. Bruges (Belgique)

4. Serena Williams _____   d. Paris

5. Janet et La Toya Jackson _____   e. Saginaw (Michigan)

6. Tony Parker _____   f. Toronto

Answers: 1. d 2. f 3. b 4. e 5. a 6. c

Étape 2. Now complete each sentence with the correct form of the verb **être** and indicate where each person is from.

Modèle: Céline Dion **est de Charlemagne (Québec)**.

1. Vanessa Paradis _____.

2. Les Maple Leafs _____.

3. Oprah Winfrey et Michael Jordan _____.

4. Serena Williams _____.

5. Janet et La Toya Jackson _____.

6. Tony Parker _____.

7. Ma famille et moi, nous _____.

8. Mon professeur _____.

ACTIVITÉ K Les amis

Étape 1. Complete the conversation between Gilles, Sandrine, Colette, and Éric with the correct form of the verb **être**.

GILLES: Salut, Sandrine. Salut, Colette. Je vous présente Éric.

SANDRINE: Bonjour, Éric. Enchantée.

COLETTE: Bonjour, Éric. Tu 1. _____ l'ami de Gilles?

ÉRIC: Non, je 2. _____ son *(his)* cousin. Vous 3. _____ de Montréal?

SANDRINE: Non, nous 4. _____ de Longueuil.

ÉRIC: Longueuil?

COLETTE: Oui, Longueuil 5. _____ près de *(near)* Montréal.

ÉRIC: Vous 6. _____ étudiantes?

SANDRINE: Oui, je 7. _____ étudiante à *(at)* l'Université McGill et Colette 8. _____ étudiante à l'Université du Québec à Montréal. Et toi, Éric?

ÉRIC: Je 9. _____ étudiant à l'Université Laval à Québec.

Étape 2. Based on the conversation, indicate whether each statement is **vrai** or **faux**.

	vrai	faux
10. Éric est l'ami de Gilles	☐	☐
11. Sandrine est de Montréal.	☐	☐
12. Colette est de Longueuil.	☐	☐
13. Sandrine et Colette sont étudiantes.	☐	☐
14. Éric est professeur.	☐	☐

ACTIVITÉ L Notre classe By now, you've met your instructor and some of your classmates. Write a paragraph of at least four sentences talking about where you are from, where your instructor is from, and where some of your classmates are from.

Modèle: Je suis de Chicago. Le professeur est de Dijon, etc.

_____

_____

Nom _____ Date _____

PARTIE 2

VOCABULAIRE 2

En classe

ACTIVITÉ A **Est-ce que c'est logique?** *(Is it logical?)* Listen to the speaker describe what could be in a backpack and decide whether it is typical or not.

Modèle: *You hear:* Il y a une agrafeuse dans le sac à dos.
　　　　You see: oui　non
　　　　You select: **oui**

1. oui　non　　　　3. oui　non　　　　5. oui　non　　　　7. oui　non

2. oui　non　　　　4. oui　non　　　　6. oui　non　　　　8. oui　non

ACTIVITÉ B **Les classifications I** Which of the following objects is a piece of furniture or decoration? Which of the following objects are typically used for writing? Check the appropriate box for each item.

	meuble *(furniture)* / décoration	pour écrire *(for writing)*	ni l'un ni l'autre *(neither)*
1. un stylo	☐	☐	☐
2. des chaises	☐	☐	☐
3. une table	☐	☐	☐
4. une feuille de papier	☐	☐	☐
5. un crayon	☐	☐	☐
6. une affiche	☐	☐	☐
7. une agrafeuse	☐	☐	☐
8. un bureau	☐	☐	☐
9. une calculatrice	☐	☐	☐
10. un cahier	☐	☐	☐

ACTIVITÉ C **Les classifications II** Which of the following objects typically cost more than $20.00 (> $20.00) for the average student? Which ones cost less than $20.00 (< $20.00)? Check the appropriate box.

	> $20.00	< $20.00
1. un portable	☐	☐
2. une affiche	☐	☐
3. un bureau	☐	☐
4. un cahier	☐	☐
5. une calculatrice	☐	☐
6. un crayon	☐	☐
7. un écran	☐	☐
8. un iPod	☐	☐
9. un livre de français	☐	☐
10. un ordinateur	☐	☐
11. une horloge	☐	☐
12. un sac à dos	☐	☐

ACTIVITÉ D **Les chiffres** *(Numbers)* You will hear a series of numbers. Select the number you hear.

1. a. 5	b. 9	c. 13		**5.** a. 8	b. 14	c. 18	
2. a. 12	b. 17	c. 20		**6.** a. 11	b. 10	c. 15	
3. a. 2	b. 12	c. 19		**7.** a. 4	b. 9	c. 7	
4. a. 3	b. 13	c. 16		**8.** a. 14	b. 16	c. 19	

ACTIVITÉ E **Vrai ou faux?** How good are your math skills? Indicate if each statement is **vrai** or **faux**.

LEXIQUE: **moins** *minus*   **font** *makes*

	vrai	faux
1. Vingt moins deux font dix-huit.	☐	☐
2. Dix-sept plus trois font dix-neuf.	☐	☐
3. Neuf plus quatre font treize.	☐	☐
4. Seize moins sept font neuf.	☐	☐
5. Huit plus quatre font douze.	☐	☐
6. Vingt moins cinq font quatorze.	☐	☐

ACTIVITÉ F **Les numéros de téléphone** You will hear a series of phone numbers. Write each one using numerals. Do not spell out the numbers. You will hear each phone number twice.

1. _____ – _____
2. _____ – _____
3. _____ – _____
4. _____ – _____
5. _____ – _____
6. _____ – _____

ACTIVITÉ G **Les prix** *(Prices)* How much do you expect to pay for the following objects at the student bookstore? Write out the number in French. Use whole dollars.

Modèle: Une affiche coûte *(costs)* **dix dollars.**

1. Un crayon coûte _____.

2. Un cahier coûte _____.

3. Un stylo coûte _____.

4. Une agrafeuse coûte _____.

GRAMMAIRE 2

Pour être précis(e)

Les articles indéfinis / Le genre et le nombre

ACTIVITÉ **H** **Descriptions** You will hear the speaker begin to identify a series of persons or things that may be at a lecture hall. Listen to the indefinite articles to determine what is being referred to.

1. a. étudiant   b. étudiante   **5.** a. fille   b. garçon

2. a. femme   b. homme   **6.** a. poubelle   b. portable

3. a. ami   b. amie   **7.** a. bureau   b. agrafeuse

4. a. horloge   b. iPod   **8.** a. écran   b. calculatrice

ACTIVITÉ **I** **La salle de classe** Listen as the speaker describes objects in a classroom. Pay attention to the article to determine which object is being referred to.

1. a. livre   b. livres   **5.** a. crayon   b. crayons

2. a. carte   b. cartes   **6.** a. table   b. tables

3. a. porte   b. portes   **7.** a. chaise   b. chaises

4. a. ordinateur   b. ordinateurs   **8.** a. poubelle   b. poubelles

ACTIVITÉ **J** **L'hôpital** Select the item that goes with each article. Then indicate if the item is typically found in a hospital waiting room.

				oui	non
1. une					
	a. affiche	b. écran	c. stylos	☐	☐
2. des					
	a. écran	b. bureau	c. chaises	☐	☐
3. un					
	a. table	b. tableau	c. crayons	☐	☐
4. une					
	a. calculatrice	b. livres	c. tableau	☐	☐
5. des					
	a. ordinateur	b. crayons	c. porte	☐	☐
6. une					
	a. bureau	b. écrans	c. table	☐	☐
7. des					
	a. livres	b. tableau	c. cahier	☐	☐
8. un					
	a. feuille de papier	b. calculatrice	c. portable	☐	☐

Nom _____ Date _____

ACTIVITÉ K **Décrivez** Describe the following objects using either **C'est** or **Ce sont**.

Modèles:

C'est une agrafeuse.   Ce sont des gommes.

1. _____

5. _____

2. _____

6. _____

3. _____

7. _____

4. _____

8. _____

ACTIVITÉ L **Les associations** What does one typically use the following objects with? Write down one object.

1. un cahier: _____   4. une chaise: _____

2. une agrafeuse: _____   5. une feuille de papier: _____

3. un morceau de *(piece of)* craie: _____

ACTIVITÉ M **Ma chambre et la salle de classe** Using vocabulary from your textbook, make a list of things that are in your room. Make another list of things that are in your classroom. Compare the two lists and circle the items they have in common.

Dans ma chambre, il y a...   Dans ma salle de classe, il y a...

_____   _____

_____   _____

_____   _____

_____   _____

PARTIE **3**

VOCABULAIRE **3**

Les études

ACTIVITÉ A **Les spécialisations** Select the general area to which each school subject belongs.

1. la comptabilité
   a. les sciences de l'administration   b. les sciences naturelles

2. la chimie
   a. les sciences sociales   b. les sciences naturelles

3. la psychologie
   a. les sciences sociales   b. les sciences naturelles

4. le français
   a. les langues   b. les sciences sociales

5. l'anthropologie
   a. les sciences naturelles   b. les sciences sociales

6. la philosophie
   a. les sciences de l'administration   b. les lettres

7. les sciences politiques
   a. les sciences naturelles   b. les sciences sociales

8. la gestion des affaires
   a. les sciences de l'administration   b. les sciences sociales

P-10 **ACTIVITÉ B** **Les cours** Listen as the speaker reads various areas of study. Select the corresponding class for each area of study.

1. a. l'économie   b. la physique
2. a. l'astronomie   b. le français
3. a. l'anthropologie   b. la littérature
4. a. le génie   b. le russe
5. a. les affaires   b. le journalisme

P-11 **ACTIVITÉ C** **Quel cours?** The speaker is talking about what different people are studying. Listen carefully to the article to determine which academic course the speaker is referring to.

1. a. philosophie   b. espagnol
2. a. mathématiques   b. génie
3. a. sciences sociales   b. français
4. a. chimie   b. astronomie
5. a. biologie   b. affaires
6. a. russe   b. sciences politiques

ACTIVITÉ D Les associations Write the class subject that one typically associates with the following names.

Modèle: WWI: **l'histoire**

1. Freud: _____

6. Darwin: _____

2. Picasso: _____

7. Dell, Apple: _____

3. Galileo: _____

8. Socrates: _____

4. Mozart: _____

9. Barbara Walters: _____

5. Shakespeare: _____

10. Victor Hugo: _____

a. l'art	b. l'astronomie	c. l'informatique	d. le journalisme
e. la littérature anglaise	f. la littérature française	g. la musique	h. la philosophie
i. la biologie	j. la psychologie		

ACTIVITÉ E Bingo You are going to play two games of bingo. Listen as the speaker reads a series of numbers. Write an X over each number you hear.

P-12

Jeu (Game) 1

14	25	34	52	60
59	24	38	51	48
28	26	libre	31	53
12	33	41	46	21
44	13	45	16	39

Jeu 2

33	21	56	21	40
48	15	52	27	43
60	37	libre	31	24
17	51	22	35	47
13	34	26	11	54

ACTIVITÉ F L'âge idéal What is the ideal age for the following activities? (In French, **ans** means *years old*.) Write out the numbers in French.

Modèle: commencer l'école *(start school):* **six ans**

1. le mariage: _____

4. travailler *(to work):* _____

2. la retraite *(retirement):* _____

5. voter *(to vote):* _____

3. conduire *(to drive):* _____

6. avoir des enfants *(have children):* _____

ACTIVITÉ G Combien d'étudiants? How big are classes at your institution? Write sentences giving an estimate of how many students are in three of the classes you are currently taking.

Modèle: Il y a environ *(approximately)* **vingt-quatre étudiants dans le cours de français.**

_____

_____

_____

GRAMMAIRE 3

Pour décrire

Les articles définis / Les adjectifs qualificatifs

ACTIVITÉ **H** **Les articles** Select the appropriate article for each sentence.

1. MARIE: Qu'est-ce que tu étudies?

   NICOLE: J'étudie _____ psychologie.　　　　　　a. la　b. le　c. une　d. un

2. LUC: Qu'est-ce qu'il y a dans ton sac?

   GUY: Il y a des stylos et _____ calculatrice.　　a. la　b. le　c. une　d. un

3. CLAIRE: Est-ce que tu aimes les sacs Dior ou les sacs Chanel?

   LAURA: J'aime _____ sacs Dior.　　　　　　　　a. le　b. les　c. un　d. des

4. MARC: C'est qui?

   ANNE: C'est _____ professeur de Guillaume.　　a. un　b. le　c. de　d. d'

ACTIVITÉ **I** **Il ou elle?** Listen carefully to each adjective to determine who the speaker is referring to.

P-13

1. a. Il est	b. Elle est	**5.** a. Il est	b. Elle est
2. a. Il est	b. Elle est	**6.** a. Il est	b. Elle est
3. a. Il est	b. Elle est	**7.** a. Il est	b. Elle est
4. a. Il est	b. Elle est	**8.** a. Il est	b. Elle est

ACTIVITÉ **J** **Anderson et Kelly ou Oprah?** A gossip magazine recently made these comments about some well-known TV personalities. Pay attention to the adjective to decide who the magazine is referring to. Fill in the blank with either **Ils sont** for **Anderson et Kelly** or **Elle est** for **Oprah**. Then, indicate whether you agree with the statement or not.

	Je suis d'accord.	Je ne suis pas d'accord.
1. _____ modestes.	☐	☐
2. _____ sociables.	☐	☐
3. _____ chic.	☐	☐
4. _____ énergiques.	☐	☐
5. _____ célèbre.	☐	☐
6. _____ douée.	☐	☐
7. _____ dynamiques.	☐	☐
8. _____ timide.	☐	☐
9. _____ pessimistes.	☐	☐
10. _____ moderne.	☐	☐

ACTIVITÉ K Les opinions Here's one student's opinion about his courses. Pay attention to the adjective to determine which course he is referring to.

1. _____ est importante.	a. La biologie	b. Le français
2. _____ est embêtant.	a. La chimie	b. Le journalisme
3. _____ sont intéressantes.	a. Les mathématiques	b. La psychologie
4. _____ est fascinante.	a. La philosophie	b. Le russe
5. _____ est amusant.	a. La littérature	b. L'art
6. _____ sont utiles.	a. L'espagnol	b. Les langues

ACTIVITÉ L Mon université What three courses would you list as necessary, important, and practical? Write the courses under the appropriate heading. Include the definite article.

Les cours nécessaires

_____

_____

_____

Les cours importants

_____

_____

_____

Les cours pratiques

_____

_____

_____

ACTIVITÉ M Votre opinion What is your opinion regarding the work in these courses? Write an adjective for each.

1. L'histoire est _____.

2. La psychologie est _____.

3. Les devoirs de mathématiques sont _____.

4. La comptabilité est _____.

5. La chimie est _____.

6. L'art est _____.

7. Les devoirs d'économie sont _____.

8. Le français est _____.

ACTIVITÉ N Les personnages de Disney What is your opinion of the following Disney characters? Use the correct form of the verb **être** and an adjective from **Grammaire 3** to complete each sentence.

1. Mickey Mouse et Minnie Mouse _____.

2. Donald Duck et Goofy _____.

3. Cruella Deville _____.

4. Winnie l'ourson (the Pooh) _____.

5. Eeyore _____.

6. Peter Pan et Wendy _____.

ACTIVITÉ O Dictée: C'est qui? / Qui est-ce? Listen as the speaker reads a passage about a famous person for the first time. Do not write anything. Just listen for comprehension. The speaker will then read the passage a second time and will prompt you to begin writing. You may repeat the recording as many times as necessary. When finished, check your work against the answer key.

P-14

_____

_____

_____

_____

Conclusion In your opinion, who better fits this description?

☐ Nicole Kidman   ☐ Rachael Ray

Nom _____ Date _____

Liaisons avec les mots et les sons

L'alphabet et les accents

P-15 The letters in the French alphabet look the same as those in the English alphabet, but they do not sound the same.

a (a)	**e** (eu)	**i** (i)	**m** (emme)	**q** (ku)	**u** (u)	**y** (i grec)
b (bé)	**f** (effe)	**j** (ji)	**n** (enne)	**r** (erre)	**v** (vé)	**z** (zède)
c (cé)	**g** (gé)	**k** (ka)	**o** (o)	**s** (esse)	**w** (double vé)	
d (dé)	**h** (ache)	**l** (elle)	**p** (pé)	**t** (té)	**x** (iks)	

Some French words have written accents. These are part of their spelling and cannot be omitted. In later lessons, you will learn how these accents may change the way a word is pronounced. For now, you need to recognize these accent marks and, when you spell a word aloud, include the name of the accent after the letter.

Accent	Name	Example	Spelling
´	accent aigu	prénom	P-R-E-**accent aigu**-N-O-M
`	accent grave	très bien	T-R-E-**accent grave**-S B-I-E-N
^	accent circonflexe	hôpital	H-O-**accent** circonflexe-P-I-T-A-L
¨	tréma	Raphaël	R-A-P-H-A-E-**tréma**-L
¸	cédille	Ça va	C-**cédille**-A V-A

P-16 **Pratique A.** Repeat the French alphabet after the speaker.

P-17 **Pratique B.** Repeat each accent mark, example word, and spelling after the speaker.

P-18 **Pratique C.** When you hear the number and French name, repeat the name and spell it aloud. Don't forget the accents! Then listen to the speaker and repeat the correct response.

Modèle: *You see:* 1. Marie
You hear: numéro un, Marie
You say: **Marie, m-a-r-i-e**

1. Noël	4. Hélène	7. Eugène	10. Adélaïde
2. Anaïs	5. Benoît	8. Zoé	11. Thérèse
3. Stéphane	6. François	9. Jérôme	12. Chloé

P-19 **Pratique D.** When you hear the number and French word, repeat the word and spell it aloud. Don't forget the accents! Then listen to the speaker and repeat the correct response.

Modèle: *You see:* 1. stylo
You hear: numéro un, stylo
You say: **stylo, s-t-y-l-o**

1. bientôt	4. écran	7. célèbre
2. fenêtre	5. français	8. doué
3. cahier	6. musique	9. être

P-20 **Pratique E.** The speaker will spell the names of some countries that are part of the OIF (**Organisation Internationale de la Francophonie**). Write the letters and accents you hear. Can you guess what the English equivalents of the country names are?

1. _____
2. _____
3. _____

4. _____
5. _____
6. _____

7. _____
8. _____
9. _____

P-21 **Pratique F.** Repeat the words that begin with a silent **h** after the speaker.

1. Henriette
2. Hortense
3. Hector

4. Hébert
5. horloge
6. homme

7. histoire
8. hôtel
9. hôpital

Pratique G.

P-22 **Étape 1.** The speaker will spell out words that make up a sentence. Write down each letter and accent you hear for each word.

1. _____
2. _____
3. _____
4. _____
5. _____
6. _____
7. _____
8. _____

Étape 2. Use the words you wrote in **Étape 1** to make a complete sentence.

_____

P-23 **Étape 3.** Now, listen to and repeat the sentence formed with the words you wrote in **Étape 2,** paying attention to whether or not the final consonants are pronounced.

Une **vie** équilibrée CHAPITRE

PARTIE **1**

VOCABULAIRE 1

Nos activités

ACTIVITÉ A **Actif ou sédentaire?** You will hear a series of activities. Indicate if the activities are typically active or sedentary.

Modèle: *You hear:* danser
You see: actif   sédentaire
You select: **actif**

1. actif sédentaire
2. actif sédentaire
3. actif sédentaire

4. actif sédentaire
5. actif sédentaire
6. actif sédentaire

7. actif sédentaire
8. actif sédentaire
9. actif sédentaire

ACTIVITÉ B **Les enfants *(Children)*** Which activities may children under 6 years of age do without adult supervision?

Les enfants peuvent *(can)*…

	oui	non			oui	non
1. cuisiner	☐	☐	4. jouer à la marelle *(hopscotch)*		☐	☐
2. regarder la télé	☐	☐	5. voyager		☐	☐
3. étudier	☐	☐	6. marcher dans le parc		☐	☐

ACTIVITÉ C **Sédentaire – oui ou non?** Which of the following activities can be done while you are sitting down?

	oui	non			oui	non
1. jouer au football américain	☐	☐	5. inviter des amis		☐	☐
2. déjeuner	☐	☐	6. manger avec des amis		☐	☐
3. parler français	☐	☐	7. marcher		☐	☐
4. cuisiner	☐	☐	8. travailler sur un ordinateur		☐	☐

ACTIVITÉ D **Il faut… *(It's necessary to . . .)*** Select the response that most logically completes each sentence.

1. J'ai faim *(hungry)*. Il faut…

a. marcher   b. pratiquer un sport   c. cuisiner

2. Il y a un examen demain. Il faut…

a. étudier   b. jouer   c. regarder la télé

3. J'ai besoin *(need)* de vacances. Il faut…

a. travailler   **b.** étudier   **c.** voyager

4. J'étudie trop *(too much)*. Il faut…

a. jouer   **b.** travailler   **c.** étudier à la bibliothèque

5. J'ai faim. Il faut…

a. marcher   **b.** dîner   **c.** aimer

ACTIVITÉ E Les chiffres Listen as the speaker says a number. Select the number that comes *before* it.

1. a. 59	b. 64	c. 71	**5.** a. 69	b. 99	c. 89	**9.** a. 67	b. 69	c. 77
2. a. 78	b. 80	c. 90	**6.** a. 64	b. 76	c. 82	**10.** a. 86	b. 81	c. 92
3. a. 86	b. 100	c. 96	**7.** a. 91	b. 96	c. 99			
4. a. 73	b. 85	c. 96	**8.** a. 75	b. 68	c. 95			

ACTIVITÉ F Quel pourcentage *(percentage)*? Here are some statements about typical students at a local university. Select the digits that represent the numbers written out in words.

1. Soixante-deux pour cent déjeunent régulièrement.	a. 60%	b. 62%	c. 73%
2. Soixante-huit pour cent regardent la télé le week-end.	a. 65%	b. 68%	c. 86%
3. Quatre-vingt-neuf pour cent pratiquent un sport.	a. 98%	b. 79%	c. 89%
4. Soixante-dix-huit pour cent aiment cuisiner.	a. 86%	b. 67%	c. 78%
5. Quatre-vingt-dix-neuf pour cent étudient pendant la semaine.	a. 79%	b. 89%	c. 99%
6. Quatre-vingt-trois pour cent aiment dîner au restaurant le soir.	a. 83%	b. 93%	c. 74%
7. Quatre-vingt-seize pour cent voyagent en été *(summer)*.	a. 86%	b. 64%	c. 96%

ACTIVITÉ G Quel chiffre? Listen as the speaker reads a number. Then, say the number that follows it. Repeat the correct answer after the speaker. (10 items)

Modèle: *You hear:* 61

You say: **62**

ACTIVITÉ H Les numéros de téléphone You will hear a series of telephone numbers. Write the numbers you hear. You do not need to write the word for the number. Just write the numerals. Remember: French phone numbers appear in pairs and are said in pairs.

1. _____ - _____ - _____ - _____ - _____   **4.** _____ - _____ - _____ - _____ - _____

2. _____ - _____ - _____ - _____ - _____   **5.** _____ - _____ - _____ - _____ - _____

3. _____ - _____ - _____ - _____ - _____   **6.** _____ - _____ - _____ - _____ - _____

ACTIVITÉ I Les activités What activities do you like to do in the morning **(le matin)**, the afternoon **(l'après-midi)**, and the evening **(le soir)**?

Modèle: Le matin: J'aime **pratiquer un sport.**

1. Le matin: J'aime _____.

     J'aime _____.

2. L'après-midi: J'aime _____.

     J'aime _____.

3. Le soir: J'aime _____.

     J'aime _____.

GRAMMAIRE 1

Pour parler de nos activités

Les verbes du premier groupe en *-er* / La négation / Les pronoms disjoints

ACTIVITÉ J Les associations Match each verb to the expression with which it is most logically associated.

1. rater	**a.** le tango
2. parler	**b.** le français
3. chanter	**c.** une chanson
4. écouter	**d.** de la musique
5. danser	**e.** dans un appartement
6. habiter	**f.** un examen

ACTIVITÉ K Les activités A professor is describing activities that her class does. Select whom she is referring to in each statement. (Hint: Look at the verb forms.)

1. _____ mangent au restaurant universitaire.   a. Paul et Pierre   b. Anne

2. _____ déteste étudier.   a. Nicolas et Dorothée   b. Nicolas

3. _____ adorent chanter.   a. Christine et Marc   b. Christine

4. _____ travaille à la bibliothèque.   a. Sarah et Émilie   b. Sarah

5. _____ aiment mieux les films français.   a. Anne et Nicolas   b. Anne

ACTIVITÉ L Jean et son ami Decide whether Jean is talking about something he does or something his friend does.

	Je/J'	Tu
1. _____ passes un examen.	☐	☐
2. _____ cherches un(e) petit(e) ami(e).	☐	☐
3. _____ navigue sur Internet.	☐	☐
4. _____ voyages souvent en France.	☐	☐
5. _____ écoute de la musique country.	☐	☐

1-5

ACTIVITÉ M Nous ou vous? You will hear statements about different activities. The statements lack subject pronouns. Listen carefully to the verb to determine if the subject should be **nous** or **vous**. Repeat the complete, correct statements after the speaker. (10 items)

Modèle: *You hear:* … habitons en France.
   You say: **Nous habitons en France.**

1-6

ACTIVITÉ N C'est qui? Complete each phrase you hear with the correct **pronom disjoint** (stressed pronoun). Repeat the correct answer after the speaker. (8 items)

Modèle: *You hear:* … je parle français.
   You say: **Moi, je parle français.**

Nom _____ Date _____

ACTIVITÉ O Charlotte et Lucie Charlotte and Lucie Laurier are sisters and actresses. Complete the interview with the correct choice and form of the verbs.

JOURNALISTE: Les Québécois (1) _____ souvent vos films.

    a. parler   b. regarder   c. travailler

    Ils (2) _____ beaucoup aller *(to go)* au cinéma.

    a. aimer   b. habiter   c. pratiquer

    Vous (3) _____ les films québécois aussi?

    a. marcher   b. regarder   c. donner

CHARLOTTE: Oui, je/j' (4) _____ le cinéma québécois.

    a. chercher   b. adorer   c. manger

LUCIE: Oui, moi aussi. Notre industrie (5) _____ petite mais importante.

    a. aimer   b. être   c. parler

JOURNALISTE: Charlotte et Lucie, vous (6) _____ à Montréal?

    a. écouter   b. habiter   c. chercher

CHARLOTTE: Oui, nous (7) _____ à Montréal, sur le Plateau-Mont-Royal.

    a. travailler   b. parler   c. habiter

LUCIE: Oui, c'est ça. Mais maintenant, je/j' (8) _____ souvent à Québec.

    a. adorer   b. trouver   c. travailler

    Donc, je (9) _____ un appartement à Québec. J'aime bien Québec!

    a. pratiquer   b. chercher   c. manger

CHARLOTTE: Moi, je/j' (10) _____ Québec aussi.

    a. adorer   b. regarder   c. jouer

ACTIVITÉ P Aimer ou ne pas aimer? A student is discussing activities he likes or does not like. Listen to each of his statements and then say whether you like or don't like each activity. (8 items)

Modèle: *You hear:* J'aime le français.
    You say: **Moi, j'aime le français. / Moi, je n'aime pas le français.**

ACTIVITÉ Q Dictée: Des étudiants équilibrés You will hear three sentences about students with a balanced life. The first time you hear the sentences, do not write anything. Just listen for comprehension. You will then be prompted to listen to the sentences a second time and to begin writing. You may repeat the recording as many times as necessary. When finished, check your work against the answer key.

_____

_____

_____

_____

_____

_____

PARTIE 2

VOCABULAIRE 2

Les jours de la semaine

1-9

ACTIVITÉ **A** **L'emploi du temps de Coralie** You will hear statements about Coralie's schedule. Look at her schedule and determine whether the statements are **vrai** or **faux.**

	lundi	mardi	mercredi	jeudi	vendredi	samedi	dimanche
9h	cours de français		cours de français		cours de français		
10h						jouer au tennis	
11h							cours de piano
12h		cours de littérature			déjeuner au café		
13h						travailler	étudier
14h						travailler	étudier
15h				cours de chimie		travailler	étudier

1. vrai   faux   4. vrai   faux   7. vrai   faux

2. vrai   faux   5. vrai   faux   8. vrai   faux

3. vrai   faux   6. vrai   faux

1-10

ACTIVITÉ **B** **Le jour suivant (The day after)** The speaker will say what day it is. Say the day that follows it. Repeat the correct response after the speaker. (6 items)

Modèle: *You hear:* Si aujourd'hui c'est mercredi…
You say: **Demain, c'est jeudi.**

1-11

ACTIVITÉ **C** **La vie d'Antoine** You will hear statements about Antoine's activities. Listen and determine if he does each activity weekly or just once.

Modèle: *You hear:* Le lundi, il est à son cours de biologie.
You see: a. chaque *(each)* lundi   b. ce *(this)* lundi
You select: **a. chaque lundi**

1. a. chaque mercredi   b. ce mercredi
2. a. chaque jeudi   b. ce jeudi
3. a. chaque samedi   b. ce samedi
4. a. chaque mardi   b. ce mardi
5. a. chaque vendredi   b. ce vendredi
6. a. chaque dimanche   b. ce dimanche

ACTIVITÉ D L'emploi du temps de Sandrine You will hear a passage about Sandrine's schedule. Based on what you hear, decide if the following statements are **vrai** or **faux.** You may repeat the recording as many times as needed.

1-12

	vrai	faux
1. Sandrine est à son cours de laboratoire de chimie le lundi après-midi.	☐	☐
2. Elle est à son cours de français le mardi et le jeudi après-midi.	☐	☐
3. Elle étudie avec un ami jeudi soir.	☐	☐
4. Elle regarde un film vendredi soir.	☐	☐
5. Elle travaille à la bibliothèque samedi après-midi.	☐	☐
6. Elle chante à l'église (church) dimanche matin.	☐	☐

ACTIVITÉ E Les activités Write sentences to express whether or not the following people typically do the indicated activities on the given days.

Modèles: un professeur/travailler à l'université: le lundi
Un professeur travaille à l'université le lundi.

les étudiants/aller à l'école: le dimanche
Les étudiants ne vont pas à l'école le dimanche.

1. les enfants (children) de 10 ans/regarder les dessins animés (cartoons): le mardi matin

_____

2. nous/aller au cours de français: le dimanche soir

_____

3. les étudiants/étudier: le mercredi soir

_____

4. un couple/manger ensemble (together) au restaurant: le vendredi soir

_____

ACTIVITÉ F Mes cours

Étape 1. List all the classes you are taking this term.

_____

_____

Étape 2. Write a paragraph stating what classes you are in and on which days.

Modèle: Je suis en cours de français le mardi et le jeudi matin.

_____

_____

_____

_____

_____

GRAMMAIRE 2

Pour donner des descriptions

Les adverbes / Les adjectifs irréguliers

ACTIVITÉ G L'emploi du temps d'Élodie Look at Élodie's schedule and complete the following statements with the appropriate adverb.

	lundi	mardi	mercredi	jeudi	vendredi	samedi	dimanche
10h	manger	manger	manger	manger	manger	manger	manger
11h	cours de russe	cours de russe	cours de russe	cours de russe	travailler	travailler	
12h	manger	manger	manger	manger	manger	manger	manger
13h		pratiquer le sport			chanter à l'église	chanter à l'église	parler avec maman
14h	manger	manger	manger	manger	manger	manger	manger
15h							
16h	danser	danser	danser	danser	danser	danser	danser
17h	cuisiner		regarder la télé		regarder la télé		
18h	dîner au restaurant	manger	dîner au restaurant	manger	dîner au restaurant	manger	manger

1. Élodie est à son cours de russe _____.   a. rarement   b. souvent

2. Élodie regarde _____ la télé.   a. toujours   b. parfois

3. Élodie danse _____.   a. toujours   b. quelquefois

4. Élodie chante _____ à l'église.   a. parfois   b. rarement

5. Élodie parle _____ au téléphone avec sa maman   a. toujours   b. rarement

6. Élodie pratique _____ le sport.   a. assez   b. un peu

7. Élodie travaille _____.   a. parfois   b. toujours

8. Élodie mange _____.   a. rarement   b. trop

9. Élodie dîne au restaurant _____.   a. toujours   b. quelquefois

10. Élodie cuisine _____.   a. rarement   b. souvent

ACTIVITÉ H Les adverbes Read sentences about different people's activities. Write sentences to express how often they do the activities with the adverbs provided.

Modèle: Nadia mange une orange pour le dîner. (beaucoup/un peu)
Nadia mange un peu.

1. Pierre dort (sleeps) huit heures par jour. (assez/rarement)

_____

2. Marc danse deux ou trois fois par mois. (quelquefois/trop)

_____

3. Le professeur travaille 65 heures par semaine. (parfois/trop)

_____

4. Anne et Laura mangent trois repas par jour. (assez/toujours)

_____

5. Mylène voyage trois semaines par mois. (rarement/souvent)

_____

6. Robert et Yannick étudient six jours par semaine. (beaucoup/un peu)

_____

ACTIVITÉ ❶ Deux colocataires Pierre and Xavier are roommates but they are complete opposites. Read how often Pierre does each activity. Then write sentences to express how often Xavier does those activities by selecting one of the given adverbs.

Modèle: Pierre dîne **souvent** au restaurant.
      (beaucoup/rarement): Xavier **dîne rarement au restaurant.**

1. Pierre **ne** parle **jamais** avec ses parents.

   (rarement/toujours): Xavier _____

2. Pierre déjeune **trop** pendant la semaine.

   (peu/beaucoup): Xavier _____

3. Pierre étudie **rarement** le soir.

   (beaucoup/ne… jamais): Xavier _____

4. Pierre regarde **toujours** la télé le matin.

   (souvent/ne… jamais): Xavier _____

5. Pierre navigue **parfois** sur Internet pendant ses cours.

   (ne… jamais/quelquefois): Xavier _____

6. Pierre **ne** travaille **jamais** le week-end.

   (rarement/souvent): Xavier _____

Conclusion Qui est plus (more) travailleur? Pierre ou Xavier?

ACTIVITÉ ❶ Les antonymes Match the adjective in column A to its opposite in column B.

A	B
1. _____ heureux	a. paresseux
2. _____ travailleur	b. dynamique
3. _____ ennuyeux	c. malheureux
4. _____ gentil	d. méchant
5. _____ fier	e. stupide
6. _____ intellectuel	f. honteux (ashamed)
7. _____ courageux	g. peureux (fearful)

ACTIVITÉ K Les adjectifs You will hear a statement followed by a question. Answer the question with the appropriate adjective. Repeat the correct answer after the speaker. (6 items)

Modèle: *You hear:* Il aime beaucoup parler avec des amis. Il est sociable ou timide?
You say: **Il est sociable.**

ACTIVITÉ L Qui est-ce? / C'est qui? Listen to each adjective and circle the person to whom it refers. Pay attention to the adjective agreement.

1. a. Bill Clinton   b. Hillary Clinton   5. a. Brad Pitt   b. Angelina Jolie
2. a. Michael Jordan   b. Serena Williams   6. a. Michael Jackson   b. Lindsay Lohan
3. a. Hansel   b. Gretel   7. a. Marie Curie   b. Albert Einstein
4. a. Oprah Winfrey   b. Dan Rather   8. a. Zach Galifianakis   b. Amanda Peet

ACTIVITÉ M Les personnes célèbres Select the correct form of the adjective to complete each sentence. Then indicate whether you agree or not with each description.

	oui	non
1. George Clooney est a. ambitieux b. ambitieuse	☐	☐
2. Miley Cyrus est a. talentueuse b. talentueux	☐	☐
3. Paris Hilton est a. intellectuel b. intellectuelle	☐	☐
4. John McCain est a. courageux b. courageuse	☐	☐
5. Serena Williams et Roger Federer sont a. sportif b. sportifs	☐	☐
6. Barack et Michelle Obama sont a. fiers b. fières	☐	☐
7. Sasha et Malia Obama sont a. naïves b. naïfs	☐	☐
8. Britney Spears est a. malheureux b. malheureuse	☐	☐

ACTIVITÉ N Maman ou papa? Look at the adjectives and determine if these sentences refer to someone's mother or father. Complete each sentence with **Maman** or **Papa.**

1. _____ est travailleuse.
2. _____ est intellectuelle.
3. _____ est sérieux.
4. _____ est ennuyeux.
5. _____ est gentil.
6. _____ est heureuse.
7. _____ est paresseux.
8. _____ est gentille.

ACTIVITÉ O Les opinions Which adjective do you think best describes the following people? Complete each sentence with the correct form of an adjective.

1. Margaret Cho est (amusant/sérieux) _____.

2. Bill Gates est (ambitieux/naïf) _____.

3. Denzel Washington est (paresseux/talentueux) _____.

4. Meryl Streep est (paresseux/talentueux) _____.

5. Les pompiers *(m.)* *(firemen)* sont (courageux/naïf) _____.

6. David Beckham et Tony Parker sont (sportif/timide) _____.

7. Martha Stewart et Oprah Winfrey sont (sportif/talentueux) _____.

8. Maya Angelou est (intellectuel/paresseux) _____.

ACTIVITÉ P Les adjectifs Complete each sentence with the correct form of an adjective.

Modèle: Garfield ne travaille jamais. (ambitieux/paresseux) **Il est paresseux.**

1. Willow Smith est une petite fille célèbre. (ennuyeux/un peu naïf) _____

2. Lisa Simpson étudie beaucoup. (paresseux/intellectuel) _____

3. Bart et Homer Simpson regardent toujours la télé. (intellectuel/paresseux) _____

4. Serena et Venus Williams pratiquent souvent le sport. (ennuyeux/sportif) _____

5. Sandra Bullock est contente. (heureux/malheureux) _____

6. Lady Gaga n'est pas modeste. (fier/timide) _____

7. Alan Harper (de *2 ½ Men*) n'est pas intéressant. (sociable/ennuyeux) _____

8. Courteney Cox et Lisa Kudrow sont sympas. (gentil/méchant) _____

ACTIVITÉ Q Un homme et une femme Select a male and a female celebrity or politician. Write a paragraph of at least 25 words comparing and contrasting them. Use the adjectives you have learned. You may look up others in the dictionary if needed.

_____
_____
_____

ACTIVITÉ R Dictée: La famille de Lise You will hear a passage about the males and females in Lise's family. The first time you hear the passage, do not write anything. Just listen for comprehension. You will then be prompted to listen to the passage a second time and to begin writing. You may repeat the recording as many times as necessary. When finished, check your work against the answer key.

1-15

_____
_____
_____
_____

PARTIE 3

VOCABULAIRE 3

Quelle heure est-il?

 ACTIVITÉ Ⓐ Quelle heure est-il? You will hear statements saying what time it is. Listen and write
1-16 the number of each statement you hear below the clock that it refers to.

a. _____ c. _____ e. _____ g. _____

b. _____ d. _____ f. _____ h. _____

ACTIVITÉ Ⓑ Les associations Match each statement with the correct time.

1. Il est cinq heures moins trois.   4. Il est onze heures et quart.   a. 10h45   d. 8h30

2. Il est deux heures vingt-quatre.   5. Il est huit heures et demie.   b. 2h24   e. 4h57

3. Il est onze heures moins le quart.   6. Il est quatre heures moins deux.   c. 3h58   f. 11h15

ACTIVITÉ Ⓒ À quelle heure? What time do the following activities take place? Select the time
mentioned in each statement.

1. Le spectacle de danse est à huit heures.   a. 6h00   b. 8h00   c. 4h00

2. Le film est à quatre heures moins le quart.   a. 3h45   b. 4h45   c. 4h15

3. Le concert est à deux heures et quart.   a. 2h45   b. 2h15   c. 3h45

4. La fête est à sept heures et demie.   a. 6h45   b. 5h30   c. 7h30

5. Le cours de biologie est à une heure et demie.   a. 1h30   b. 7h30   c. 1h15

6. Le rendez-vous est à dix heures moins vingt.   a. 10h20   b. 9h40   c. 9h20

 ACTIVITÉ Ⓓ C'est à quelle heure? You will hear statements about when activities are going to
1-17 take place. Listen carefully and say at what time the activity is happening. Repeat the correct response after
the speaker.

Modèle: *You see:*   La fête
You hear: Il est cinq heures. La fête est dans 15 minutes. À quelle heure est la fête?
You say: **La fête est à cinq heures et quart.**

1. Le cours   3. Le rendez-vous   5. Le film

2. La réservation   4. Le concert   6. Le dîner

ACTIVITÉ **E** **Les heures** How good are you at figuring out time? Select the correct time expression based on the statements.

1. Il est huit heures. Le cours de français est à huit heures trente. Le cours est dans
   a. trente heures   b. trente minutes   c. quinze minutes

2. Il est dix heures. Je travaille à onze heures. Je travaille dans
   a. une heure   b. deux heures   c. une minute

3. Il est onze heures. Je déjeune à une heure. Je déjeune dans
   a. une heure   b. deux heures   c. dix minutes

4. Il est sept heures et demie. Je dîne à huit heures moins le quart. Je dîne dans
   a. une heure   b. quinze minutes   c. trente minutes

ACTIVITÉ **F** **L'emploi du temps de Valérie** Listen as a student describes her friend Valérie's schedule. Indicate whether Valérie does each activity **le matin**, **l'après-midi**, or **le soir**.

1-18

	le matin	l'après midi	le soir
Elle est à son cours de psychologie.			
Elle est à son cours de sociologie.			
Elle déjeune.			
Elle dîne.			
Elle travaille à l'hôpital.			
Elle travaille au restaurant.			

ACTIVITÉ **G** **Trente minutes après** Jimmy always does things thirty minutes after his brother Bruno. Write at what time Jimmy does the following activities. Write out the word for the time.

Modèle: Bruno arrive au cours à neuf heures.
      Jimmy arrive au cours à neuf heures et demie.

1. Bruno déjeune à une heure moins le quart de l'après-midi.

   _____

2. Bruno dîne à six heures et quart du soir.

   _____

3. Bruno étudie à dix heures vingt du matin.

   _____

ACTIVITÉ **H** **Mes cours** List three classes you are taking and the time of day they meet. Spell out the times in French. Don't use numerals.

Modèle: J'ai un cours de français à dix heures.

_____

_____

_____

GRAMMAIRE 3

Pour parler de nos possessions

Le verbe *avoir*

ACTIVITÉ I Marc et Marie Listen to the conversation between Marc and Marie and determine whether the following statements are **vrai** or **faux**.

1. Marie a envie de manger au restaurant ce soir.   V   F
2. Marc a envie de manger au restaurant.   V   F
3. Marie a besoin de travailler ce soir.   V   F
4. Marc a besoin de travailler ce soir.   V   F
5. Marc et Marie vont *(are going to)* manger au restaurant demain soir.   V   F

ACTIVITÉ J Les possessions You will hear the speaker talk about various possessions. Determine what the subject of each sentence should be.

1. a. Il   b. Ils   3. a. Il   b. Ils
2. a. Elle   b. Elles   4. a. Elle   b. Elles

ACTIVITÉ K Nous ou vous? You will hear a series of sentences. Pay attention to the form of the verb **avoir** and select the correct subject of each sentence.

1. a. Nous   b. Vous   3. a. Nous   b. Vous
2. a. Nous   b. Vous   4. a. Nous   b. Vous

ACTIVITÉ L Les peurs *(Fears)* Read each description and determine what the following people are afraid of.

Modèles: Nous détestons les ordinateurs. (le cours d'informatique/le cours de russe)
Nous avons peur du cours d'informatique.

Marc est timide. (naviguer sur Internet/parler avec le professeur)
Il a peur de parler avec le professeur.

1. Marie déteste les langues. (le cours d'espagnol/le cours de biologie)

_____

2. Luc et Julie détestent les chiffres. (le cours de musique/le cours de mathématiques)

_____

3. Anne et Laura détestent les sciences. (le cours de journalisme/le cours de chimie)

_____

4. André est un mauvais danseur *(dancer)*. (danser/parler)

_____

5. Rachel est une mauvaise cuisinière *(cook)*. (étudier/cuisiner)

_____

6. Nous chantons très mal *(badly)*. (chanter/regarder la télé)

_____

ACTIVITÉ M Samuel et Hugo Lucile has two possible dates this weekend, Samuel and Hugo. She will make her decision based on the possessions the two men have. Pay attention to the articles to determine whether or not the men have the following items. Fill in the blanks with either **a** or **n'a pas** and then decide who Lucile should go out with.

Samuel

1. _____ une bicyclette.
2. _____ de moto (*motorcycle*).
3. _____ de petite amie (*girlfriend*).
4. _____ un ordinateur.
5. _____ des amis.

Hugo

6. _____ une moto.
7. _____ de colocataire.
8. _____ d'amis.
9. _____ d'ordinateur.
10. _____ une petite amie.

Conclusion Lucile va sortir (*is going to go out*) avec l'homme qui n'a pas de petite amie. C'est qui?

_____

ACTIVITÉ N Les colocataires The speaker will mention items two roommates have and do not have for their dorm room. Listen carefully to the articles to determine whether or not the roommates have the items mentioned. Respond using **Ils ont** or **Ils n'ont pas**. Repeat the correct response after the speaker. (8 items)

Modèles: *You hear:* une télévision
You say: **Ils ont une télévision.**

You hear: d'écran
You say: **Ils n'ont pas d'écran.**

ACTIVITÉ O Mes possessions Write sentences to describe two things you have in your bedroom or dorm room.

1. _____
2. _____

Write two sentences to express what you don't have.

1. _____
2. _____

ACTIVITÉ P Dictée: La salle de M. Huot You will hear a passage about Monsieur Huot's classroom. The first time you hear the passage, do not write anything. Just listen for comprehension. You will then be prompted to listen to the passage a second time and to begin writing. You may repeat the recording as many times as necessary. When finished, check your work against the answer key.

_____

_____

_____

_____

_____

Liaisons avec les mots et les sons

La liaison et l'enchaînement

1-24 **Liaison** and **enchaînement** refer to the linking of the final consonant sound of one word with the vowel sound of the following word. A **liaison** occurs when a word that normally ends in a silent consonant (**s, t, x** or **n**) is followed by a word that begins with a vowel sound. When **liaison** and **enchaînement** occur, the first word needs to modify or qualify the second word in some way as in the following examples.

Subject pronouns
Il est professeur.   Elle est professeur.   On aime le français.
Nous adorons la chimie.   Vous étudiez beaucoup.   Elles habitent à Paris.

Articles
un écran   une étudiante   les affaires   les heures

Adverbs or adjectives
C'est ambitieux.   C'est important.   C'est très intéressant.   C'est assez sérieux.

Numbers
Il est cinq heures.   Il est six heures.   Il est huit heures.
Il est neuf heures.   Il y a deux hommes.   Il y a trois étudiants.

1-25 **Pratique A.** Listen carefully to the following words and sentences and repeat them after the speaker.

Subject pronouns

1. Il est sportif.

2. Elle est gentille.

3. On adore cuisiner.

4. Nous étudions la biologie.

5. Elles étudient le français.

6. Vous habitez à Nice.

Articles

7. un étudiant

8. une affiche

9. les écrans

10. des horloges

11. un emploi du temps

12. les hôtels

Adverbs and adjectives

13. C'est ambitieux.

14. C'est important.

15. C'est très intéressant.

16. C'est assez sérieux.

17. C'est ennuyeux.

18. C'est embêtant.

Numbers

19. Il est sept heures.

20. Il est trois heures.

21. Il est deux heures.

22. Il y a neuf étudiants.

23. Je cherche cinq étudiants.

24. Il y a huit affiches.

1-26 **Pratique B.** Listen carefully to the following sentences and mark (‿) the sounds that have a **liaison**.

    1. Les hommes dans la classe sont amusants.

    2. C'est une étudiante très ambitieuse.

    3. Il y a cinq hôtels intéressants dans la ville.

    4. Elle habite avec des amies.

    5. C'est un homme très ennuyeux.

    6. C'est une personne assez talentueuse.

1-26 **Pratique C.** Now listen to and repeat the sentences from **Pratique B.** Pay attention to the **liaisons**. (6 items)

1-27 **Pratique D.** Listen to these lines from the film *Liaisons* and indicate with the liaison sign (‿) where the **liaisons** should be.

    1. CLAIRE: Quelle heure est-il?

       ABIA: Trois heures moins le quart.

    2. ALEXIS: C'est un joli prénom, Claire.

       CLAIRE: Vous êtes client de l'hôtel, monsieur?

    3. SIMONE: C'est toi, Claire? Tu n'es pas une de mes hallucinations?

       CLAIRE: Non, Maman. C'est moi.

       SIMONE: Quand on est folle, il faut être certaine.

1-27 **Pratique E.** Now listen to and repeat the lines from **Pratique D.** Pay attention to the **liaisons**.

Pratique F.

1-28 **Étape 1.** The speaker will spell out words that make up a sentence. Write down the letters and accent marks you hear.

    1. _____   5. _____

    2. _____   6. _____

    3. _____   7. _____

    4. _____   8. _____

Étape 2. Use the words you wrote in **Étape 1** to make a complete sentence.

_____

_____

1-29 **Étape 3.** Now, listen to and repeat the sentence formed with the words you wrote in **Étape 2**, paying attention to whether or not the final consonants are pronounced.

Blog *Liaisons*

Avant de bloguer

Le blog (or *le blogue* as it is officially spelled in Quebec) has become a very popular communication tool not only in today's global society but also in today's foreign language learning experience. The French language is the second most used language (after English) by non-native speakers in virtual communication around the world. Blogs have several different translations into the French language: **weblog, carnet web, cybercarnet, journal web, webjournal, joueb, bloc,** or **bloc-notes.** However, **le blog**, **un blog**, or **les blogs** seem to appear most often.

Blogs have many different uses and purposes. Whatever the context or reason behind its creation, a blog allows the individual to communicate information on any given subject. In this case, you are going to use the format of a blog to communicate your thoughts, impressions, reactions, questions, and opinions about the film *Liaisons* as the film develops.

As you already probably know, many forms of virtual communication like blogs, emails, instant messaging, and texting have their own vocabulary and even their own language at times. Look at the following French-language vocabulary words associated with blogs and try to match them up with their corresponding English-language equivalents or linguistic meaning.

1. un blogueur

2. bloguer

3. journal extime

4. :->

5. B-)

6. mr6

7. une blogueuse

8. MDR (mort de rire)

a. the verb form *(to blog)*

b. laughing out loud, translation of LOL

c. smiley indifférent

d. merci

e. a female blogger

f. l'utilisateur porte *(wears)* des lunettes de grand-mère

g. a diary (**journal intime**) that exists in electronic public format

h. a male blogger

Keep these authentic expressions in mind as you write your blog and see if you can use any of them to help communicate your message!

Bloguer

Using the template provided below, write your blog about the **Prologue** and **Séquence 1** of *Liaisons*. So far, you have met the main character, Claire. You've seen her go to school, visit her mother in the psychiatric hospital, go to work at the hotel, and interact with her best friend Abia, her supervisor, and a few hotel guests like Madame Saxton, an anonymous man, and Alexis Prévost. What are your first impressions?

Fill in the blog with 6–8 sentences in French describing some of the things you have seen so far. Consider how you would introduce the film to a new classmate who added the French course late and has not yet seen the prologue or segment 1. For example, you might write: **Il y a une femme. Elle s'appelle Claire. Il y a un homme mystérieux.**

Premières impressions du film *Liaisons*

Le prologue et la première séquence

Titre de votre article *(entry)* (Exemple: Les personnages de *Liaisons*)

_____

_____

Date _____

Article _____

_____

_____

_____

_____

_____

_____

_____

_____

_____

_____

_____

_____

Les **plaisirs** de la **vie**

CHAPITRE 2

PARTIE **1**

VOCABULAIRE 1

Le climat

ACTIVITÉ A Quel temps fait-il pour un climat de quatre saisons? You will hear questions about the weather in a four-season climate. Select the most logical response.

2-1

1. a. Il fait beau. b. Il neige. c. Il fait chaud. d. Il fait beau.
2. a. Il fait du soleil. b. Il fait du vent. c. Il fait frais. d. Il fait 10 degrés Celsius.
3. a. Il fait lourd. b. Il fait froid. c. Il fait beau. d. Le ciel est couvert.
4. a. Il neige. b. Il pleut. c. Il fait 0 degré Celsius. d. Il fait chaud.

ACTIVITÉ B Vrai ou faux? You will hear a conversation between Paul and Marie. Indicate whether these statements are true (**vrai**) or false (**faux**).

2-2

	vrai	faux
1. Marie est de Des Moines.	☐	☐
2. Il fait souvent mauvais en hiver chez Marie.	☐	☐
3. Marie aime l'hiver et l'été.	☐	☐
4. Paul est de Seattle où il neige rarement en hiver.	☐	☐
5. Il ne pleut pas beaucoup en hiver chez Paul.	☐	☐
6. Il fait du soleil à Seattle en hiver.	☐	☐

ACTIVITÉ C Quelle saison? You will hear descriptions of various weather conditions. Select the season in which the weather most logically occurs.

2-3

1. a. l'été b. l'automne c. l'hiver d. le printemps
2. a. l'été b. l'automne c. l'hiver d. le printemps
3. a. l'été b. l'automne c. l'hiver d. le printemps
4. a. l'été b. l'automne c. l'hiver d. le printemps

ACTIVITÉ D Associations Write the type of weather that is often associated with each location.

LEXIQUE					
LA PLUIE	LE SOLEIL	LES NUAGES	LES TORNADES	LA NEIGE	LE VENT

1. le Kansas ou l'Oklahoma _____
2. la Louisiane ou la Floride _____
3. à Los Angeles en Californie _____
4. le Minnesota ou le Wisconsin _____
5. à Chicago dans l'Illinois _____
6. à Juneau en Alaska _____

Nom _____ Date _____

ACTIVITÉ **E** **Quelle est la température?** Complete each weather description with an appropriate word from the **lexique**.

LEXIQUE			
FRAIS	FROID	CHAUD	BEAU

1. La température est de 0 degré Celsius / 32 degrés Fahrenheit. Il fait _____.

2. La température est de 20 degrés Celsius / 68 degrés Fahrenheit. Il fait _____.

3. La température est de 38 degrés Celsius / 100 degrés Fahrenheit. Il fait _____.

4. La température est de 15 degrés Celsius / 59 degrés Fahrenheit. Il fait _____.

ACTIVITÉ **F** **Objets du ciel** Select the most logical completion for each statement.

1. Pour faire un souhait *(make a wish)*, on cherche…   a. une étoile   b. le soleil

2. Pour réchauffer *(warm up)* la planète, on a besoin…   a. du soleil   b. de la lune

3. Pour savoir l'heure pendant la journée, on utilise…   a. la lune   b. le soleil

4. Pour marquer le passage du temps (les mois), on utilise…   a. le soleil   b. la lune

5. Pour naviguer, les marins *(sailors)* étudient…   a. la lune   b. les étoiles

6. Pour savoir la direction, on regarde…   a. le soleil   b. la lune

ACTIVITÉ **G** **Quelle fête?** You will hear six dates. Write the number of the date next to its corresponding holiday.

_____ a. le jour de l'An

_____ b. Halloween

_____ c. le jour de l'indépendance américaine

_____ d. Noël

_____ e. l'Armistice *(Veterans Day)*

_____ f. la Saint-Valentin

ACTIVITÉ **H** **En quel mois?**

Étape 1. Write in which month these holidays are celebrated.

1. le jour de Martin Luther King, Jr. _____

2. le jour de l'Action de Grâce *(Thanksgiving)* _____

3. l'anniversaire du Président George Washington _____

4. le jour de Christophe Colomb _____

5. la Saint-Patrick _____

6. la fête du Travail _____

Étape 2. Pick a holiday mentioned in **Étape 1** and write two or three statements about it. Include the season in which the holiday occurs, talk about a date on which the holiday typically falls, and describe typical weather conditions for that holiday.

_____

_____

_____

GRAMMAIRE 1

Pour parler des destinations

Le verbe *aller* / La préposition *à*

ACTIVITÉ **I** **C'est qui?** You will hear a series of sentences that have no subjects. Select who is being referred to.

Modèle: *You hear: ... vont au cours de français.*
You see: a. Il   b. Ils
You select: **Ils**

1. a. Nous	b. Vous		**7.** a. Elle	b. Elles	
2. a. Je	b. Tu		**8.** a. Je	b. Tu	
3. a. Il	b. Ils		**9.** a. Il	b. Ils	
4. a. Je	b. Tu		**10.** a. Je	b. Tu	
5. a. Nous	b. Vous		**11.** a. Je	b. Tu	
6. a. Nous	b. Vous		**12.** a. Elle	b. Elles	

ACTIVITÉ **J** **Qui est-ce?**

Étape 1. Write an appropriate subject pronoun for each sentence.

Modèle: On va danser ce soir.

1. _____ allez être en retard.

2. _____ vont voyager ce week-end.

3. _____ vais écouter de la musique.

4. _____ allons regarder un film.

5. _____ va marcher au parc.

6. _____ vas rater un examen.

Étape 2. Finish the sentence with one of the actions from **Étape 1** that is true for you.

Cette semaine, je vais _____

ACTIVITÉ **K** **Stéphan et ses amis** Stéphan and his friends are very serious students and work very hard. Complete each sentence with the correct form of the verb **aller** and then decide if he and his friends are likely to do each activity or not.

	oui	non
1. Tu _____ au cinéma après les cours?	☐	☐
2. Il _____ étudier ce soir.	☐	☐
3. Vous _____ à la bibliothèque demain?	☐	☐
4. Je _____ danser dans les bars ce week-end.	☐	☐
5. Mes amis et moi, nous _____ sur le campus.	☐	☐
6. Mes amis, ils _____ regarder la télé toute la journée *(all day)*.	☐	☐

ACTIVITÉ **L** **Où vont les étudiants?** Select the correct destination for each sentence.

1. Les étudiants vont aux _____ (a. cours de français et d'histoire / b. cours de biologie)

2. Les étudiants vont au _____ (a. salle de gymnastique / b. restaurant universitaire)

3. Les étudiants vont à l' _____ (a. université / b. café)

4. Les étudiants vont à la _____ (a. école / b. bibliothèque)

ACTIVITÉ M Où va votre colocataire? Complete each sentence with the correct form of the preposition **à.**

1. Le mardi, mon/ma colocataire va _____ cinéma.

2. Le samedi soir, mon/ma colocataire va _____ appartement de son ami(e).

3. Le mercredi, mon/ma colocataire va _____ cours de maths et de chimie.

4. Le vendredi, mon/ma colocataire ne va jamais _____ bibliothèque.

ACTIVITÉ N Vrai ou faux? You will hear a conversation between Rémi and Marc. Indicate whether each statement is true (**vrai**) or false (**faux**).

	vrai	faux
1. Marc va à trois cours aujourd'hui.	☐	☐
2. Rémi va au cours de sociologie.	☐	☐
3. Rémi et Sara vont chercher des livres à la bibliothèque.	☐	☐
4. Marc va aller au café vers 4h pour étudier avec Rémi et Sara.	☐	☐

ACTIVITÉ O Mon emploi du temps personnel Write a paragraph of at least four sentences talking about your schedule for the week. Mention what you are going to do and when (for example, which days and time of day) as well as where you are going to go and with whom (if appropriate).

Modèle: Lundi matin, je vais passer un examen. Samedi après-midi, je vais regarder un film avec mes amis au cinéma. Jeudi soir, mes amis et moi, nous allons manger dans un restaurant italien.

_____

_____

_____

_____

_____

ACTIVITÉ P Dictée: Les professeurs You will hear five sentences about professors. The first time you hear the sentences, do not write anything. Just listen for comprehension. You will then be prompted to listen to the sentences again and to begin writing. You may repeat the recording as many times as necessary. When finished, check your work against the answer key. Then, indicate if you believe each sentence is **vrai** or **faux.**

1. V F _____

2. V F _____

3. V F _____

4. V F _____

5. V F _____

PARTIE 2

VOCABULAIRE 2

Les sports

🔊 **ACTIVITÉ A** **Quel type d'activité?** You will hear a series of recreational activities. Indicate if each
2-8 activity belongs to the category of **sport** (*sport*) or **activité sportive** (*physical activity*).

	sport	activité sportive		sport	activité sportive
1.	☐	☐	5.	☐	☐
2.	☐	☐	6.	☐	☐
3.	☐	☐	7.	☐	☐
4.	☐	☐	8.	☐	☐

🔊 **ACTIVITÉ B** **Aux jeux Olympiques** You will hear a series of sports and physical activities. Indicate
2-9 if each sport or physical activity belongs to the category of **jeux Olympiques** (*Olympic Games*) **d'hiver**, **jeux
Olympiques d'été**, or **pas un jeu Olympique.**

	jeux Olympiques d'hiver	jeux Olympiques d'été	pas un jeu Olympique
1.	☐	☐	☐
2.	☐	☐	☐
3.	☐	☐	☐
4.	☐	☐	☐
5.	☐	☐	☐
6.	☐	☐	☐

🔊 **ACTIVITÉ C** **Quel sport?** You will hear the names of professional athletes. Say aloud the kind of
2-10 athlete each person is. Then, check your answers and pronunciation when the speaker provides the correct
responses. (6 items)

Modèle: *You hear:* Mia Hamm
You say: **C'est une joueuse de football.**

🔊 **ACTIVITÉ D** **À votre avis** Listen to the speaker read a series of statements. Decide if each activity is
2-11 something to do (**à faire**) or not to do (**à ne pas faire**).

	à faire	à ne pas faire		à faire	à ne pas faire
1.	☐	☐	9.	☐	☐
2.	☐	☐	10.	☐	☐
3.	☐	☐	11.	☐	☐
4.	☐	☐	12.	☐	☐
5.	☐	☐	13.	☐	☐
6.	☐	☐	14.	☐	☐
7.	☐	☐	15.	☐	☐
8.	☐	☐	16.	☐	☐

ACTIVITÉ **E** **Suggestions d'activité** Write a sports-related activity that you would suggest for each scenario.

Modèle: (faire du bowling / faire du yoga) Pour s'amuser *(have fun)* avec des amis
faire du bowling

1. (faire de l'aérobic / faire de la marche) Dans un parc public

   _____

2. (faire du ski nautique / jouer au basket) Sur le campus

   _____

3. (faire du ski nautique / faire de la gym) En vacances *(On vacation)*

   _____

4. (jouer au tennis de table / jouer au golf) Dans un gymnase *(gymnasium)*

   _____

ACTIVITÉ **F** **Activités sportives** Unscramble the words to make complete sentences. Add **faire** or **jouer** as needed. Make true statements by writing each sentence in either the negative (**ne... pas**) or the affirmative.

1. Mon meilleur ami / du / aime / surf

   _____

2. J(e) / tennis / adore / table / au / de

   _____

3. Mes amis / rugby / au / aiment

   _____

4. Mes amis et moi, nous / bien / la / gym / aimons / de

   _____

ACTIVITÉ **G** **Interview** You will hear six questions. Answer each one as it pertains to you and your life.

2-12

Modèle: *You hear:* Est-ce que vous aimez faire du sport?
You write: **Oui, j'aime faire du sport. / Non, je n'aime pas faire du sport.**

1. _____
2. _____
3. _____
4. _____
5. _____
6. _____

Nom _____ Date _____

GRAMMAIRE 2

Pour parler des activités et poser des questions

Le verbe *faire* / L'inversion

2-13

ACTIVITÉ **H** **Qui fait l'activité?** You will hear a series of sentences that have no subjects. Select who is being referred to.

Modèle: *You hear:* ... font du vélo.
You see: a. Les amis   b. Un ami
You select: **Les amis**

1. a. Tu   b. Vous   7. a. Le prof   b. Les profs
2. a. Vous   b. Nous   8. a. Un ami   b. Les étudiants
3. a. Les amis   b. Le prof   9. a. Il   b. Ils
4. a. Tu   b. Vous   10. a. Elles   b. Nous
5. a. Je   b. Les étudiants   11. a. Je   b. Vous
6. a. Tu   b. Nous   12. a. Nous   b. Tu

ACTIVITÉ **I** **Qui fait l'action?** Write an appropriate subject pronoun for each sentence.

Modèle: **Nous** faisons du ski alpin tous les hivers.

1. _____ fais de la marche quand il fait beau.   4. _____ faites du jogging au parc.

2. _____ font de l'aérobic pour rester en forme.   5. _____ fais du patinage avec des amis.

3. _____ fait du surf.   6. _____ faisons du yoga ensemble.

ACTIVITÉ **J** **Qu'est-ce qu'on fait?** Complete each sentence with the correct form of the verb **faire.**

1. Elles _____ de la natation tous les jours.   4. Nous _____ du jogging.

2. Je _____ souvent du sport.   5. Il _____ du vélo avec des amis.

3. Est-ce que vous _____ du cheval?   6. Est-ce que tu _____ du ski de fond?

ACTIVITÉ **K** **Préférences** Read each description and determine what the following people do.

Modèle: Claudette n'aime pas la neige. (faire du ski alpin / faire du surf)
            Elle fait du surf.

1. Xavier n'aime pas courir *(to run)*. (faire du cheval / faire du jogging)

_____

2. Beaucoup d'étudiants n'aiment pas la mer *(sea)*. (faire du surf / faire du bowling)

_____

3. Mes amis et moi, nous n'aimons pas le froid. (faire du patinage / faire de la gym)

_____

ACTIVITÉ L Interview You will hear an interview between a journalist and a professional athlete. Indicate whether each statement is **vrai** or **faux**.

2-14

	vrai	faux
1. Olivier joue au foot.	☐	☐
2. Olivier pense que faire de la gym tous les jours est important.	☐	☐
3. Olivier fait du jogging et du vélo tous les après-midi.	☐	☐
4. Olivier ne recommande pas la marche pour être actif.	☐	☐

ACTIVITÉ M Méli-mélo (Mish-mash) Write questions using the following people and verbs. You may also invent your own people and activities. Then, answer the questions with a logical guess.

Modèles: Lady Gaga chante-t-elle en français?
Sting fait-il du yoga?

Sandra Bullock	être fana de (+ qqch)	faire de la gym
Ryan Reynolds	jouer à (+ sport)	habiter à (+ ville)
Michael Phelps	parler français	manger des chips
LeBron James	être (+ adjectif)	faire du cheval
Rachael Ray	détester (+ qqch)	voyager beaucoup
???	???	???

	Oui	Non	Peut-être
1. _____	☐	☐	☐
2. _____	☐	☐	☐
3. _____	☐	☐	☐
4. _____	☐	☐	☐
5. _____	☐	☐	☐
6. _____	☐	☐	☐

ACTIVITÉ N Dictée: Les personnes célèbres You will hear five questions about famous people. The first time you hear the questions, do not write anything. Just listen for comprehension. You will then be prompted to listen to the questions again and to begin writing. You may repeat the recording as many times as necessary. When finished, check your work against the answer key. Then, answer each question.

2-15

1. Oui Non _____

2. Oui Non _____

3. Oui Non _____

4. Oui Non _____

5. Oui Non _____

PARTIE 3

VOCABULAIRE 3

Les loisirs

🔊 2-16 **ACTIVITÉ A** **Qui est-ce?** You will hear statements about well-known people. Select the person being described.

1. a. Yo-Yo Ma   b. Michael Bublé   5. a. Julia Child   b. Paris Hilton
2. a. Lady Gaga   b. Alicia Keys   6. a. Taylor Swift   b. Beyoncé
3. a. Mikhail Baryshnikov   b. Usher   7. a. Auguste Rodin   b. Ansel Adams
4. a. Ringo Starr   b. Carlos Santana   8. a. Martha Stewart   b. Janet Jackson

ACTIVITÉ B **Préférences** Based on the articles and nouns, determine what people do or like to do.

1. On aime jouer du…   a. violon   b. guitare   c. batterie
2. On aime faire du…   a. sieste   b. shopping   c. grasse matinée
3. On aime jouer de la…   a. musique   b. piano   c. violoncelle
4. On aime faire du…   a. courses   b. voyage   c. camping
5. On aime faire de la…   a. camping   b. jardinage   c. photographie
6. On aime faire une…   a. pique-nique   b. barbecue   c. promenade

ACTIVITÉ C **Qui fait quoi?** Complete the sentences with the correct form of **faire** or **jouer**.

1. Les étudiants _____ souvent aux jeux de société.

2. Les Américains _____ un barbecue tous les week-ends.

3. Les profs _____ souvent aux cartes.

4. Les étudiants _____ parfois du bricolage.

5. Les Français aiment _____ du camping.

ACTIVITÉ D **Les passe-temps d'Alexandra**

🔊 2-17 **Étape 1.** Listen to Alexandra describe her favorite pastimes and then indicate whether each statement is **vrai** or **faux**.

	vrai	faux
1. Il n'y a pas beaucoup de loisirs qu'Alexandra aime bien faire.	☐	☐
2. Elle adore faire un pique-nique quand il fait beau.	☐	☐
3. Alexandra va au spa assez souvent avec des amis.	☐	☐
4. Alexandra joue aux cartes avec sa colocataire.	☐	☐
5. Elle n'aime pas aller au cinéma.	☐	☐

Étape 2. Complete this statement with a pastime or leisure activity from **Étape 1** that you like.

J'aime beaucoup _____

ACTIVITÉ **E** **Loisirs populaires** You will hear questions about pastimes and leisure activities. Answer each question aloud. Then, check your answers and pronunciation when the speaker provides the correct responses. (6 items)

Modèle: *You hear:* Fait-on la fête dans une salle de classe ou à la maison?
You say: **On fait la fête à la maison.**
You hear: On fait la fête à la maison.

ACTIVITÉ **F** **Talents secrets, peut-être?** Unscramble the words and make any changes to the verbs as needed to make complete sentences. Fill in any missing vocabulary words to complete the expressions. Make true statements by including **bien, très bien,** or **n(e)… pas bien** in each statement.

1. écrire / mes amis / textos _____

2. jardinage / faire / ma meilleure amie _____

3. mes amis / faire / photographie _____

4. cuisiner / mon prof de français _____

5. cartes / je / jouer _____

6. mes colocataires / jeux / jouer / société _____

ACTIVITÉ **G** **Avoir de la chance ou avoir envie**

Étape 1. Think of three pastimes that you are lucky to be doing regularly and three pastimes that you have not been lucky enough to do but would like to do someday. Write them in the chart.

Avoir de la chance de faire	Avoir envie de faire un jour

Étape 2. Using the activities you entered in **Étape 1,** write a paragraph of at least four sentences about the pastimes in which you currently engage and those in which you would like to engage some day.

Modèles: **J'ai de la chance de faire souvent du shopping.**
J'ai envie de jouer du violon un jour.

_____
_____
_____
_____
_____
_____

GRAMMAIRE 3

Pour parler de la communication

Les verbes *lire, écrire, dire* / Les adverbes

ACTIVITÉ H Qui? You will hear a series of sentences that have no subjects. Select who is being referred to.

Modèle: *You hear:* … lisons des lettres.
You see: a. Je   b. Nous
You select: **Nous**

1. a. Vous	b. Ils	**5.** a. Il	b. Ils	**9.** a. Elles	b. Je
2. a. Elle	b. Elles	**6.** a. Je	b. Nous	**10.** a. Ils	b. Vous
3. a. Je	b. Vous	**7.** a. Vous	b. Elle	**11.** a. Tu	b. Nous
4. a. Tu	b. Vous	**8.** a. Tu	b. Nous	**12.** a. On	b. Ils

ACTIVITÉ I Étudiants Complete each statement by selecting an appropriate subject and changing the form of the verb in parentheses to match.

POSSIBILITÉS	
UN BON ÉTUDIANT	UN MAUVAIS ÉTUDIANT
LES BONS ÉTUDIANTS	LES MAUVAIS ÉTUDIANTS

1. (écrire) souvent des textos pendant le cours.

_____

2. (lire) de temps en temps le livre de biologie pendant le cours de français.

_____

3. (ne pas dire) «bonjour» au professeur.

_____

4. (dire) «au revoir» au professeur tous les jours.

_____

5. (ne pas lire) le livre de français.

_____

6. (écrire) des notes dans le livre de français pendant la leçon.

_____

ACTIVITÉ J Comment? Decide how these people do these activities.

Modèle: Loïc a beaucoup de patience. Il lit (patiemment / évidemment) des lettres.
Il lit **patiemment** des lettres.

1. Delphine a beaucoup d'énergie. Elle joue _____ (lentement / activement) de la batterie.

2. Daniel est très sûr de lui. Il dit _____ (absolument / poliment) ce qu'il a envie de dire.

3. Maria ne fait pas d'erreurs quand elle parle en français. Elle parle _____ (couramment / gentiment) français.

ACTIVITÉ K Un(e) bon(ne) ou mauvais(e) ami(e)?

Étape 1. Do the statements describe **un(e) bon(ne) ami(e)** or **un(e) mauvais(e) ami(e)?**

	Un(e) bon(ne) ami(e)	Un(e) mauvais(e) ami(e)
1. Il/Elle ne parle pas poliment.	☐	☐
2. Il/Elle traite *(treats)* mal les autres *(others)*.	☐	☐
3. Il/Elle aide constamment les autres.	☐	☐
4. Il/Elle parle méchamment aux autres.	☐	☐
5. Il/Elle dit des choses sincèrement.	☐	☐
6. Il/Elle invite fréquemment des amis.	☐	☐

Étape 2. Using an adverb you learned in **Chapitre 2** of your textbook or one of your own invention, answer these questions as they pertain to you and your actions and behaviors.

1. Avec quelle fréquence *(How often)* ou comment écrivez-vous des courriels aux amis?

_____

2. Avec quelle fréquence dites-vous la vérité aux amis?

_____

3. Avec quelle fréquence ou comment lisez-vous les textos des amis?

_____

Étape 3. Do you think you are a good friend? Using information provided in **Étape 2,** write a statement in which you explain what makes you a good friend or not.

Modèle: Je suis un(e) bon(ne) ami(e). J'écris toujours des courriels aux amis, je dis sincèrement la vérité aux amis et je lis patiemment les textos des amis.

_____

_____

_____

🔊 **ACTIVITÉ L Dictée: Les personnes célèbres** You will hear sentences about famous people. The
2-20 first time you hear the sentences, do not write anything. Just listen for comprehension. You will then be prompted to listen to the sentences again and to begin writing. You may repeat the recording as many times as necessary. When finished, check your work against the answer key. Then, indicate if you believe each sentence is **vrai** or **faux.**

1. V F _____

2. V F _____

3. V F _____

4. V F _____

🔊 Liaisons avec les mots et les sons

2-21 ## Les consonnes finales muettes

In general, final consonants in French are silent.

| salut | nous | stylos | allemand | concert | chocolat |

However, there are some final consonant letters that are generally pronounced: **q, k, b, c, r, f,** and **l**. To help you remember these consonants, think of the consonants in the phrase **QuiCK—Be CaReFuL!**

| cinq | public | anorak | club | chic | loisir | neuf | journal |

An exception is **r** in words ending in **-ier** and **-er.**

| cahier | papier | regarder | travailler | parler |

If a word ends in an unaccented **e** or **es,** the preceding consonant is always pronounced, but the **e / es** remains silent.

| porte | allemand / allemande | petit / petite | grand / grande |

You learned a major exception in **Chapitre 1:** Some final consonants that are normally silent will be pronounced if there is **une liaison** (for example, between an article and a noun).

| les étudiants | les hallucinations | les années | les optimistes |

2-22 **Pratique A.** Listen to and repeat the following words. Then indicate if the final consonant is pronounced (**prononcée**) or not pronounced (**pas prononcée**).

	prononcée	pas prononcée
1. jouer	☐	☐
2. cinq	☐	☐
3. nuit	☐	☐
4. intéressante	☐	☐
5. hiver	☐	☐
6. français	☐	☐
7. public	☐	☐
8. chef	☐	☐
9. étoile	☐	☐
10. étudiant	☐	☐
11. aller	☐	☐
12. c'est	☐	☐

Pratique B.

2-23 **Étape 1.** Listen to and repeat these statements. Then, circle the words (if any) that have pronounced final consonants.

1. Il fait du vent et il pleut souvent en automne.

2. En été, nous avons toujours envie de déjeuner au café.

3. Quel temps fait-il aujourd'hui?

2-23 **Étape 2.** Listen to and repeat once more the statements in **Étape 1.** Mark the **liaisons** you hear using the symbol (‿).

Pratique C.

2-24 **Étape 1.** The speaker will spell out vocabulary words from **Chapitre 2** of your textbook along with their corresponding definite articles. Write the letters and accents you hear. Then, check your answers against the answer key.

1. _____   5. _____

2. _____   6. _____

3. _____   7. _____

4. _____   8. _____

2-25 **Étape 2.** Now, listen to and repeat the vocabulary words in **Étape 1,** paying close attention to when you must make the **liaison** and when you do not.

Pratique D.

2-26 **Étape 1.** The speaker will spell out words that make up a sentence. Write the letters and accent marks you hear. Then, use the words to make a complete sentence that describes the action in the video still.

1. _____   5. _____

2. _____   6. _____

3. _____   7. _____

4. _____   8. _____

2-27 **Étape 2.** Now, listen to and repeat the sentence formed with the words you wrote in **Étape 1,** paying special attention to the pronounced final consonants and **liaisons.**

Le courrier électronique

Avant d'écrire

A student from France named Antoine Dubois has e-mailed you about how the weather is going to be next week and what he is going to do as a result. Read his e-mail and begin to think about how you might respond to it, using the template on the next page.

Écrire un message

⤴ ⮕ Envoyer 📑 Enregistrer 📎 Joindre un fichier   ✖ Annuler

A : Antoine Dubois <adubois24@courrielpf.fr >   Accès au Répertoire
Copie : Étudiants de français   ☑ Conserver une copie

Objet : Le temps la semaine prochaine   **Priorité :** normale ⬍

Salut!

Comment ça va? Tes cours sont intéressants? Est-ce que tu as beaucoup de devoirs?

Moi, ça va. Je n'ai pas trop de devoirs cette semaine mais j'ai un examen la semaine prochaine. Heureusement, il fait beau. La température est bonne. Je suis heureux. Il ne fait pas froid. Il ne fait pas chaud non plus.

Il va faire beau aussi la semaine prochaine. Je vais avoir besoin d'étudier pour mon examen mais je vais aussi avoir envie de jouer au foot avec des amis. C'est sûr. Ça va être difficile.

Et toi? Quel temps va-t-il faire dans ta région la semaine prochaine? Qu'est-ce que tu vas faire? Et avec tes amis, allez-vous faire ou allez-vous avoir besoin de faire quelque chose ensemble?

Je vais dîner au restaurant universitaire avec mon colocataire maintenant. Bonne soirée!

À bientôt.
Antoine

Écrire

Using the following template and vocabulary and grammar you have already learned, write an e-mail to Antoine consisting of 6-8 French sentences in which you answer his questions and provide additional information about your weather and activities for next week.

Écrire un message

| Envoyer | Enregistrer | Joindre un fichier | Annuler |

A :

Copie :

Accès au Répertoire
☑ Conserver une copie

Objet : Le temps la semaine prochaine

Priorité : normale ◆

Salut!

Nos origines

CHAPITRE 3

PARTIE 1

VOCABULAIRE 1

L'origine culturelle

3-1 **ACTIVITÉ A Les continents et les pays** Listen to each statement and indicate whether it is true (**vrai**) or false (**faux**).

	vrai	faux
Modèle: La France est en Europe de l'Ouest.	☑	☐

	vrai	faux		vrai	faux
1.	☐	☐	**4.**	☐	☐
2.	☐	☐	**5.**	☐	☐
3.	☐	☐	**6.**	☐	☐

3-2 **ACTIVITÉ B Les personnes célèbres** Listen to each description of a famous person. Pay attention to each person's nationality and select the name that matches the nationality.

1. a. Albert Einstein   b. Thomas Jefferson   **4.** a. Charles de Gaulle   b. Mao Zedong

2. a. Jeanne d'Arc   b. Betsy Ross   **5.** a. Mère Teresa   b. La Reine Elizabeth

3. a. Marie Curie   b. Margaret Thatcher   **6.** a. Gandhi   b. Nelson Mandela

ACTIVITÉ C Quel continent? Put an X next to the country that *does not* belong in each series of countries. Then write the continent in which the remaining three countries are located.

Modèle: _____ la Suisse, __X__ la Tunisie, _____ l'Allemagne, _____ l'Italie:
      l'Europe de l'Ouest

1. _____ la Chine, _____ le Japon, _____ la Roumanie, _____ le Viêt-Nam:

_____

2. _____ le Canada, _____ les États-Unis, _____ le Mexique, _____ la Russie:

_____

3. _____ l'Angleterre, _____ la Belgique, _____ le Brésil, _____ l'Irlande:

_____

4. _____ la Côte d'Ivoire, _____ le Sénégal, _____ la Russie, _____ le Cameroun:

_____

5. _____ la France, _____ l'Irlande, _____ le Viêt-Nam, _____ la Suisse:

_____

6. _____ le Maroc, _____ le Chili *(Chile)*, _____, le Pérou *(Peru)*, _____ le Brésil:

_____

🔊 **3-3**

ACTIVITÉ **D** **Les automobiles** The speaker will ask you who makes the following cars. Listen to each question and say your answer aloud. Then, check your answers and pronunciation when the speaker provides the correct responses. (8 items)

| ALPHA ROMEO | FORD | GM | HONDA | JAGUAR |
| MERCEDES-BENZ | PEUGEOT | RENAULT | VOLKSWAGEN |

Modèle: *You hear:* Qui fabrique les voitures Ford?
You say: **les Américains**

ACTIVITÉ **E** **Quel adjectif?** Complete the following sentences with the appropriate nationality adjective. Pay attention to agreement.

Modèle: Luigi aime le *Pinot grigio*. Il préfère le vin *(wine)* **italien.**

1. Sarah adore Andrea Bocelli. Elle préfère la musique _____.

2. Simon aime le sushi. Il préfère la cuisine _____.

3. Nicole adore les Volkswagen. Elle préfère les voitures _____.

4. Catherine aime le chocolat Nestlé. Elle préfère le chocolat _____.

5. Mustapha aime le fromage *(cheese)* Kraft. Il préfère le fromage _____.

6. Kofi adore *Terminator II*. Il préfère les films _____.

ACTIVITÉ **F** **La nationalité des étudiants** What are the nationalities of these students? Follow the model.

Modèle: Sarah vient de Chicago. C'est une étudiante **américaine.**

1. Maria vient de Tijuana. C'est une étudiante _____.

2. Alexandro vient de Rome. C'est un étudiant _____.

3. Claudia vient de Berlin. C'est une étudiante _____.

4. Pierre et Patrick viennent de Marseille. Ce sont des étudiants _____.

5. Jing vient de Shanghai. C'est une étudiante _____.

6. Mustapha vient de Marrakech. C'est un étudiant _____.

7. Ingrid vient de Genève. C'est une étudiante _____.

8. Anne et Laura viennent de Montréal. Ce sont des étudiantes _____.

ACTIVITÉ **G** **Trois personnes** Here are three people from three different countries. Fill in the rest of the chart.

Nom	Pays d'origine	Continent d'origine	Langues parlées
Carla Bruni	l'Italie	l'Europe de l'Ouest	l'italien, le français
Justin Timberlake			
Vanessa Paradis			
Jackie Chan			

GRAMMAIRE 1

Pour parler des pays, des villes et de nos origines

Les prépositions et les lieux géographiques / Les verbes *venir* et *devenir*

🔊 3-4 ACTIVITÉ H Les pays et les villes Listen to each statement and indicate whether it is true (**vrai**) or false (**faux**).

	vrai	faux
Modèle: Paris est en France.	☑	☐

	vrai	faux		vrai	faux
1.	☐	☐	**4.**	☐	☐
2.	☐	☐	**5.**	☐	☐
3.	☐	☐	**6.**	☐	☐

🔊 3-5 ACTIVITÉ I Les attractions touristiques et les villes Listen to each statement and indicate whether it is true (**vrai**) or false (**faux**).

	vrai	faux
Modèle: Wrigley Field est à Chicago.	☑	☐

	vrai	faux		vrai	faux
1.	☐	☐	**4.**	☐	☐
2.	☐	☐	**5.**	☐	☐
3.	☐	☐	**6.**	☐	☐

🔊 3-6 ACTIVITÉ J Ville ou pays? Listen to the speaker talk about where she and her friends are going. Pay attention to the preposition in order to determine whether she is referring to a city or a country.

Modèle: *You hear:* On va à...
You see: a. États-Unis   b. Chicago
You select: **Chicago**

1. a. Espagne	b. Séville	**4.** a. Genève	b. Suisse
2. a. Mexique	b. Tijuana	**5.** a. Dublin	b. Irlande
3. a. Avignon	b. France	**6.** a. Bucarest	b. Roumanie

ACTIVITÉ K Quels pays? Pay attention to the prepositions in order to determine which country each person is from. Select the correct response.

1. Elle vient **du**	a. Chine	b. Maroc
2. Elle vient **de**	a. Côte d'Ivoire	b. Sénégal
3. Elle vient **du**	a. Québec	b. Russie
4. Elle vient **d'**	a. France	b. Italie
5. Elle vient **de**	a. Mexique	b. Tunisie
6. Elle vient **des**	a. Allemagne	b. États-Unis

ACTIVITÉ L Quiz de géographie In which countries are the following cities located?

Modèle: Paris **Paris est en France.**

1. Bruxelles _____   4. Londres _____

2. Toronto _____   5. New York _____

3. Tokyo _____   6. Tijuana _____

ACTIVITÉ M Les capitales

Étape 1. Select the capital of each state.

1. _____ est la capitale **de** l'Illinois.   a. Chicago   b. Springfield

2. _____ est la capitale **de** l'État de Washington.   a. Olympia   b. Seattle

3. _____ est la capitale **de la** Californie.   a. Los Angeles   b. Sacramento

4. _____ est la capitale **du** Colorado.   a. Denver   b. Fort Collins

Étape 2. Write sentences to identify the U.S. states in which these capital cities are located.

Modèle: Indianapolis **est la capitale de l'Indiana.**

1. Austin _____

2. Columbus _____

3. Lansing _____

4. Des Moines _____

5. Atlanta _____

6. Santa Fe _____

7. Madison _____

8. Tallahassee _____

ACTIVITÉ N Les États-Unis Write complete sentences to identify the U.S. states in which these places are located.

Modèles: La Maison-Blanche *(White House)* **est dans le district de Columbia.**
        Disney World **est en Floride.**

LEXIQUE		
CONNECTICUT	DAKOTA DU SUD	LOUISIANE
NEVADA	PENNSYLVANIE	TENNESSEE

1. Le Country Music Hall of Fame _____

2. Death Valley _____

3. La Liberty Bell _____

4. Mount Rushmore _____

5. L'Université Yale_____

6. Le quartier français de La Nouvelle-Orléans _____

ACTIVITÉ O Les endroits célèbres

Étape 1. The speaker will name a famous place in the world. Say aloud in which country the place is located. Then, check your answers and pronunciation when the speaker provides the correct responses. (6 items)

Modèle: *You hear:* la Grande Muraille
You say: **La Grande Muraille est en Chine.**

Étape 2. In what city are the following places located?

1. Buckingham Palace   a. New York   b. Londres
2. L'Arc de Triomphe   a. Paris   b. Madrid
3. Le Château Frontenac   a. Québec   b. Détroit
4. Disneyland   a. Anaheim   b. Chicago

Étape 3. Write four sentences to describe where the places in **Étape 2** are located. Include the city and country.

Modèle: Central Park est à New York aux États-Unis.

1. _____
2. _____
3. _____
4. _____

ACTIVITÉ P Les gens célèbres Complete the sentences with **C'est, Il est,** or **Elle est.** Then, write the names of the famous people who fit those descriptions next to the sentences.

Georgio Armani	Céline Dion	Jennifer Lawrence
Catherine Deneuve	Brad Pitt	Diane Sawyer

Modèles: C'est une psychologue. **Dr. Ruth**
Il est comique. **David Letterman**

1. _____ une journaliste. _____
2. _____ italien. _____
3. _____ américaine. _____
4. _____ un acteur *(male actor).* _____
5. _____ une Québécoise. _____
6. _____ française. _____

ACTIVITÉ Q Les transformations Fill in the blanks with the appropriate form of the verb **devenir**. Then identify the story or character that is associated with each sentence.

1. Je _____ une marionnette *(puppet)*.   a. Peter Pan   b. Pinocchio

2. Nous _____ des ogres.   a. Batman   b. Shrek et Fiona

3. Ils _____ sorciers.   a. Spiderman   b. Harry Potter et Hermione

4. Il _____ un prince.   a. Ratatouille   b. Le prince grenouille *(frog)*

ACTIVITÉ R D'où viennent-ils? Using the verb **venir,** identify the cities that the following people are from.

1. Antonio Banderas (Málaga / Shanghai): _____

2. Salma Hayek (Nice / Coatzacoalcos): _____

3. Catherine Deneuve et Marion Cotillard (Paris / Rome): _____

ACTIVITÉ S Les personnages de *Liaisons*

Étape 1. You have met three characters in the film *Liaisons:* Claire, Abia, and Alexis. Fill in the required information about these characters in the chart.

Nom	Pays d'origine	Continent d'origine	Langues parlées
Abia Ndono			
Alexis Prévost			
Claire Gagner			

Étape 2. Now, write a paragraph about these three characters using the information from the chart.

_____

_____

_____

_____

_____

ACTIVITÉ T Dictée: Les personnes célèbres You will hear five sentences about some famous people. The first time you hear the sentences, do not write anything. Just listen for comprehension. You will then be prompted to listen to the sentences again and to begin writing. You will hear each sentence twice. You may repeat the recording as many times as necessary. When finished, check your work against the answer key. Then, indicate if you believe each sentence is **vrai** or **faux.**

1. V F _____

2. V F _____

3. V F _____

4. V F _____

5. V F _____

PARTIE 2

VOCABULAIRE 2

L'origine familiale

🔊 **ACTIVITÉ Ⓐ Famille proche ou famille élargie?** Listen as the speaker reads a series of family
3-9 members. Indicate if each family member belongs to the category of **famille proche** (*immediate family*)
or **famille élargie** (*extended family*).

	famille proche	famille élargie			famille proche	famille élargie
1.	☐	☐		5.	☐	☐
2.	☐	☐		6.	☐	☐
3.	☐	☐		7.	☐	☐
4.	☐	☐		8.	☐	☐

🔊 **ACTIVITÉ Ⓑ La famille d'Abia** Open your textbook to **Chapitre 3, Vocabulaire 2.** Listen as the
3-10 speaker makes statements about Abia's family. Refer to Abia's family trees to decide whether each statement
you hear is **vrai** or **faux.**

	vrai	faux			vrai	faux
1.	☐	☐		4.	☐	☐
2.	☐	☐		5.	☐	☐
3.	☐	☐		6.	☐	☐

ACTIVITÉ Ⓒ Comment s'appellent-ils? Use Abia's family trees in **Chapitre 3, Vocabulaire 2** of
your textbook to answer the following questions.

1. Comment s'appelle la sœur d'Abia? _____

2. Comment s'appelle la femme d'Adelai? _____

3. Comment s'appellent les enfants de François? _____

4. Comment s'appelle le frère d'Abia? _____

5. Comment s'appelle le père d'Abia? _____

6. Comment s'appelle le beau-frère d'Abia? _____

7. Comment s'appelle le chat de Patrick et Aude? _____

8. Comment s'appelle l'ex-femme de Kofi? _____

ACTIVITÉ Ⓓ Combien? Use Abia's family trees in **Chapitre 3, Vocabulaire 2** of your textbook to
answer the following questions. Write out each number in French.

Modèle: Combien d'enfants ont Nadia et François? **deux**

1. Combien d'enfants ont Adelai et Bisa? _____

2. Combien de frères a Abia? _____

3. Combien d'enfants ont Justin et Keesha? _____

4. Combien de cousins a Abia? _____

5. Combien d'oncles ont Jerome, Stephanie et Cindy? _____

6. Combien de nièces a Abia? _____

ACTIVITÉ E **Familles célèbres** Indicate the relationship between the following famous people.

1. Nicolas Sarkozy et Carla Bruni   a. mari / femme   b. frère / sœur
2. Hillary Clinton et Chelsea Clinton   a. mère / fils   b. mère / fille
3. Malia Obama et Sasha Obama   a. frères   b. sœurs
4. George H. Bush et George W. Bush   a. père / fille   b. père / fils
5. La Reine Elizabeth et le Prince William   a. grand-mère / petit-fils   b. tante / neveu
6. Alex Baldwin et William Baldwin   a. cousins   b. frères

🔊 3-11

ACTIVITÉ F **Comprenez-vous?** The speaker will read a description of a relationship in Abia's family followed by a question. Answer each question aloud. Then, check your answers and pronunciation when the speaker provides the correct responses. (5 items)

Modèle: *You hear:* La mère de son père. C'est sa tante ou sa grand-mère?
        You say: **C'est sa grand-mère.**

ACTIVITÉ G **Les relations familiales** Continue practicing family relationships by completing the following sentences.

1. La mère de mon père est ma _____.
2. Le fils de ma grand-mère est mon _____.
3. La sœur de mon père est ma _____.
4. La femme de mon frère est ma _____.
5. Le fils de mon frère est mon _____.
6. La fille de mes parents est ma _____.
7. Les filles de ma tante sont mes _____.
8. Les filles de ma sœur sont mes _____.

ACTIVITÉ H **Votre famille** Make a list of at least five living family members. You may include extended family if you wish. If you have more than one sibling, cousin, niece, or other family member, indicate how many. Then, write sentences to indicate the city in which each of your family members live.

Modèle: 1 grand-mère, 1 père, 1 belle-mère, 2 frères
      1. **J'ai une grand-mère à Chicago.**
      2. **J'ai un père et une belle-mère à Cleveland.**
      3. **J'ai deux frères à Los Angeles.**

_____
_____
_____
_____
_____
_____
_____

GRAMMAIRE 2

Pour parler des familles

Les adjectifs possessifs / Les adjectifs démonstratifs

ACTIVITÉ I **C'est qui?** Listen as the speaker describes his family photographs. Pay attention to the possessive adjective in order to determine to whom he is referring.

3-12

1. a. mère	b. père	c. parents	**4.** a. tante	b. oncle	c. tantes
2. a. cousins	b. sœur	c. frère	**5.** a. fille	b. cousins	c. frère
3. a. cousines	b. nièce	c. oncle	**6.** a. nièces	b. neveu	c. tante

ACTIVITÉ J **Les étudiants distraits** Absent-minded students are always borrowing from classmates and teachers. Pay attention to the possessive adjectives to determine which items this student needs to borrow.

1. J'aimerais emprunter **ton**...
   a. cahier
   b. crayons
   c. calculatrice

2. J'aimerais emprunter **ta**...
   a. papier
   b. calculatrice
   c. stylos

3. J'aimerais emprunter **tes**...
   a. dictionnaire
   b. livre
   c. crayons

4. [au professeur] Madame/Monsieur, j'aimerais emprunter **votre**...
   a. cahiers
   b. stylos
   c. agrafeuse

5. Professeur, j'aimerais emprunter **vos**...
   a. livres
   b. calculatrice
   c. livre

6. [au professeur] Madame/Monsieur, j'aimerais emprunter **votre**...
   a. stylos
   b. crayons
   c. dictionnaire

ACTIVITÉ K **Descriptions de famille** Complete the family descriptions with the correct form of the demonstrative pronoun **ce, cet, cette,** or **ces**.

1. _____ homme est notre père.

2. _____ femme est notre mère.

3. _____ garçon est notre petit frère.

4. _____ filles sont nos cousines.

5. _____ enfants sont nos neveux.

6. _____ cousine est veuve.

7. _____ tantes sont divorcées.

8. _____ cousin est célibataire.

ACTIVITÉ L **La famille de Romain** Listen as Romain describes his family to you. Then write the answer to each question below. You may replay the recording as often as you need to.

3-13

Modèle: *You see:* Qui est Guillaume?
You write: **son frère**

1. Qui est patient? _____

2. Qui est intelligente? _____

3. Qui parle une langue étrangère? _____

4. Qui est timide? _____

5. Qui est sociable? _____

6. Qui est divorcé? _____

7. Qui a un petit ami? _____

8. Qui est célibataire? _____

ACTIVITÉ Ⓜ **De quoi Claire et Abia ont-elles besoin?** What do Abia and Claire need in order to do these activities? Be sure to include the correct possessive adjective.

Modèle: De quoi Abia et Claire ont-elles besoin pour jouer au tennis? (raquette de tennis / ordinateur)
Elles ont besoin de **leurs raquettes de tennis.**

1. De quoi Claire a-t-elle besoin pour écrire une lettre? (poubelle / stylo) Elle a besoin de _____.

2. De quoi Abia et Claire ont-elles besoin pour écouter de la musique? (iPods / horloges) Elles ont besoin de _____.

3. De quoi Claire a-t-elle besoin pour étudier pour son examen de psychologie? (livre de psychologie / livre d'espagnol) Elle a besoin de _____.

4. De quoi Claire et Abia ont-elles besoin pour regarder un DVD? (calculatrice / ordinateur) Elles ont besoin de _____.

ACTIVITÉ Ⓝ **Dialogues** Complete these dialogues with the appropriate possessive adjectives.

1. — C'est Anne là-bas avec sa famille?

   — Oui, elle est avec _____ parents et _____ oncle.

2. — Bonjour, Pierre. Je te présente _____ frère Marc et _____ sœurs Marie et Sylvie.

   — Bonjour. Heureux de faire _____ connaissance.

3. — Guillaume et Nancy adorent les enfants.

   — Oui. Ils ont un fils et trois filles. _____ fils s'appelle Vincent et _____ filles s'appellent Julie, Candice et Catherine.

ACTIVITÉ Ⓞ **Cendrillon** Read the story about Cinderella and fill in the blanks with the appropriate possessive adjectives.

L'histoire de Cendrillon est un conte de fées *(fairy tale)* célèbre. (1) _____

père est mort *(dead)* donc Cendrillon habite avec (2) _____ belle-mère et

(3) _____ deux belles-sœurs, Drizella et Anastasia. Drizella et Anastasia ont

beaucoup de belles choses. (4) _____ robes sont toujours belles. Cendrillon

n'a pas de belles robes, mais elle a de bons amis: (5) _____ chat Lucifer et

deux petites souris *(mice)* qui s'appellent Gus et Jacques.

🔊 **ACTIVITÉ** Ⓟ **Dictée partielle: David Douillet** You will hear a series of sentences about the
3-14 French judoist David Douillet. The first time you hear the sentences, do not write anything. Just listen for comprehension. You will then be prompted to listen to the sentences a second time and to begin filling in the blanks with the missing words. You may repeat the recording as many times as necessary. When finished, check your work against the answer key.

Le judoka (1) _____ David Douillet et (2) _____

(3) _____ Valérie sont les (4) _____ d'une

(5) _____ recomposée. (6) _____ livre

(7) _____ (8) _____ *famille* est très populaire

(9) _____ (10) _____. Ils habitent (11) _____

(12) _____ avec (13) _____ six (14) _____.

PARTIE **3**

VOCABULAIRE **3**

Les traits physiques

🔊 3-15 **ACTIVITÉ Ⓐ Les personnes célèbres** Listen as the speaker describes a famous person. Indicate whether each statement you hear is **vrai** or **faux**.

	vrai	faux		vrai	faux
1.	☐	☐	**6.**	☐	☐
2.	☐	☐	**7.**	☐	☐
3.	☐	☐	**8.**	☐	☐
4.	☐	☐	**9.**	☐	☐
5.	☐	☐	**10.**	☐	☐

🔊 3-16 **ACTIVITÉ Ⓑ C'est qui?** Listen as the speaker describes more famous people. Select the person that best matches the descriptions you hear.

1. a. George W. Bush   b. Justin Bieber   4. a. Oprah Winfrey   b. Miley Cyrus
2. a. Pinocchio   b. Mickey Mouse   5. a. Napoléon   b. LeBron James
3. a. Lupita Nyong'o   b. Kate Hudson   6. a. Michael Jordan   b. Justin Timberlake

ACTIVITÉ Ⓒ La nature et ses couleurs What color are the following objects? Select the most logical color for each one.

1. Le soleil est   a. jaune   b. vert
2. Le ciel est   a. bleu   b. marron
3. La neige est   a. blanche   b. orange
4. Une rose est   a. noire   b. rouge
5. Les feuilles *(leaves)* sont   a. bleues   b. vertes
6. Les tornades sont   a. grises   b. jaunes

ACTIVITÉ Ⓓ Les fruits et les légumes Write the color of the following fruits and vegetables.

1. une banane _____

2. une carotte _____

3. le brocoli _____

4. une tomate _____

5. un citron *(lemon)* _____

6. un bleuet *(blueberry)* _____

7. une aubergine *(eggplant)* _____

8. une mûre *(blackberry)* _____

ACTIVITÉ **E** **Associations** What colors do you associate with these holidays and objects?

1. Un sapin (tree) de Noël est _____.

2. Un cœur (heart) de la Saint-Valentin est _____.

3. Une citrouille (pumpkin) d'Halloween est _____.

4. Une chauve-souris (bat) est _____.

5. Un trèfle (shamrock) de la Saint-Patrick est _____.

6. Un lapin (rabbit) de Pâques (Easter) est _____.

7. Un poussin (chick) de Pâques est _____.

8. Un lapin au chocolat est _____.

🔊
3-17 **ACTIVITÉ** **F** **La combinaison des couleurs** The speaker will read a series of two colors that combine to make a new color. Select and say aloud the correct new color. Then, check your answers and pronunciation when the speaker provides the correct responses. (4 items)

Modèle: *You hear:* La combinaison du rouge et du bleu. C'est vert ou violet?
You say: **C'est violet.**

ACTIVITÉ **G** **Les couleurs et les traits physiques** Identify the colors of the physical traits of these fictional characters.

Modèle: Les yeux de Mickey Mouse
Les yeux de Mickey Mouse sont noirs.

1. Les cheveux de Lisa Simpson

_____

2. La peau (skin) des Schtroumpfs (Smurfs)

_____

3. La peau de Shrek

_____

4. Les cheveux d'Abia du film *Liaisons*

_____

5. Les cheveux d'Alexis Prévost du film *Liaisons*

_____

ACTIVITÉ **H** **Mes traits physiques** There are times when you need to give a physical description of yourself (for example, for a blind date or when arranging a ride with a car service). Write a physical description of yourself so you can practice. Give enough details so that the person reading it would be able to pick you out in a crowd. Include details like eye color, hair characteristics, height, and facial features.

_____

_____

_____

_____

_____

GRAMMAIRE 3

Pour parler de nos familles et de nos traits physiques

La position des adjectifs / Les verbes *sortir, partir, dormir* et *sentir*

ACTIVITÉ ❶ Quelle image? You will hear a series of descriptions. Listen and select the picture that best matches each one.

1. a.    **b.**

2. a.   **b.**

3. a.   **b.**

4. a.   **b.**

5. a.    **b.**

6. a.    **b.**

ACTIVITÉ J **À Hollywood** A Hollywood gossip magazine made these comments about various famous people. From the choices provided, decide to whom each description refers.

Catherine Deneuve	Dakota Fanning	Michael Jackson	Michael Jordan
Jay Leno	Susan Sarandon	Shrek	Audrey Tautou

1. Un **petit** homme **bizarre** _____

2. Un homme **grand** et **sportif** _____

3. Une **vieille** actrice **française** _____

4. Une **jeune** actrice **française** _____

5. Un **vieux** comédien **drôle** _____

6. Une **jeune** actrice **américaine** _____

7. Un **grand** ogre **laid** et **vert** _____

8. Une **grande** actrice **rousse** _____

ACTIVITÉ K **La personne est comment?** The speaker will read sentences about famous French people and what they do for a living. Answer each question using the *most logical* adjective that describes this person. Then, check your answers and pronunciation when the speaker provides the correct responses. (4 items)

Modèle: *You hear:* Tony Parker joue au basket-ball.
C'est un homme grand ou un homme petit?
You say: **C'est un homme grand.**

ACTIVITÉ L **Descriptions** Select the adjectives that logically describe these people or characters and write complete sentences about them. Pay attention to the position and form of the adjectives.

Modèles: Shrek / ogre: grand / petit   Marley / chien: jaune / bleu
Shrek est un ogre grand.   **Marley est un chien jaune.**

1. Nicole Kidman / femme: grand / petit _____

2. Tony Parker / homme: mince / sportif _____

3. Natalie Portman / actrice: jeune / vieux _____
_____

4. Cruella DeVille / femme: gentil / méchant _____
_____

5. Le Joker (du film *Batman*) / personne: bon / mauvais _____
_____

6. Jimmy Fallon / homme: drôle / sérieux _____

7. Robert Redford / acteur: jeune / vieux _____

8. Bart Simpson / garçon: intelligent / paresseux _____
_____

🔊 **ACTIVITÉ** Ⓜ **La nuit** The speaker will read a series of sentences without their subjects. Pay attention
3-20 to the verbs and select the correct subject. Can you distinguish between the **il/elle** form and the **ils/elles**
form of the verbs?

1. a. Mon meilleur ami/Ma meilleure amie   b. Mes amis
2. a. Mon/Ma colocataire   b. Mes colocataires
3. a. Mon/Ma colocataire   b. Mes colocataires
4. a. Mon meilleur ami/Ma meilleure amie   b. Mes amis
5. a. Mon meilleur ami/Ma meilleure amie   b. Mes amis
6. a. Mon/Ma colocataire   b. Mes colocataires

ACTIVITÉ Ⓝ **Complétez les phrases** Select the correct form of the verb for each sentence.

1. Mon professeur _____ pour l'université à 8h15.
   a. pars   b. part   c. partons   d. partent

2. Mon/Ma colocataire _____ beaucoup.
   a. dort   b. dors   c. dormez   d. dorment

3. Moi, je ne _____ pas assez.
   a. dort   b. dors   c. dormez   d. dorment

4. Mes ami(e)s et moi, nous _____ le vendredi soir.
   a. sors   b. sortons   c. sortent   d. sort

5. Les arbres et les fleurs de notre campus _____ bon.
   a. sent   b. sentez   c. sentent   d. sens

ACTIVITÉ Ⓞ **À l'hôtel Delta** A hotel guest at the Hotel Delta in Montreal where Claire Gagner
works is talking to Robert Levesque, the hotel manager. Complete each sentence with the correct form of
the most logical verb.

1. Mon frère a besoin d'une chambre tranquille parce qu'il (dormir / partir) _____
   jusqu'à midi tous les jours.

2. Mes parents ont besoin d'avoir une nouvelle chambre parce que leur chambre ne (partir / sentir)
   _____ pas très bon.

3. Mes parents (partir / sortir) _____ pour Chicoutimi demain matin. Ils ont un
   ami dans cette région.

4. Mon ami et moi, nous (dormir / partir) _____ pour Trois-Rivières la semaine
   prochaine.

5. Mes sœurs (sentir / sortir) _____ tous les soirs pour le dîner. Est-ce qu'il y a de
   bons restaurants à Montréal?

6. Moi, je ne (partir / sortir) _____ pas souvent normalement mais je suis en
   vacances donc je vais visiter la ville.

7. Et vous, Monsieur Levesque, vous (sentir / sortir) _____ souvent le week-end?
   Vous avez envie de regarder un film?

8. Les fleurs dans cet hôtel (dormir / sentir) _____ très bon. Ce sont des roses ou
   des chrysanthèmes (chrysanthemums)?

ACTIVITÉ P Les bons étudiants et les bons professeurs Write affirmative or negative sentences to describe what good students do or don't do. Pay attention to the form of each verb.

Modèles: Les bons étudiants / étudier le week-end
Les bons étudiants étudient le week-end.

Un bon étudiant / regarder la télé le lundi soir
Un bon étudiant ne regarde pas la télé le lundi soir.

1. Les bons étudiants / sortir le lundi soir après minuit _____

_____

2. Un bon étudiant de français / sortir pour voir un film français _____

_____

3. Les bons étudiants / partir pour l'université à l'heure _____

_____

4. Un bon étudiant / manger en classe _____

_____

5. Les bons étudiants / dormir pendant leurs cours _____

_____

6. Un bon professeur de français / parler français en classe _____

_____

7. Un bon étudiant / dormir huit heures par nuit _____

_____

8. Les bons professeurs / jouer aux cartes en classe. _____

_____

ACTIVITÉ Q Dictée: La vie à l'université You will hear a passage about university life. The first
3-21   time you hear the passage, do not write anything. Just listen for comprehension. You will then be prompted to listen to the passage a second time and to begin writing. You may repeat the recording as many times as necessary. When finished, check your work against the answer key.

_____

_____

_____

_____

_____

_____

🔊 Liaisons avec les mots et les sons

Les voyelles orales et les voyelles nasales

3-22 French vowel sounds mainly fall into two categories: oral and nasal vowels. When forming oral vowels, air escapes through the mouth. When forming nasal vowels, air is concentrated in the nose and the **n** and **m** sounds are not pronounced. Put your hand under your nose and notice the sensations when you pronounce these words.

Oral Vowels	Nasal Vowels	Oral Vowels	Nasal Vowels
beau	bon	mot	mon
leur	lent	ta	temps
vie	vin	fait	fin
vous	vont	nos	nom

An oral vowel sound that does not exist in English is the French **u** sound. To make this sound, place the tip of your tongue behind your lower teeth, round your lips like you are going to whistle and say *ee.*

du	études	musclé	ondulé	tu	une

3-23 **Pratique A.** Listen to and repeat the following words. Then write **O** if the bolded vowel sound is an oral vowel or **N** if the bolded vowel sound is a nasal vowel.

1. femme _____
2. mari _____
3. cousine _____
4. cousin _____
5. marron _____
6. blond _____

7. bleu _____
8. nez _____
9. roux _____
10. blanc _____
11. brun _____
12. peau _____

3-24 **Pratique B.** Listen to and repeat the following words with the oral vowel sound **u.**

1. musclé
2. musique
3. salut
4. utile

5. amusant
6. Russie
7. absolument
8. ondulé

3-25 **Pratique C.** Listen to and repeat these sentences. They are taken from the **Liaisons culturelles** readings in your textbook.

1. Certains noms de famille sont particulièrement fréquents au Québec: Tremblay, Gagnon, Roy, Côté, Bouchard.
2. La France est divisée en plusieurs régions.
3. Une écrivaine de littérature antillaise très importante s'appelle Maryse Condé.
4. Il y a beaucoup de Français aujourd'hui qui ont un héritage franco-maghrébin.

3-25 **Pratique D.** Listen again to the sentences in **Pratique C** and underline all the nasal vowels in those sentences.

3-26 **Pratique E.** You will hear some lines from **Séquence 2** of the film *Liaisons.* Write the lines you hear. You may play the recording as many times as needed.

1. CLAIRE: _____
   _____

2. CLAIRE: _____
   _____

3. MICHEL: _____
   _____

4. CLAIRE: _____
   _____

3-26 **Pratique F.** Listen again to the lines from the film *Liaisons* in **Pratique E** and repeat each line. Then circle all the oral vowels and underline all the nasal vowels.

Pratique G.

3-27 **Étape 1.** The speaker will spell out words that make up a sentence. Write the letters and accent marks you hear.

1. _____
2. _____
3. _____
4. _____
5. _____
6. _____
7. _____
8. _____
9. _____

Étape 2. Use the words you wrote in **Étape 1** to make a complete sentence.

_____

3-28 **Étape 3.** Now, listen to and repeat the sentence formed with the words you wrote in **Étape 2**, paying attention to whether or not the final consonants are pronounced.

Blog *Liaisons*

Avant de bloguer

In **Séquence** 2 of the film **_Liaisons,_** you saw Claire's apartment and learned about her uncle's 3:15 a.m. phone call. You witnessed Claire and Abia's conversation in the employee locker room about the trip to Quebec. While working at the front desk, Claire sees Alexis Prévost again. What are your thoughts about this segment? Consider: What kind of person do you think Claire is? Why does her uncle call in the middle of the night? What is your opinion of Abia? What do you think about their friendship? Who is this Alexis? Why is he at the hotel again?

Jot down your ideas in the following box before writing your blog.

Bloguer

Using the template on the next page, write your blog about **Séquence 2.** Fill it in with at least six sentences in French describing your thoughts or reactions. Don't forget to think of a title (and maybe a slogan) and to date your blog!

Titre du blog (C'est le nom de votre blog. Exemple: Les fanas de *Liaisons*)

_____

Slogan (C'est le thème de votre blog. Exemple: Petites et grandes réactions par John Smith)

_____

Titre de votre article (Exemple: L'appartement de Claire)

_____

_____

Date _____

Article _____

_____

_____

_____

_____

_____

_____

_____

_____

_____

_____

_____

_____

_____

_____

_____

_____

_____

_____

Les **espaces**

CHAPITRE 4

PARTIE **1**

VOCABULAIRE 1

Les espaces personnels

ACTIVITÉ A Dans la pièce Listen as the speaker says a room in the house. Then select the object that one typically finds in that room.

1. a. un four	b. un escalier	c. une douche	d. un lit
2. a. une commode	b. un canapé	c. un micro-ondes	d. un placard
3. a. un fauteuil	b. une baignoire	c. un miroir	d. une cuisinière
4. a. une voiture	b. un tapis	c. un balcon	d. des rideaux
5. a. un frigo	b. un lavabo	c. un canapé	d. un four
6. a. un lit	b. un réfrigérateur	c. un couloir	d. une télé

ACTIVITÉ B Vrai ou faux? You will hear statements about where objects are often found. Indicate if the statements are **vrai (V)** or **faux (F)**.

Modèle: *You hear:* On trouve souvent un vélo dans un garage.
You circle: Ⓥ

1. V F	**4.** V F	**7.** V F	**10.** V F
2. V F	**5.** V F	**8.** V F	**11.** V F
3. V F	**6.** V F	**9.** V F	**12.** V F

ACTIVITÉ C Qu'est-ce que c'est? Indicate if each activity is **un règlement de location** *(rental agreement rule)* or **une tâche ménagère.**

	un règlement de location	une tâche ménagère
1. ranger la chambre	☐	☐
2. faire la poussière	☐	☐
3. payer le loyer	☐	☐
4. ne pas voler *(to steal)* les meubles	☐	☐
5. sortir la poubelle	☐	☐
6. partager le garage avec les voisins	☐	☐
7. faire la lessive	☐	☐

ACTIVITÉ D Où faire ça? Indicate where one commonly engages in these activities.

1. faire du sport   a. au sous-sol   b. dans le salon
2. faire la cuisine   a. dans la cuisine   b. aux W.-C.
3. jouer au tennis de table a. au garage   b. dans la chambre
4. regarder la télé   a. dans la salle de bains b. dans la salle de séjour
5. faire la grasse matinée a. dans la chambre   b. dans la salle à manger
6. faire du jardinage   a. dans le salon   b. sur le balcon
7. faire du bricolage   a. dans le couloir   b. dans le garage
8. faire la vaisselle   a. au sous-sol   b. dans la cuisine

ACTIVITÉ E Choses nécessaires What does a person need for the following activities?

1. faire la sieste   a. un tapis   b. un canapé
2. regarder un film   a. une télé   b. une cuisinière
3. faire du popcorn   a. un meuble   b. un micro-ondes
4. jouer aux jeux de société   a. une table   b. des étagères
5. ranger ses vêtements (clothes)   a. une commode   b. une douche
6. se brosser les dents (to brush your teeth) a. une baignoire b. un lavabo
7. ranger sa chambre   a. des rideaux   b. un placard

ACTIVITÉ F L'état de la maison

Étape 1. Complete the following statements based on the short descriptions.

1. Les colocataires font le ménage tous les jours. Leur maison est…   a. sale   b. propre
2. La maison a trois étages et un sous-sol. La maison est…   a. petite b. grande
3. Les colocataires ne font pas la vaisselle. Leur cuisine est…   a. sale   b. propre
4. C'est un studio. L'appartement est…   a. petit   b. grand

Étape 2. The speaker will now read a short description and ask a question. Answer the question based on the description. Check your answers and pronunciation when the speaker provides the correct responses. (4 items)

Modèle: *You hear:* Il y a un frigo, un four, un micro-ondes et une cuisinière. Est-ce que la cuisine est équipée ou est-ce que la cuisine n'est pas équipée?

You say: **La cuisine est équipée.**

ACTIVITÉ G Logements étudiants You will hear a conversation between Stéphanie and Zoé. Indicate whether each statement is **vrai** or **faux**.

	vrai	faux
1. L'appartement de Zoé n'est pas mal.	☐	☐
2. Il y a une salle à manger chez Zoé.	☐	☐
3. L'appartement de Zoé est assez grand.	☐	☐
4. La colocataire de Zoé s'appelle Stéphanie.	☐	☐
5. Zoé aime bien sa colocataire.	☐	☐
6. Les charges sont comprises (included) dans le loyer.	☐	☐
7. Le logement de Stéphanie est petit mais pratique.	☐	☐
8. Stéphanie habite dans un studio.	☐	☐

ACTIVITÉ **H** **Quelle pièce?** Finish the statements with the room in which one typically finds these objects.

1. On trouve une table, des chaises et souvent un chandelier dans un(e) _____.

2. On trouve un miroir et normalement une baignoire dans un(e) _____.

3. On trouve un four, une cuisinière et un réfrigérateur dans un(e) _____.

4. On trouve une voiture, un vélo et des outils *(tools)* pour bricoler dans un(e) _____.

5. On trouve un lit, un placard et des étagères dans un(e) _____.

6. On trouve un canapé, un fauteuil et une télé dans un(e) _____.

ACTIVITÉ **I** **Séquences logiques** Finish the sequences with a logical household object.

LEXIQUE			
UNE COMMODE	UNE DOUCHE	UN FAUTEUIL	UN PLACARD
UN ESCALIER	DES ÉTAGÈRES	UN FOUR	UN TAPIS

1. Pour s'asseoir *(to sit down):* un canapé, une chaise et _____.

2. Pour ranger ses affaires: des étagères, une commode et _____.

3. Pour cuisiner: un micro-ondes, une cuisinière et _____.

4. Pour décorer la chambre: des affiches, des rideaux et _____.

5. Pour se laver *(to wash oneself):* une baignoire, un lavabo et _____.

ACTIVITÉ **J** **Énigmes** Answer the riddles with a household object or room.

1. Je suis une structure dans la maison pour passer d'un étage à un autre étage. Qui suis-je?

_____

2. Je suis parfois meublé mais en général je ne suis pas meublé. Très souvent, les gens m'utilisent *(use me)* pour ranger *(to store)* leurs affaires de réserve. Qui suis-je?

_____

3. Je suis un «petit coin» ou un «cabinet» où on va pour «faire le nécessaire». Qui suis-je?

_____

4. Je suis l'étage au niveau du sol *(ground)*. Qui suis-je?

_____

5. Je suis une structure à l'extérieur de l'appartement, jamais au rez-de-chaussée, où beaucoup de gens aiment faire un barbecue ou du jardinage. Qui suis-je?

_____

6. Nous sommes les gens qui habitent à côté de chez vous. Qui sommes-nous?

_____

🔊 **ACTIVITÉ K Le ménage**

4-5 **Étape 1.** You will hear a passage describing the household chores performed by four housemates. Identify the chores for which each housemate is responsible by writing the letters of the chores next to the housemates' names.

TÂCHES MÉNAGÈRES		
a. ranger la chambre	d. ranger la vaisselle	f. sortir la poubelle
b. passer l'aspirateur	e. faire la vaisselle	g. faire la poussière
c. faire la lessive		

1. Aurélien _____

2. Mickaël _____

3. Rémi _____

4. Guy _____

🔊 **Étape 2.** You will now hear questions about the housekeeping responsibilities of the four young men in 4-6 Étape 1. Use the information you learned about them to answer the questions. Then, check your answers and pronunciation when the speaker provides the correct responses. (6 items)

Modèle: *You hear:* Qui range sa chambre?
You say: **Aurélien, Mickaël, Rémi et Guy rangent leur chambre.**

ACTIVITÉ L Qu'est-ce qu'on a besoin de faire? What do the following people need to do?

Modèle: Isabelle n'a pas de vêtements propres à mettre *(to put on)*.
Elle a besoin de faire la lessive.

1. Marie ne trouve pas son téléphone portable parce que sa chambre est en désordre. _____

_____

2. Il y a beaucoup d'assiettes *(plates)* très sales chez Marc. _____

_____

3. Il y a des saletés *(dirt)* sur le tapis de Paul. _____

_____

4. La maison de Sabine a une mauvaise odeur à cause des ordures *(trash)* dans la cuisine. _____

_____

ACTIVITÉ M Chez moi Write a paragraph of at least four sentences about your home, apartment, or dorm room. Don't forget to write about what rooms, objects, and chores you have and/or share, as well as what you don't have but desire.

_____

_____

_____

_____

_____

_____

Nom _____ Date _____

GRAMMAIRE 1

Pour parler de nos maisons et de notre vie

Les verbes *choisir, finir* et *obéir*

4-7

ACTIVITÉ N Qui? You will hear a series of sentences that have no subjects. Select who is being referred to.

Modèle: *You hear:* … finissent de faire le ménage.
You see: a. Ils b. Tu *You select:* **Ils**

1. a. Tu	b. Ils	**7.** a. On	b. Nous	**13.** a. Je	b. Nous
2. a. Je	b. Nous	**8.** a. Il	b. Elles	**14.** a. Vous	b. On
3. a. Elles	b. Il	**9.** a. Elles	b. Je/J'	**15.** a. Il	b. Ils
4. a. Vous	b. Ils	**10.** a. Je/J'	b. Vous	**16.** a. Elle	b. Elles
5. a. Elle	b. Ils	**11.** a. Nous	b. Vous	**17.** a. Nous	b. Tu
6. a. Je	b. Vous	**12.** a. Tu	b. Ils	**18.** a. Tu	b. Vous

ACTIVITÉ O Quel sujet? Indicate what the subject pronoun for each sentence should be.

Modèle: Nous finissons les devoirs.

1. _____ obéit à la police.

2. _____ choisissent un jeu vidéo.

3. _____ finis le ménage.

4. _____ obéissez à la loi.

5. _____ choisis une télé.

6. _____ finissons le film.

7. _____ obéissent aux profs.

8. _____ choisit des meubles.

9. _____ finissez la vaisselle.

10. _____ obéissons aux règles.

11. _____ choisissez un micro-ondes.

12. _____ finissent de travailler.

Vrai ou faux? Ces phrases décrivent *(describe)* quelqu'un de responsable.

ACTIVITÉ P C'est vrai

Étape 1. Complete these sentences with the correct verb.

1. Tu _____ si tu manges tout le temps. a. grossis b. maigris

2. Nous _____ aux examens si nous étudions. a. réussissons b. réfléchissons

3. Il _____ toujours la cuisine. a. grandit b. salit

4. Elles _____ dans un monde dangereux. a. salissent b. grandissent

5. Je _____ toujours avant d'écrire une lettre. a. salis b. réfléchis

Étape 2. Complete the sentence with information from **Étape 1** that is true for you.

Je _____

4-8

ACTIVITÉ Q Normalement You will hear a series of questions. Answer each one aloud. Then, check your answers and pronunciation when the speaker provides the correct responses. (6 items)

Modèle: *You hear:* Est-ce qu'on obéit aux règlements de location *(rental rules)* ou aux règles des voisins?
You say: **On obéit aux règlements de location.**
You hear: On obéit aux règlements de location.

ACTIVITÉ R Quel verbe? Finish the statements with the right form of the correct verb.

1. (choisir / réussir) Ma colocataire _____ de décorer la chambre.

2. (finir / réfléchir) Je _____ bien **aux** réponses quand je passe un examen.

3. (réussir / finir) Nous _____ **de** sortir la poubelle.

4. (obéir / choisir) Mes amis _____ toujours **à la** loi.

ACTIVITÉ S Questionnaire Unscramble the words to compose a short questionnaire, using inversion, that applicants interested in renting a room would likely answer. Remember to add any missing words or conjugate any verbs as appropriate!

Modèle: vous / règlements / location / obéir / du
Obéissez-vous aux règlements de location *(rental rules)*?

1. vous / à temps / payer / réussir / le loyer _____
_____

2. avant de / réfléchir / vous / des amis / inviter _____
_____

3. faire / la maison / vous / le ménage / salir / vous / ou _____
_____

ACTIVITÉ T Conseils de survie Write a paragraph of at least four sentences in which you give "survival advice" (**conseils de survie**) to new students on how to manage the first year of university. Talk about housing and roommate practices, as well as general matters like courses and homework, schedules, and good/bad habits. Make sure to use as much grammar and vocabulary that you have learned in this chapter as possible, as well as the expressions **il faut** (+ **infinitif**) and **il ne faut pas** (+ **infinitif**).

_____
_____
_____
_____
_____

ACTIVITÉ U Dictée: Les personnes célèbres You will hear five sentences about famous people. The first time you hear the sentences, do not write anything. Just listen for comprehension. You will then be prompted to listen to the sentences again and to begin writing. You will hear each sentence twice. You may repeat the recording as many times as necessary. When finished, check your work against the answer key. Then, indicate if you believe each sentence is **vrai (F)** or **faux (F)**.

1. V F _____

2. V F _____

3. V F _____

4. V F _____

5. V F _____

PARTIE **2**

VOCABULAIRE 2

Les espaces urbains

ACTIVITÉ A **Où c'est situé?** You will hear a series of places. Indicate if they are typically found **sur le campus, en ville,** or **les deux** *(both)*.
4-10

	sur le campus	en ville	les deux
1.	☐	☐	☐
2.	☐	☐	☐
3.	☐	☐	☐
4.	☐	☐	☐
5.	☐	☐	☐
6.	☐	☐	☐

ACTIVITÉ B **Où faire ça?** You will hear a series of places on campus and in town. Finish the following statements with the correct location by writing the number of the place you hear next to its appropriate activity.
4-11

a. On fait la lessive à la _____.

b. On fait du sport au _____.

c. On fait du shopping au _____.

d. On fait de la natation à la _____.

e. On fait du jogging au _____.

f. On fait des courses au _____.

ACTIVITÉ C **Le bon endroit** You will hear a series of questions. Answer each one aloud. Then, check your answers and pronunciation when the speaker provides the correct responses. (6 items)
4-12

Modèle: *You hear:* Est-ce qu'on trouve un journal au kiosque à journaux ou à l'église?
You say: **au kiosque à journaux**

ACTIVITÉ D **Destinations**

Étape 1. Select where the following people are going. Pay attention to the preposition.

1. Marcel va **à la** _____.   a. stade   b. boutique

2. Francine et Émilie vont **au** _____.   a. centre commercial   b. pharmacie

3. Claude et Pierre vont **à la** _____.   a. poste   b. centre-ville

4. Patrick va **à l'** _____.   a. rue   b. hôpital

Étape 2. Where do you think your instructor goes from time to time? Complete these sentences with a place from the list: **le restaurant, le centre-ville, la banque, la laverie automatique, le cinéma, la librairie, le musée.**

1. Il/Elle va de temps en temps **au** _____.

2. Il/Elle va de temps en temps **à la** _____.

ACTIVITÉ **E** **La journée de Claire** Complete these statements with the places Claire is going to go to do her errands.

LEXIQUE		
LA BANQUE	LE BUREAU DE POSTE	L'INSTITUT DE BEAUTÉ
LE RESTAURANT UNIVERSITAIRE	LE CENTRE SPORTIF	LE MAGASIN

Modèle: Elle a besoin d'un magazine. Elle va aller **au kiosque à journaux**.

1. Elle a faim. Elle va aller _____.

2. Elle a besoin de retirer *(withdraw)* de l'argent. Elle va aller _____.

3. Elle désire faire de la gym. Elle va aller _____.

4. Elle a rendez-vous chez le coiffeur *(hair dresser)*. Elle va aller _____.

5. Elle a besoin d'un nouveau sac à dos. Elle va aller _____.

6. Elle a besoin de timbres *(stamps)*. Elle va aller _____.

ACTIVITÉ **F** **Un plan de la ville**

4-13 **Étape 1.** You will hear a conversation between Fred and Ophélie. Indicate whether each statement is **vrai** or **faux.**

	vrai	faux
1. Fred et Ophélie ont des courses à faire en ville.	☐	☐
2. Fred a besoin d'aller seulement à la banque.	☐	☐
3. La pharmacie est dans la rue principale.	☐	☐
4. La librairie n'est pas loin de la banque.	☐	☐
5. Ils vont passer du temps au café.	☐	☐
6. Fred ne va pas faire sa lessive à la laverie automatique.	☐	☐

Étape 2. Listen again to Ophélie and Fred's conversation and then select the building that correctly completes each statement.

BÂTIMENTS		
a. La banque	c. La laverie automatique	e. La librairie
b. Le bureau de poste	d. La pharmacie	f. Le café

1. _____ est à droite de la banque.

2. _____ est à gauche de la banque.

3. _____ est entre le bureau de poste et la pharmacie.

4. _____ est en face de la librairie.

5. _____ est près de la banque.

6. _____ est avant la laverie automatique.

Étape 3. Where is the building in which your French class meets situated on campus? Write 2–3 sentences that describe its location in relation to surrounding buildings.

_____

_____

GRAMMAIRE 2

Pour donner des ordres et des indications

L'impératif

ACTIVITÉ G À la maison You will hear a series of commands. Select whether they are intended for one child or two children.

4-14

Modèle: *You hear:* Passe l'aspirateur.
You see: a. un enfant   b. deux enfants
You select: **a.**

1. a. un enfant	b. deux enfants	**7.** a. un enfant	b. deux enfants
2. a. un enfant	b. deux enfants	**8.** a. un enfant	b. deux enfants
3. a. un enfant	b. deux enfants	**9.** a. un enfant	b. deux enfants
4. a. un enfant	b. deux enfants	**10.** a. un enfant	b. deux enfants
5. a. un enfant	b. deux enfants	**11.** a. un enfant	b. deux enfants
6. a. un enfant	b. deux enfants	**12.** a. un enfant	b. deux enfants

ACTIVITÉ H Pour qui? You will hear a series of suggestions. Indicate to whom each suggestion is intended.

4-15

Modèle: *You hear:* Jouons aux jeux de société.
You see: au professeur de français, à votre colocataire, à vous et vos colocataires
You select: **à vous et vos colocataires**

	au professeur de français	à votre colocataire	à vous et vos colocataires
1.	☐	☐	☐
2.	☐	☐	☐
3.	☐	☐	☐
4.	☐	☐	☐
5.	☐	☐	☐
6.	☐	☐	☐

ACTIVITÉ I Obéir aux règles What rules are we to obey in each place? In some cases, you may want the negative form and in other cases the affirmative form.

Modèle: dans un amphithéâtre (écrire des textos)
    N'écris pas de textos dans un amphithéâtre

1. au centre commercial (faire attention à tes sacs) _____

2. au bureau de poste (être impatient) _____

3. au restaurant (utiliser une serviette [*napkin*]) _____

4. à l'hôpital (parler au portable) _____

5. à la piscine municipale (manger) _____

6. en cours de maths (avoir raison) _____

ACTIVITÉ J Petit plan de Québec

4-16

Étape 1. You will hear a series of directions. Follow them on the map and indicate where you end up each time. Each set of directions begins at the **Château Frontenac.**

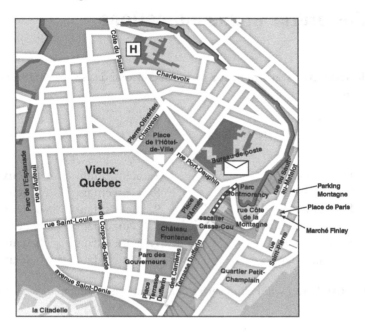

1. a. Place d'Armes   b. Bureau de poste   c. Place de l'Hôtel-de-Ville

2. a. Parc de l'Esplanade   b. la Citadelle   c. Quartier du Vieux-Québec

3. a. Place de Paris   b. Parking Montagne   c. Quartier Petit-Champlain

Étape 2. Pick a destination on the map and write a series of directions for how to get there. Start at the **Château Frontenac.**

_____

_____

_____

_____

_____

ACTIVITÉ K Dictée: Les personnes célèbres You will hear five sentences about famous people.

4-17

The first time you hear the sentences, do not write anything. Just listen for comprehension. You will then be prompted to listen to the sentences again and to begin writing. You will hear each sentence twice. You may repeat the recording as many times as necessary. When finished, check your work against the answer key. Then, indicate if you believe each sentence is **vrai (V)** or **faux (F).**

1. V   F _____

2. V   F _____

3. V   F _____

4. V   F _____

5. V   F _____

PARTIE 3

VOCABULAIRE 3

Les espaces verts

4-18

ACTIVITÉ A Attractions naturelles You will hear various elements of nature. Select the state that is more famous for each element of nature.

1. a. la Floride   b. l'Iowa
2. a. l'Arizona   b. le Michigan
3. a. le Colorado   b. l'Oklahoma
4. a. la Virginie Occidentale   b. le Nouveau-Mexique
5. a. l'Arizona   b. l'état du Washington
6. a. le Wyoming   b. la Californie

4-19

ACTIVITÉ B Endroit logique You will hear a series of activities. Select the most logical place to engage in each activity.

1. à la campagne   b. dans une ferme
2. a. à la plage   b. à la montagne
3. a. sur une rivière   b. dans une forêt
4. a. au lac   b. dans un jardin
5. a. dans un arbre   b. à la mer
6. a. dans les bois   b. sur un fleuve

ACTIVITÉ C Mots mêlés Read the definitions and then unscramble the corresponding vocabulary word + article in parentheses.

1. (uen enltap) Espèce *(Species)* végétale de petite taille, par opposition à un arbre

_____

2. (sed ferslu) Organes reproducteurs des plantes souvent d'une couleur brillante ou d'un parfum agréable

_____

3. (sde iosb) Ensemble d'arbres couvrant un certain espace

_____

4. (nue trfêo) Autre mot pour un ensemble d'arbres couvrant un certain espace

_____

4-20

ACTIVITÉ D Statistiques Complete these estimated statistics with the numbers you hear. Spell out each number.

1. _____ personnes vont à la chasse aux États-Unis.
2. _____ de personnes font du jardinage aux États-Unis.
3. _____ personnes font du bateau à voile aux États-Unis.
4. _____ personnes font de la randonnée aux États-Unis.

ACTIVITÉ **E** **Loisirs populaires** You will hear a series of questions about outdoor activities. Answer each one aloud. Then, check your answers and pronunciation when the speaker provides the correct responses. (5 items)

Modèle: *You hear:* Fait-on du bateau sur une montagne ou sur un fleuve?
You say: **On fait du bateau sur un fleuve.**
You hear: On fait du bateau sur un fleuve.

ACTIVITÉ **F** **Et si un(e) ami(e)…** What advice would you give a friend or friends in these scenarios? Use the **impératif** in either the affirmative or negative form. Remember that **un, une, du, de la, de l'**, and **des** all become **de** in the negative with these expressions!

Modèle: Il a peur de la hauteur *(heights)*. (faire de la randonnée à la montagne)
Ne fais pas de randonnée à la montagne.

1. Elle est allergique aux fleurs. (faire une promenade dans un jardin) _____

_____

2. Ils ont peur de l'eau. (faire de la randonnée dans une forêt) _____

_____

3. Nous aimons beaucoup la mer. (faire du bateau à voile) _____

_____

4. Il n'aime pas du tout la campagne. (faire du camping dans les bois) _____

_____

5. Elles n'aiment pas blesser *(to hurt)* les animaux. (aller à la chasse) _____

_____

6. Il est très impatient. (aller à la pêche) _____

_____

7. Nous avons besoin de faire du sport. (faire du vélo à la campagne) _____

_____

ACTIVITÉ **G** **Activités à faire chez vous** Write a paragraph of at least four sentences about the kinds of outdoor activities that are popular in your area. Include what you and your friends like and don't like to do.

Modèle: Le camping est très populaire dans cette région. La randonnée dans les bois est aussi une activité très pratiquée. Moi, je fais souvent…

_____

_____

_____

_____

GRAMMAIRE 3

Pour poser des questions

Les mots d'interrogation

ACTIVITÉ **H** **Question-Réponse I** You will hear a series of questions. Write the number of the question next to its corresponding answer.

a. _____ Nous allons à la chasse.

b. _____ à la montagne

c. _____ prudemment

d. _____ trois cents euros

e. _____ Martha Stewart

f. _____ pour faire du bateau

ACTIVITÉ **I** **Question-Réponse II** Now you will hear a series of answers. Indicate the question that elicits the answer you hear.

Modèle: *You hear:* Parce que j'aime beaucoup les fleurs.
You see: a. Pourquoi faites-vous du jardinage?
b. À quelle heure faites-vous du jardinage?
You select: **a. Pourquoi faites-vous du jardinage?**

1. a. Avec qui étudiez-vous?
2. a. Comment faites-vous vos devoirs?
3. a. Pourquoi font-ils leurs devoirs?
4. a. Combien de devoirs avez-vous?
5. a. Où aimez-vous étudier?
6. a. Combien d'heures regardez-vous la télé par jour?

b. Quand étudiez-vous?
b. Quels devoirs faites-vous?
b. Avec qui faites-vous vos devoirs?
b. Où faites-vous vos devoirs?
b. Qu'aimez-vous faire?
b. À quelle heure regardez-vous la télé?

ACTIVITÉ **J** **Questionnaire** Complete each statement with the correct question word.

LEXIQUE								
COMMENT	COMBIEN DE	QUOI	POURQUOI	QUI	QUAND	OÙ	QU(E)	QUEL(LE)(S)

1. _____ allez-vous à la plage: pour le soleil, pour nager, pour bronzer *(to get a tan)*, pour faire la fête, etc.?

2. _____ allez-vous à la montagne: en hiver, en été, en automne ou au printemps?

3. _____ habitent dans une ferme: vos parents ou vos grands-parents?

4. _____ personnes font du camping ce week-end: trois, cinq ou sept?

5. _____ faites-vous du bateau: sur le lac, à la mer ou sur la rivière?

6. _____ activités faites-vous à la campagne: du camping, des promenades ou du vélo?

7. À _____ sports jouez-vous au parc: au football américain, au basket-ball, au foot, au tennis ou au rugby?

8. _____ espace vert aimez-vous mieux: la campagne, la montagne ou la mer?

9. À _____ heure faites-vous un pique-nique au bois: à midi ou à 18h?

ACTIVITÉ K Une journée en plein air You will hear a conversation between Caroline and Maxime. Listen and then answer the questions. You may repeat the recording as many times as necessary.

4-24

1. Qu'est-ce que Caroline demande à Maxime de faire? _____

_____

2. Comment est l'expérience d'être en plein air à la campagne selon Maxime? _____

_____

3. Quand faut-il faire du camping à la campagne selon Maxime? _____

_____

4. Pourquoi Caroline n'est-elle pas complètement d'accord avec Maxime? _____

_____

5. Quelle est une possibilité que Caroline suggère? _____

_____

6. Combien de bouteilles d'eau Maxime a-t-il pour la promenade? _____

_____

ACTIVITÉ L Êtes-vous un(e) enthousiaste de la nature? Answer the questions you hear with personal information. Then write a statement in which you explain why you think you are a nature enthusiast or not.

4-25

1. _____

2. _____

3. _____

4. _____

5. _____

6. _____

7. _____

8. _____

Conclusion Je suis un(e) enthousiaste de la nature/Je ne suis pas un(e) enthousiaste de la nature parce que…

_____

_____

_____

ACTIVITÉ M Dictée: Les personnes célèbres You will hear five questions about famous people. The first time you hear the questions, do not write anything. Just listen for comprehension. You will then be prompted to listen to the questions again and to begin writing. You will hear each question twice. You may repeat the recording as many times as necessary. When finished, check your work against the answer key. Then, indicate if you think the celebrities engage in these activities or not.

4-26

1. Oui Non _____

2. Oui Non _____

3. Oui Non _____

4. Oui Non _____

5. Oui Non _____

🔊 **Liaisons avec les mots et les sons**

Les voyelles nasales

4-27 You were introduced to nasal vowels in **Chapitre 3.** Nasal vowels usually end in **m** or **n** in a single syllable. There are three basic nasal vowel sounds in French as illustrated by these words.

vin	vent	vont	bain	banc	bon

Nasal vowel sounds may have different spellings. The sound **bon** may be spelled **on** or **om.**

bl**ond**	mais**on**	sal**on**	micro-**ondes**	b**om**be

The nasal sound in **fin** may be spelled **ien, ain, aim, in,** or **im.**

b**ien**	**in**vitation	f**aim**	**im**portant	mexic**ain**

The nasal sound in **an** may be spelled **an, am, en,** or **em.**

qu**and**	b**an**que	restaur**ant**	comm**ent**	t**em**ps

4-28 **Pratique A.** Listen to and repeat the following words. Then indicate if the vowel sound is an **on, in,** or **an** vowel sound. Remember that these three nasal sounds may be spelled differently!

	on	in	an
1. chambre	☐	☐	☐
2. plantes	☐	☐	☐
3. banlieue	☐	☐	☐
4. centre sportif	☐	☐	☐
5. salle de bains	☐	☐	☐
6. voisin	☐	☐	☐
7. amphithéâtre	☐	☐	☐
8. au coin de	☐	☐	☐
9. lampe	☐	☐	☐
10. arrondissement	☐	☐	☐
11. jardin	☐	☐	☐
12. devant	☐	☐	☐

4-29 **Pratique B.** Listen to and repeat these statements. Then, underline the words that contain the vowel sounds **on, in,** or **an.**

1. Mon colocataire ne range pas très bien sa chambre.

2. J'ai besoin d'aller au magasin pour trouver une commode.

3. Je plante cinq arbres et des fleurs dans mon jardin.

Pratique C.

4-30 **Étape 1.** The speaker will spell out vocabulary words from **Chapitre 4** of your textbook along with their corresponding articles. Write the letters and accents you hear. Then, check your work against the answer key.

1. _____
2. _____
3. _____
4. _____
5. _____
6. _____

4-31 **Étape 2.** Now, listen to and repeat the vocabulary words in **Étape 1,** paying close attention to the vowel sounds **on, in,** or **an.**

Pratique D.

4-32 **Étape 1.** The speaker will spell out words that make up a sentence. Write the letters and accent marks you hear. Then, use the words to make a complete sentence that describes the action in the video still.

1. _____   7. _____
2. _____   8. _____
3. _____   9. _____
4. _____   10. _____
5. _____   11. _____
6. _____   12. _____

_____

_____

4-33 **Étape 2.** Now, listen to and repeat the sentence formed with the words you wrote in **Étape 1,** paying special attention to the pronounced final consonants and **liaisons.**

Le courrier électronique

Avant d'écrire
. . . .

Bénédicte Lemoine, a study abroad program director in Paris is e-mailing students about the location of her program. Read her e-mail and begin to think about how you might write an e-mail to students in France describing the location of your school in the template on the next page.

Ecrire un message

⟲   ⬜ Envoyer   🖫 Enregistrer   📎 Joindre un fichier   ✖ Annuler

A : Bénédicte Lemoine <blemoine87@courrielpf.fr>   Accès au Répertoire
Copie : Étudiants de français   ☑ Conserver une copie

Objet : Description du quartier   **Priorité :** ⎡ normale ⬍ ⎤

Chers étudiants de français,

Bonjour! J'ai le plaisir d'écrire ce message avec l'intention de donner une petite description du quartier où est situé notre programme d'études dans le 6ᵉ arrondissement de Paris. Nous sommes sur le boulevard Raspail, près de Montparnasse. C'est un quartier commercial et résidentiel très sympathique avec beaucoup de cafés, de restaurants, de boutiques et magasins et de galeries d'art.

Mais si vous préférez la nature et les espaces verts, il y a le Jardin du Luxembourg juste à côté. C'est un endroit idéal pour faire de la marche ou faire une promenade. C'est un grand parc et une série de petits jardins. Il y a beaucoup de belles fleurs et de beaux arbres. Le Jardin du Luxembourg est aussi un lieu fantastique pour déjeuner ou lire un roman quand il fait beau. Il y a souvent des groupes de jeunes étudiants dans le parc. Jouer au foot ou étudier ensemble sont des activités très populaires.

Cherchez-vous une ville francophone intéressante pour étudier le français? Aimez-vous la ville et les espaces verts? Il faut consulter le site web de notre programme d'études. Vous allez trouver beaucoup de photos et beaucoup d'informations sur les cours, les profs, le logement, le quartier, la ville, la région et les activités pour les étudiants.

À très bientôt.
Bénédicte Lemoine
Responsable du Programme de Langues

Écrire

· ·

Using the following template and vocabulary and grammar you have already learned, write an email to students in France consisting of 6–8 French sentences in which you describe the location of your school as well as possible near-by activities.

Ecrire un message

⤵ ➡ Envoyer ✉ Enregistrer 📎 Joindre un fichier   ✂ Annuler

A : [_____]   Accès au Répertoire
Copie : [_____]   ☑ Conserver une copie

Objet : [_____]   Priorité : [normale ⬍]

Les **plaisirs** de **la table**

CHAPITRE 5

PARTIE **1**

VOCABULAIRE 1

Les repas

ACTIVITÉ A Quel groupe de nourriture? Listen to each food item and indicate which food group it goes with.

5-1

Modèle: *You hear:* les pommes
You see: **Fruit Légume Boisson Viande**
You select: **Fruit**

	Fruit	Légume	Boisson	Viande		Fruit	Légume	Boisson	Viande
1.	☐	☐	☐	☐	**4.**	☐	☐	☐	☐
2.	☐	☐	☐	☐	**5.**	☐	☐	☐	☐
3.	☐	☐	☐	☐	**6.**	☐	☐	☐	☐

ACTIVITÉ B Quel repas? You will hear descriptions of several food items. Select the meal with which each food item is most associated.

5-2

1. a. le petit déjeuner   b. le déjeuner   c. le dîner   d. le goûter
2. a. le petit déjeuner   b. le déjeuner   c. le dîner   d. le goûter
3. a. le petit déjeuner   b. le déjeuner   c. le dîner   d. le goûter
4. a. le petit déjeuner   b. le déjeuner   c. le dîner   d. le goûter
5. a. le petit déjeuner   b. le déjeuner   c. le dîner   d. le goûter
6. a. le petit déjeuner   b. le déjeuner   c. le dîner   d. le goûter

ACTIVITÉ C Une végétalienne Decide whether Julie, a strict vegan, would like or not like these items.

Modèle: la soupe au poulet
Julie n'aime pas la soupe au poulet.

1. la salade _____
2. les œufs _____
3. le jambon _____
4. les carottes _____
5. le fromage _____

6. le beurre _____
7. les épinards _____
8. le rôti de bœuf _____
9. la glace _____
10. les frites _____

ACTIVITÉ D Quel plat? You will hear some food items. Say aloud the part of the meal with which they go best: **un hors-d'œuvre, un plat principal,** or **un dessert.** Then, check your answers and pronunciation when the speaker provides the correct responses. (6 items)

Modèle: *You hear:* Je prends un steak et des haricots verts.
You say: **un plat principal**

ACTIVITÉ E Les différentes allergies Select what these people do not like based on the descriptions.

Modèle: Karen est allergique à la crème. (la glace/les tartes)
Elle n'aime pas la glace.

1. Marie est sensible *(sensitive)* à la caféine. (le café/le citron pressé)
_____

2. Pierre est végétalien. (les légumes/les rôtis de porc)
_____

3. Paul est allergique au gluten. (les céréales/les oranges)
_____

4. Jean est intolérant au lactose. (le riz/le yaourt)
_____

5. Violette est végétarienne. (les saucisses/les pommes)
_____

6. François est sensible aux aliments sucrés. (le gâteau au chocolat/les omelettes)
_____

7. Claude évite les fruits. (les biscuits/la confiture)
_____

8. Claire est allergique aux œufs. (la soupe à la tomate/les omelettes)
_____

ACTIVITÉ F Vos opinions Using the adjectives provided, describe how you feel about these food and drink items.

Modèle: La glace (bon/mauvais)
La glace est bonne.

1. Le steak (bon/mauvais) _____

2. Le poisson (délicieux/horrible) _____

3. La soupe à la tomate (délectable/dégoûtant) _____

4. Les pâtes au poulet (bon/mauvais) _____

5. La salade (délicieux/horrible) _____

6. Le citron pressé (bon/mauvais) _____

7. Les épinards (délectables/dégoûtants) _____

8. Le vin rouge (délicieux/horrible) _____

9. Le jus d'orange (bon/mauvais) _____

10. Le yaourt (délectable/dégoûtant) _____

Nom _____ Date _____

GRAMMAIRE 1

Pour parler de la nourriture

Le verbe *prendre* / Les articles partitifs

5-4

ACTIVITÉ G **Les habitudes alimentaires** You will hear Jules read incomplete sentences about his family and friends' eating habits. Pay attention to the verbs to determine what subject is needed.

Modèle: *You hear:* … prend souvent des épinards.
You see: a. mon frère   b. mes cousins
You select: **a**

1. a. ma mère	b. mes parents	**5.** a. mon cousin	b. mes cousins
2. a. ma sœur	b. mes sœurs	**6.** a. mon fils	b. mes fils
3. a. mon frère	b. mes frères	**7.** a. ma fille	b. mes filles
4. a. ma grand-mère	b. mes grands-parents	**8.** a. mon ami	b. mes amis

ACTIVITÉ H **Une étudiante occupée!** Complete the paragraph with the correct form of the verbs **prendre, apprendre,** or **comprendre.**

Je m'appelle Céline, et je suis étudiante à Paris. Je suis toujours très occupée *(busy)*. Mon colocataire et moi, nous aimons les langues étrangères, et nous (1) _____ l'italien en cours. Je ne (2) _____ pas bien l'anglais, mais je voudrais (3) _____ à parler cette langue à l'avenir. Le week-end, je (4) _____ toujours un verre avec mes amis. Mon copain est aussi très occupé. Quelquefois, il ne (5) _____ pas le dîner, parce qu'il travaille tout le temps. Mais parfois il s'amuse *(has fun)*. En fait *(In fact)*, il (6) _____ à faire la cuisine en ce moment. Le week-end prochain, il va préparer un repas raffiné *(elegant)* pour moi, et nous allons (7) _____ le dîner ensemble. Je sais *(know)* qu'il (8) _____ bien la recette!

5-5

ACTIVITÉ I **Jules et Julie, que prennent-ils?** Jules is describing his and his sister's eating habits. Listen to the sentences and choose the food item that best completes the sentence.

1. a. pain	b. croissant
2. a. omelette	b. pain
3. a. bœuf	b. sandwich
4. a. hamburger	b. soupe
5. a. pomme	b. soupe
6. a. biscuit	b. chocolat
7. a. lait	b. eau minérale
8. a. Coca	b. vin
9. a. fromage	b. orange
10. a. glace	b. banane

Conclusion Qui mange plus sainement *(healthier)*? _____

ACTIVITÉ J On prend et on ne prend pas... Using the verb **prendre,** describe what these people would most logically eat and not eat for these occasions.

Modèle: (bière/lait) Pour le déjeuner, un enfant **prend du lait mais il ne prend pas de bière**.

1. (pain/œufs) Pour le petit déjeuner, un Français _____

   _____.

2. (gâteau/fromage) Pour le dessert, les Américains _____

   _____.

3. (salade/fromage) Pour le dessert, un Français _____

   _____.

4. (pommes de terre/chips) Avec le dîner, les athlètes _____

   _____.

5. (bœuf/pâtes) Pour le dîner, les végétariens _____

   _____.

6. (vin/jus d'orange) Avec le dîner, les Français _____

   _____.

7. (champagne/lait) Pour un mariage, on _____

   _____.

8. (céréales/gâteau) Pour une fête, nous _____

   _____.

9. (pizza/poulet) Pour un dîner raffiné, vous _____

   _____.

ACTIVITÉ K Les expressions avec *avoir* You will hear short descriptions of various activities. Say aloud whether or not the subject is likely hungry (**avoir faim**), thirsty (**avoir soif**), hot (**avoir chaud**), or cold (**avoir froid**). Then, check your answers and pronunciation when the speaker provides the correct responses. (6 items)

Modèle: *You hear:* Gaston sue *(is sweating).* Il a froid ou il a chaud?
You say: **Il a chaud.**

ACTIVITÉ L Dictée: Les repas You will hear six sentences that describe what different students eat for different meals. The first time you hear the sentences, do not write anything. Just listen for comprehension. You will then be prompted to listen to the sentences again and to begin writing. You may repeat the recording as many times as necessary. Then, answer the question that follows.

1. _____

2. _____

3. _____

4. _____

5. _____

6. _____

Conclusion Qui aime la viande? _____ et _____

PARTIE 2

VOCABULAIRE 2

Une alimentation équilibrée

🔊 5-8 **ACTIVITÉ A Fruit ou légume?** You will hear various food items. Indicate if they are a) **fruits** or b) **légumes**.

Modèle: *You hear:* les oranges
You write: **a**

1. _____   3. _____   5. _____

2. _____   4. _____   6. _____

ACTIVITÉ B Et pour les végétariens? Indicate whether or not a vegetarian would consume these items. Write **oui** or **non**.

1. du pain complet _____   4. du lait de soja _____

2. des fruits de mer _____   5. des noix _____

3. de l'agneau _____   6. du veau _____

🔊 5-9 **ACTIVITÉ C Glucide, protéine ou produit laitier?** You will hear some food items. Decide whether they are a) **glucides**, b) **protéines**, or c) **produits laitiers**.

Modèle: *You hear:* le poulet
You write: **b**

1. _____   3. _____   5. _____

2. _____   4. _____   6. _____

ACTIVITÉ D Aimer mieux Decide which food item these people would prefer.

Modèle: Claire prend des produits sains.   a. chips   b. pommes   c. pizza
      Claire aime mieux les pommes.

1. Marc boit des boissons alcoolisées.   a. vin   b. lait de soja   c. huile d'olive

_____

2. Julie prend des aliments frais.   a. poulet frit   b. avocats   c. chips

_____

3. Claude mange des aliments frits.   a. framboises   b. fast-food   c. fruits de mer

_____

4. Nicole est végétalienne.   a. lait   b. yaourt   c. tofu

_____

5. Nicolas est végétarien.   a. veau   b. bœuf   c. brocoli

_____

ACTIVITÉ E Au régime? You will hear a list of items eaten for lunch. Say aloud if the people appear to be **au régime** or **pas au régime** based on what they eat. Then, check your answers and pronunciation when the speaker provides the correct responses. (6 items)

5-10

Modèles: *You hear:* Je prends des lentilles, des fraises et de l'eau minérale.
You say: **Elle est au régime.**
You hear: Je prends des biscuits et du gâteau.
You say: **Elle n'est pas au régime.**

ACTIVITÉ F Comment être en bonne santé? Some French students are trying to improve their diet and eat from a variety of food groups. Use the word bank to write a sentence, designating two foods that each student is likely to eat.

LEXIQUE				
LES AVOCATS	LES CÉRÉALES	LES FRAMBOISES	LE PAIN COMPLET	LA VOLAILLE
LES BLEUETS	LA DINDE	LE FROMAGE	LES PETITS POIS	LE YAOURT

Modèle: Julianne/les légumes **Julianne prend du brocoli et des haricots verts.**

1. Élise/les protéines _____

2. Pierre/les fruits _____

3. Marie/les légumes _____

4. Louis/les produits laitiers _____

5. Daniel/les glucides _____

ACTIVITÉ G Un régime personnalisé Suggest a food to eat and a food to avoid for these people who have health concerns.

Modèle: Élisabeth est végétarienne. (steak/tofu)
Prends du tofu. Ne prends pas de steak.

1. Christopher a des problèmes cardiovasculaires. (frites/salade) _____
_____

2. Marie veut perdre du poids *(lose weight)*. (biscuits/brocoli) _____
_____

3. Florian est végétalien. (noix/veau) _____
_____

4. Violette veut améliorer sa vue *(sight)*. (vin/carottes) _____
_____

5. Marie-Claire veut manger plus sainement *(heathier)*. (fast-food/légumes) _____
_____

6. Robert veut courir un marathon. (eau minérale/jus) _____
_____

GRAMMAIRE 2

Pour parler des boissons et exprimer ses préférences

Le verbe *boire* / Les articles définis et les articles partitifs

ACTIVITÉ H Que boivent-elles? Your French friend Mylène is describing what she and her three roommates like to drink. Choose the correct verb form to complete the sentence.

1. Moi, je _____ souvent du lait au chocolat.   a. bois   b. boit

2. Sarah _____ souvent de la bière.   a. bois   b. boit

3. Nadine et moi, nous _____ toujours du café avec de la crème.   a. boivent   b. buvons

4. Gabrielle _____ toujours de l'eau minérale.   a. boivent   b. boit

5. Sarah et Nadine _____ du vin avec le dîner.   a. buvez   b. boivent

6. Gabrielle _____ du lait de soja avec le petit déjeuner.   a. boit   b. bois

Conclusion Qui fait attention à sa santé? _____

ACTIVITÉ I Avec le dîner? You will hear a series of sentences that have no subjects. Select the
5-11   appropriate subject for each sentence.

1. a. il   b. ils   5. a. il   b. ils
2. a. elle   b. elles   6. a. elle   b. elles
3. a. il   b. ils   7. a. il   b. ils
4. a. elle   b. elles   8. a. elle   b. elles

ACTIVITÉ J Les préférences ou les habitudes Élisabeth, a French exchange student, is coming
5-12   to stay with you. Before she arrives, she calls and tells you about her food preferences and what she typically eats. Choose the article that would complete her sentences correctly.

Modèle: *You hear:* Je prends…
         You see: a. du vin   b. le vin
         You select: **a**

1. a. le steak   b. du steak   4. a. les légumes   b. des légumes
2. a. les céréales   b. des céréales   5. a. le brocoli   b. du brocoli
3. a. le poulet   b. du poulet   6. a. le lait   b. du lait

ACTIVITÉ K Mes préférences Your French friend Claude is telling you about his food preferences. Choose the article that would correctly complete the phrase.

1. J'aime _____ thé.   a. le   b. du

2. Je déteste _____ biscuits.   a. les   b. des

3. Je prends _____ fraises pour le goûter.   a. les   b. des

4. Je n'aime pas _____ frites.   a. les   b. des

5. J'adore _____ poulet.   a. le   b. de la

6. Je bois _____ lait de soja.   a. le   b. du

ACTIVITÉ **L** **Comme boisson?** Using the correct form of the verb **boire,** write what these people are more likely to drink.

Modèle: (vin/lait) Avec le dîner, les Français **boivent du vin.**

1. (bière/café) En cours, mon prof _____

2. (vin/Coca) Au café, les adolescents _____

3. (citron pressé/chocolat chaud) En été, on _____

4. (eau/vin) En classe, mes amis et moi, nous _____

ACTIVITÉ **M** **Un café, s'il vous plaît!** Nicole is going to tell you about her coffee-drinking preferences. Say aloud **le café, du café,** or **de café** depending on what you hear. Then, check your answers and pronunciation when the speaker provides the correct responses. (6 items)

Modèle: *You hear:* Avec le déjeuner, j'adore…
          You say: **le café**

ACTIVITÉ **N** **J'aime et je n'aime pas…** Write sentences to describe something you like and do not like about these food categories.

Modèle: Fruits **J'aime les fraises, mais je n'aime pas le raisin.**

1. Fruits _____

2. Boissons _____

3. Légumes _____

4. Hors-d'œuvre _____

5. Viande _____

6. Dessert _____

7. Goûter _____

8. Plat principal _____

ACTIVITÉ **O** **Dictée: Un rendez-vous** You will hear six sentences about a meal that Robert and Marie are having. The first time you hear the sentences, do not write anything. Just listen for comprehension. You will then be prompted to listen to the sentences again and to begin writing. You may repeat the recording as many times as necessary. Then, complete the sentence to indicate what meal Marie and Robert are having.

1. _____

2. _____

3. _____

4. _____

5. _____

6. _____

Conclusion Ils _____

PARTIE 3

VOCABULAIRE 3

La cuisine

ACTIVITÉ A Quelle recette? You will hear lists of three ingredients. Decide what is being described.

5-15

1. ☐ un sandwich ☐ une salade
2. ☐ un gâteau ☐ une pizza
3. ☐ une salade ☐ une soupe
4. ☐ une salade ☐ une omelette
5. ☐ des biscuits ☐ une tarte
6. ☐ une pizza ☐ des pâtes

ACTIVITÉ B Quelle quantité? Choose the most logical expression of quantity for these food items.

1. _____ de lait a. un sac b. un verre
2. _____ de pommes a. un kilo b. une tasse
3. _____ de Coca a. une boîte b. une bouteille
4. _____ de vin a. une bouteille b. une livre
5. _____ de sel a. une tasse b. une cuillère
6. _____ de vinaigre a. une livre b. une bouteille

ACTIVITÉ C Quelque chose de sucré ou de salé? You will hear various food items. Write **a** if
5-16 the item is **quelque chose de sucré** and **b** if it is **quelque chose de salé.**

1. _____
2. _____
3. _____
4. _____
5. _____
6. _____

ACTIVITÉ D Les saveurs You will hear the names of certain ingredients. Say aloud whether each
5-17 ingredient is **aigre, amer, piquant, salé,** or **sucré.** Then, check your answers and pronunciation when the
speaker provides the correct responses. (8 items)

Modèle: *You hear:* La sauce tartare
You say: **La sauce tartare est aigre.**

ACTIVITÉ E **Comment décrire?** Decide which adjective best describes these food items. Pay attention to agreement.

Modèle: Les poivrons (sucré/piquant)
   Les poivrons sont piquants.

1. Les citrons (aigre/salé) _____

2. Le chocolat (salé/sucré) _____

3. La moutarde (piquant/sucré) _____

4. Les chips (aigre/salé) _____

5. La glace (sucré/amer) _____

6. Le jambalaya (sucré/épicé) _____

7. Le chocolat sans sucre (sucré/amer) _____

8. Le vinaigre (épicé/aigre) _____

ACTIVITÉ F **Des recettes incomplètes** Which ingredient or kitchen item does this female chef need for each recipe?

Modèle: La glace (le lait/l'ail)
   Elle a besoin de lait.

1. Des biscuits (la farine/la moutarde) _____

2. Le citron pressé (les citrons/les citrons verts) _____

3. Une salade (le vinaigre/la mayonnaise) _____

4. Un gâteau (le poivre/le sucre) _____

ACTIVITÉ G **Questions personnelles** Answer these questions about your eating and drinking preferences in complete sentences.

1. Préférez-vous le steak bien cuit, à point, saignant ou bleu? _____

2. Prenez-vous souvent des légumes à la vapeur? Lesquels? _____

_____

3. Préférez-vous le poulet au four ou grillé? _____

4. Préférez-vous les aliments salés ou sucrés? Lesquels? _____

_____

5. Quand vous préparez le dîner, avez-vous besoin d'une recette? _____

_____

6. Préférez-vous la mayonnaise ou la moutarde dans vos sandwichs? _____

7. Est-ce que vous utilisez ou évitez les oignons dans les recettes? Pourquoi? _____

_____

8. Quels sont les cinq ingrédients les plus importants, à votre avis? _____

_____

GRAMMAIRE 3

Pour parler du passé

Le passé composé

ACTIVITÉ H Aujourd'hui ou hier? François is telling you about his schedule for today and yesterday. Listen and decide whether he is talking about **aujourd'hui** or **hier.**

5-18

	Aujourd'hui	Hier		Aujourd'hui	Hier
1.	☐	☐	**6.**	☐	☐
2.	☐	☐	**7.**	☐	☐
3.	☐	☐	**8.**	☐	☐
4.	☐	☐	**9.**	☐	☐
5.	☐	☐	**10.**	☐	☐

Conclusion Le jour plus chargé *(busier)* pour François est... a. aujourd'hui   b. hier

ACTIVITÉ I Dans le passé ou le futur? Frank is talking about past and future plans. Listen to the beginning of the sentences and decide how to best complete the phrases.

5-19

1. a. j'ai fait mes devoirs   b. je vais faire mes devoirs
2. a. j'ai joué au basket   b. je vais jouer au basket
3. a. j'ai célébré mon anniversaire   b. je vais célébrer mon anniversaire
4. a. j'ai lu un bon roman   b. je vais lire un bon roman
5. a. j'ai fait un voyage   b. je vais faire un voyage
6. a. j'ai vu un film   b. je vais voir un film
7. a. j'ai appris le russe   b. je vais apprendre le russe
8. a. j'ai obéi à mon professeur   b. je vais obéir à mon professeur

Conclusion Lequel *(Which)* est le plus rempli *(busy)*, son passé ou son futur? _____

ACTIVITÉ J Toujours occupée! Morgane, who is always busy, describes some of the things she and her friends have done or are currently doing. Choose the verb form that correctly completes each sentence.

1. Hier, Charlotte _____ un grand projet.   a. finit   b. a fini

2. La semaine passée, Nicolette et Jean _____ tous leurs devoirs.   a. finissent   b. ont fini

3. Aujourd'hui, Claude _____ des choses au supermarché.   a. achète   b. a acheté

4. La semaine dernière, je/j' _____ à un examen très difficile.   a. réussi   b. ai réussi

5. Hier après-midi, nous _____ une décision importante.   a. prenons   b. avons pris

6. Aujourd'hui, je/j' _____ beaucoup de devoirs.   a. ai   b. ai eu

7. L'été passé, je/j' _____ du baby-sitting.   a. fais   b. ai fait

8. Dans une heure, je _____ mes amis.   a. vois   b. ai vu

Vrai ou faux? Morgane a déjà passé son examen. _____

ACTIVITÉ **K** **Le week-end passé** Jacques is describing what he and his friends Éric and Cécile did last weekend. Choose the correct subject pronoun for each sentence.

1. _____ a mangé dans un restaurant élégant.   a. Éric   b. Éric et Cécile
2. _____ a visité le musée Rodin.   a. Cécile   b. Cécile et moi, nous
3. _____ avons vu un nouveau film au cinéma.   a. Éric et Cécile, ils   b. Éric et moi, nous
4. _____ ont regardé la télé dimanche soir.   a. Je/J'   b. Cécile et Éric, ils
5. _____ a décidé de rester chez lui samedi soir.   a. Cécile et moi, nous   b. Éric
6. _____ a fait une promenade dans le parc.   a. Éric   b. Moi, je/j'
7. _____ a écouté le nouveau CD de Carla Bruni-Sarkozy.   a. Éric   b. Éric et moi, nous
8. _____ ai travaillé pendant tout l'après-midi.   a. Je/J'   b. Éric
9. _____ a lu un bon roman.   a. Éric   b. Je/J'
10. _____ avons fait du vélo.   a. Cécile et moi, nous   b. Éric et Cécile

Conclusion Qui a passé un week-end calme? _____

ACTIVITÉ **L** **La semaine passée** You will hear sentences that describe events that happened last week. Say aloud whether or not you did the activities. Then, check your answers and pronunciation when the speaker provides the correct responses. (6 items)

Modèle: *You hear:* J'ai dansé avec mes amis. Et toi?
You say: **J'ai dansé avec mes amis aussi.** *or* **Je n'ai pas dansé avec mes amis.**

ACTIVITÉ **M** **Une mauvaise étudiante** Charline and her friends are not very studious. Write sentences to describe whether they did or did not do the following activities.

Modèle: (étudier pour l'examen) Hier, je/j' **n'ai pas étudié pour l'examen.**

1. (voyager avec des amis) L'été passé, je/j' _____

_____

2. (regarder la télé) La semaine passée, mon amie Anne _____

_____

3. (prendre des bières) Hier, mes amis et moi, nous _____

_____

4. (finir mes devoirs) Avant-hier, je/j' _____

_____

5. (être au café) Hier soir, mon ami Pierre _____

_____

6. (étudier l'anglais) La semaine dernière, Luc et Sarah _____

_____

7. (apprendre à jouer aux jeux de société) L'année dernière, je/j' _____

_____

8. (écrire une composition) La semaine dernière, ma sœur et moi, nous _____

_____

ACTIVITÉ N Un week-end à New York Complete the following paragraph about Alex's first visit to New York by selecting the correct verb and writing it in the past tense.

Quel week-end à New York! Vendredi matin, je/j' (visiter/écouter) (1) _____ la Statue

de la liberté. Quel cadeau de la France! Vendredi soir, je/j' (voir/voyager) (2) _____ une pièce

de théâtre avec un ami. Puis, nous (dîner/voir) (3) _____ dans un restaurant célèbre. Samedi,

je/j' (être/avoir) (4) _____ un peu fatigué. Mon ami et moi, nous (prendre/voir)

(5) _____ le petit déjeuner dans un petit café. Je/J' (prendre/boire) (6) _____ un

bagel et mon ami (boire/être) (7) _____ trois tasses de café! Ensuite, je/j' (faire/voyager)

(8) _____ une promenade dans Central Park, où je/j' (parler/voir) (9) _____ avec

d'autres touristes. Samedi soir, je/j' (téléphoner/dire) (10) _____ à mes parents. Ils (avoir/être)

(11) _____ contents de m'entendre parler de mes expériences. Dimanche matin, je/j' (prendre/

avoir) (12) _____ un avion pour San Francisco pour rendre visite à une bonne amie.

ACTIVITÉ O Des questions parentales Sisters Lucie and Julie have just finished up a study abroad in the United States, and their parents call to hear about what they have done this past quarter. Using inversion, write their questions based on their daughters' responses.

Modèle: Les parents: **Avez-vous bien préparé vos examens?**
Les filles: Oui, nous avons bien préparé nos examens.

1. Les parents: _____

Les filles: Oui, nous avons fini tous nos devoirs.

2. Les parents: _____

Les filles: Oui, nous avons été à la bibliothèque pendant tout le trimestre.

3. Les parents: _____

Les filles: Oui, nous avons eu de bonnes notes.

4. Les parents: _____

Les filles: Oui, nous avons parlé avec nos professeurs chaque semaine.

ACTIVITÉ P Qu'avez-vous fait? Use the following time references and verbs to indicate an activity you did or did not do this past week.

Modèle: (lire le journal) **Hier, j'ai lu le journal.** *or* **Hier, je n'ai pas lu le journal.**

1. (manger au restaurant) Hier, _____

2. (apprendre quelque chose de nouveau) La semaine passée, _____

3. (finir mes devoirs) Hier soir, _____

4. (faire une fête) L'année dernière, _____

5. (écrire une lettre) Le mois dernier, _____

6. (faire la cuisine) La semaine dernière, _____

7. (dîner avec un ami) Le week-end passé, _____

8. (voyager en Europe) L'année passée, _____

ACTIVITÉ ⓠ Toujours des disputes! French student Émeline and her American roommate Julie are discussing household responsibilities. Émeline loves to do the grocery shopping and cooking but hates housework and often lies about doing it. For each of Émeline's remarks, decide if Julie would agree with her or contradict her, and write an appropriate response.

Modèles: ÉMELINE: J'ai passé l'aspirateur *(vacuumed)*.
JULIE: **Non, tu n'as pas passé l'aspirateur.**
ÉMELINE: J'ai fait les courses.
JULIE: **Oui, tu as fait les courses.**

1. ÉMELINE: J'ai fait le ménage.

    JULIE: _____

2. ÉMELINE: J'ai préparé le dîner hier soir.

    JULIE: _____

3. ÉMELINE: J'ai rangé les chambres.

    JULIE: _____

4. ÉMELINE: J'ai fait la cuisine pendant toute la semaine passée.

    JULIE: _____

5. ÉMELINE: J'ai passé l'aspirateur.

    JULIE: _____

6. ÉMELINE: J'ai organisé la salle de bains.

    JULIE: _____

ACTIVITÉ ⓡ Un voyage récent Write a short paragraph (4–6 sentences) describing a recent trip that you took and the types of things you ate and drank (or did not!).

_____

_____

_____

_____

_____

_____

ACTIVITÉ ⓢ Dictée: Une semaine chargée You will hear a passage in which a French university student describes her past week. The first time you hear the sentences, do not write anything. Just listen for comprehension. You will then be prompted to listen to the sentences again and to begin writing. You may repeat the recording as many times as necessary. When finished, check your work against the answer key.

_____

_____

_____

_____

_____

_____

Nom _____ Date _____

 Liaisons avec les mots et les sons

Le /r/ français

5-22   The French /r/ is a sound unique to French and is nothing like the English *r* or the Spanish *r*. Because the sound made is in the back of the throat, it is sometimes equated with the sound that one makes when you are about to gargle. The French /r/ is actually closer to an English *h* sound. To make the French /r/ sound, try replacing it with the English *h* sound and then push the air out gently as if you are about to gargle. Try practicing with the following words that have a similar sound.

Loch (Ness monster)	Bach (the composer)

5-23   **Pratique A.** Listen carefully and repeat the following words that end with the /r/ sound.

1. dessert	8. jour	15. épinards	22. hiver
2. terre	9. rare	16. chanteur	23. mer
3. inventeur	10. four	17. maigrir	24. tard
4. alimentaire	11. cuisinière	18. boire	25. encore
5. fière	12. salir	19. cuillère	26. cours
6. confiture	13. joueur	20. cher	27. art
7. devoirs	14. bière	21. amer	

5-24   **Pratique B.** Listen to and repeat these words that begin with the /r/ sound.

1. rarement	8. raser	15. reine	22. rideaux
2. recherché	9. réfrigérateur	16. rien	23. rôti
3. rat	10. rhume	17. regarder	24. réponse
4. repas	11. rose	18. Roumanie	25. règle
5. régime	12. rouge	19. roux	26. revoir
6. revoir	13. rue	20. rez-de-chaussée	27. récent
7. ravi	14. russe	21. règlements	

5-25   **Pratique C.** A vowel precedes the /r/ sound in the following words. Listen to them and repeat.

1. végétarien	7. zéro	13. cochonneries	19. journalisme
2. purée	8. adorer	14. journée	20. énergique
3. arrêt	9. portion	15. merci	21. intéressant
4. farine	10. Martinique	16. horloge	22. marcher
5. casserole	11. moutarde	17. affaires	23. personne
6. garçon	12. fourchette	18. informatique	24. température

5-26 **Pratique D.** A consonant precedes the /r/ sound in the following words. Listen to them and repeat.

1. entrée	8. sucrée	15. fenêtre	22. après
2. industriel	9. vinaigrette	16. livre	23. fruits
3. maigrir	10. trop	17. treize	24. vraiment
4. Monoprix	11. très	18. français	25. gras
5. grillée	12. présenter	19. brillant	26. librairie
6. ingrédient	13. grand	20. pratiquer	27. brocoli
7. gramme	14. calculatrice	21. trouver	

5-27 **Pratique E.** Listen to and repeat these sentences, paying special attention to the pronunciation of the /r/ sound. The sentences are taken from the **Un mot sur la culture** readings in your textbook.

1. Comme les Français, les Belges adorent les frites.

2. On prépare la poutine avec des frites, du fromage en grains et une sauce brune.

3. Le fast-food, ou la restauration rapide, est une invention américaine.

4. On peut trouver des restaurants qui servent de la nourriture rapide et plus saine.

5. Le magasin Monoprix, par exemple, propose une gamme de produits alimentaires plus sains en self-service.

6. Les supermarchés vendent des repas préparés.

7. Traditionnellement, on sert cette fondue avec des petits morceaux de pain piqués sur une fourchette.

8. La personne qui laisse tomber son morceau de pain dans la casserole doit embrasser son voisin.

Pratique F.

5-28 **Étape 1.** The speaker will spell out words that make up a sentence. Write down the letters and accent marks you hear.

1. _____

2. _____

3. _____

4. _____

5. _____

6. _____

7. _____

Étape 2. Use the words you wrote in **Étape 1** to make a complete sentence. _____

_____

5-29 **Étape 3.** Now, listen to and repeat the sentence formed with the words you wrote in **Étape 2**, paying attention to whether or not the final consonants are pronounced.

Blog *Liaisons*

Avant de bloguer

All characters in a film have a back-story. Generally, a back-story is the history or background information of characters in the movie. In **Séquence 3** of the film *Liaisons,* Claire makes a pit stop in a café in Trois-Rivières before continuing on to Quebec City. At this eatery, she sees two men she had previously encountered at the Hotel Delta in Montreal: Alexis Prévost and the mysterious man **(l'homme mystérieux)** who gave her the envelope containing the hotel reservation for the Château Frontenac. In this blog, talk about who you think these two men are and why Claire sees them again.

Consider: What has Alexis Prévost revealed to Claire in the café? Why do you think Alexis Prévost was at the same café as Claire? What kind of business do you think he has in Quebec City? Who is the mysterious man? Why was he outside the café? Do you think these two men are good or bad people?

Jot down your ideas in the following box before writing your blog.

Bloguer

Using the template on the next page, write your blog about **Séquence 3.** Fill it in with at least six sentences in French describing your thoughts or reactions. Don't forget to think of a title (and maybe a slogan) and to date your blog!

Titre du blog (C'est le nom de votre blog. Exemple: Les fanas de *Liaisons*)

_____

Slogan (C'est le thème de votre blog. Exemple: Petites et grandes réactions par John Smith)

_____

Titre de votre article (Exemple: L'appartement de Claire)

_____

_____

Date _____

Article _____

_____

_____

_____

_____

_____

_____

_____

_____

_____

_____

_____

_____

_____

_____

_____

_____

Nom _____ Date _____

Du **marché** à la **table**

CHAPITRE 6

PARTIE **1**

VOCABULAIRE **1**

Les grandes surfaces

6-1

ACTIVITÉ A Quel rayon? You will hear a series of items. Indicate in which aisle of a superstore they would be found.

1. a. le rayon charcuterie   b. le rayon boulangerie-pâtisserie
2. a. le rayon poissonnerie   b. le rayon boucherie
3. a. le rayon audiovisuel   b. le rayon boulangerie-pâtisserie
4. a. le rayon surgelés   b. le rayon boucherie
5. a. le rayon charcuterie   b. le rayon audiovisuel
6. a. le rayon audiovisuel   b. le rayon surgelés

6-2

ACTIVITÉ B Qu'est-ce qui ne va pas? The speaker will name aisles in a superstore. Choose the items that do not belong in those aisles.

Modèle: *You hear:* le rayon poissonnerie
You see: le homard   une brioche   les moules
You select: **une brioche**

1. le bœuf haché   un saucisson   le rosbif
2. les moules   un homard   des madeleines
3. un pain de campagne   une brioche   les crevettes
4. une côtelette d'agneau   le bœuf haché   un saucisson
5. une console wii   le saumon   un téléviseur LCD
6. des haricots surgelés   un pain de campagne   des frites surgelées

ACTIVITÉ C Quel magasin? Where would you go to purchase these items?

1. du rosbif et du pain de mie   a. Jason's Deli   b. World Market
2. un micro-ondes   a. Gap   b. Walmart
3. du saumon   a. Mitchell's Fish Market   b. Dunkin Donuts
4. un téléviseur LCD   a. Target   b. Famous Footwear
5. une console wii   a. Ace Hardware   b. Best Buy

ACTIVITÉ D Les prix Choose the logical price for these items.

1. Combien coûte une boîte de conserves? Ça fait…   a. 75 centimes   b. 75 dollars
2. Combien coûte une console wii? Ça fait…   a. 20 dollars   b. 200 dollars
3. Un kilo de crevettes, c'est combien? Ça fait…   a. 8 dollars   b. 80 dollars
4. Deux côtelettes de porc, ça fait combien? Ça fait…   a. 5 dollars   b. 55 dollars
5. Un micro-ondes, ça fait combien? Ça fait…   a. 100 dollars   b. 10 dollars

ACTIVITÉ E À quel rayon va-t-on? You will hear items from a shopping list. Listen and say aloud the name of the aisle on which the items would be found. Then, check your answers and pronunciation when the speaker provides the correct responses. (6 items)

Modèle: *You hear:* un pain de campagne, une baguette et des madeleines
You say: **le rayon boulangerie-pâtisserie**

ACTIVITÉ F Qu'est-ce qu'on achète? Complete these sentences with two items these people would logically put into their shopping carts.

Modèle: Guy mange beaucoup de pain le matin. (un pain de campagne/un téléviseur LCD/une brioche)
Dans son chariot, on trouve **un pain de campagne et une brioche.**

1. Pierre et sa femme adorent les fruits de mer. (des crevettes/un steak/des moules)

   Dans leur chariot, on trouve _____.

2. Bruno prépare souvent de la viande pour sa famille. (des côtelettes d'agneau/du bœuf haché/des surgelés)

   Dans son panier, on trouve _____.

3. Claire n'aime pas faire la cuisine et prend souvent des sandwichs. (des pâtes/du pain de mie/du rosbif)

   Dans son chariot, on trouve _____.

4. Éric achète seulement les produits qui ne coûtent pas cher *(that are not expensive)*. (un homard/un saucisson/un pain de campagne)

   Dans son panier, on trouve _____.

5. André n'a pas beaucoup de temps libre et achète souvent des produits surgelés et des aliments faciles à préparer. (des céréales/une pizza surgelée/du veau)

   Dans son panier, on trouve _____.

6. Michèle aime jouer aux jeux vidéo avec ses amis. (une console wii/des livres/un jeu vidéo)

   Dans son chariot, on trouve _____.

ACTIVITÉ G Au supermarché Make a list of at least ten items that you will buy on your next shopping trip to the **supermarché.** In order to make your shopping easier, divide the items up according to their respective aisles.

Le rayon boulangerie-pâtisserie	Le rayon poissonnerie	Le rayon boucherie
_____	_____	_____
_____	_____	_____
_____	_____	_____

Le rayon charcuterie	Le rayon surgelés	Divers *(Miscellaneous)*
_____	_____	_____
_____	_____	_____
_____	_____	_____

Nom _____ Date _____

GRAMMAIRE 1

Pour parler des activités

Les verbes comme *vendre* / Le verbe *mettre*

ACTIVITÉ H Les ventes Louise and her roommates are selling items they no longer need. Choose the correct subject for each sentence.

1. _____ **vends** un canapé (*a couch*). a. Je b. Suzanne
2. _____ **vend** un miroir. a. Marie b. Suzanne et Yvette
3. _____ **vendons** des verres (*glasses*). a. Yvette et moi b. Marie
4. _____ **vendent** des livres. a. Yvette et Marie b. Suzanne
5. _____ **vends** un téléviseur LCD. a. Yvette b. Je
6. _____ **vend** un four à micro-ondes. a. Je b. Suzanne
7. _____ **vendent** une calculatrice. a. Marie b. Yvette et Marie
8. _____ **vendez** des assiettes. a. Vous b. Yvette et moi

Et vous? Votre ami va prendre un cours de maths. Quel objet est-ce qu'il achète? _____

ACTIVITÉ I Qui vend? You will hear sentences describing what roommates Luc and Evan are selling. Listen and, based on the verb you hear, restate each sentence, using either **Luc vend** or **Luc et Evan vendent**. Then, check your answers and pronunciation when the speaker provides the correct responses. (6 items)

6-4

Modèle: *You hear:* Ils vendent des DVD.
You say: **Luc et Evan vendent des DVD.**

ACTIVITÉ J Qu'est-ce qu'on met dans son panier? Choose the correct subject for each sentence to describe what different people are placing in their shopping baskets.

1. _____ **met** un homard. a. Anaïs b. Je c. Claude et Jean
2. _____ **mets** une brioche. a. Nous b. Anaïs c. Je
3. _____ **mettent** une console wii. a. Vous b. Je c. Claude et Jean
4. _____ **mettons** des madeleines. a. Vous b. Nous c. Anaïs
5. _____ **mettent** des boîtes de conserves. a. Je b. Vous c. Claude et Jean
6. _____ **met** des côtelettes de porc. a. Anaïs b. Nous c. Tu
7. _____ **mets** des pâtes. a. Claude b. Vous c. Tu
8. _____ **met** du poulet. a. Je b. Nous c. Jean

Conclusion Qui dépense le plus d'argent (*is spending the most money*)? _____

ACTIVITÉ K Qu'est-ce qu'on met dans son chariot? You will hear statements describing what people are putting in their shopping carts. Choose the correct form of **mettre** for each sentence.

6-5

1. mets / met 3. mets / met 5. mets / met
2. mets / met 4. mets / met 6. mets / met

ACTIVITÉ **L** **Visiter ou rendre visite à?** Complete each sentence about Louise's recent trip to Paris based on the verb used.

1. Ma famille a rendu visite à…   a. mes grands-parents   b. des monuments
2. Nous avons visité…   a. le quartier du Marais   b. des amis
3. J'ai visité…   a. ma meilleure amie   b. le Louvre
4. Mon frère a rendu visite à…   a. son ancien *(former)* colocataire   b. la maison de Monet

ACTIVITÉ **M** **Vos habitudes** Complete the sentences by conjugating the given verbs in either the affirmative or negative based on your habits.

Modèle: Je **rends** *or* **ne rends pas** souvent visite aux amis dans d'autres villes. (rendre)

1. (répondre) Je _____ tous les jours aux courriels.

2. (perdre) Je _____ souvent mes clés.

3. (mettre) Je _____ la table avant le dîner.

4. (vendre) Je _____ souvent des objets sur eBay.

ACTIVITÉ **N** **Il y a combien de temps?** Answer the questions to express how long ago you did certain activities.

Modèle: Quand avez-vous rendu les devoirs de français?
        J'ai rendu les devoirs de français il y a trois jours.

1. Quand avez-vous entendu votre chanson préférée? _____
_____

2. Quand avez-vous rendu visite à un parent *(relative)*? _____
_____

3. Quand avez-vous répondu à une question en cours? _____
_____

4. Quand avez-vous attendu un film avec beaucoup d'impatience? _____
_____

5. Quand avez-vous passé un examen? _____
_____

ACTIVITÉ **O** **Dictée: Les magasins** You will hear five sentences about stores and the products they sell. The first time you hear the sentences, do not write anything. Just listen for comprehension. You will then be prompted to listen to the sentences again and to begin writing. You may repeat the recording as many times as necessary. Then, indicate if each sentence is **vrai** or **faux.**

1. V/F _____
2. V/F _____
3. V/F _____
4. V/F _____
5. V/F _____

PARTIE 2

VOCABULAIRE 2

Les petits magasins d'alimentation

ACTIVITÉ A Quel magasin? For each store name that you hear, choose the item that could be purchased there.

6-7

Modèle: *You hear:* une poissonnerie
You see: a. du saumon   b. des potirons
You select: **a**

1. a. un éclair   b. des melons   4. a. du rosbif   b. des concombres
2. a. des mangues   b. des crevettes   5. a. du bœuf haché   b. des pains au chocolat
3. a. de la laitue   b. un pain de campagne 6. a. un téléviseur LCD b. des carottes

ACTIVITÉ B Les préférences Amélie likes fruits but does not like vegetables. For each produce item you hear, say aloud whether she likes (**elle aime…**) or does not like (**elle n'aime pas…**) the item. Then, check your answers and pronunciation when the speaker provides the correct responses. (10 items)

6-8

Modèle: *You hear:* les concombres
You say: **Elle n'aime pas les concombres.**

ACTIVITÉ C Les magasins d'alimentation Using the appropriate form of the verb **acheter**, write what can logically be bought at these stores.

Modèle: épicerie (du lait/un téléviseur LCD) On **achète du lait dans une épicerie.**

1. marché en plein air (des cerises/une console wii) Nous _____
_____

2. magasin de produits bio (des chips Pringles/des bananes) Mon professeur _____
_____

3. boulangerie (du pain/des poires) Mes amis _____
_____

4. boucherie (du veau/des éclairs) J'_____
_____

5. charcuterie (de la laitue/du saucisson) Vous _____
_____

6. pâtisserie (des pains au chocolat/des champignons) Tu _____
_____

7. poissonnerie (des moules/du bœuf haché) On _____
_____

8. épicerie (un tapis/des pâtes) Nous _____
_____

Nom _____ Date _____

ACTIVITÉ **D** **Les verbes** Complete each sentence with the correct form of **préférer, célébrer, espérer,** or **répéter.**

Modèle: Au petit déjeuner, je **préfère** les fruits.

1. Je/J' _____ une bonne note dans mon cours de biologie.

2. Nous _____ le baptême *(baptism)* de ma nièce aujourd'hui.

3. Mes amis _____ prendre le bus au lieu de *(instead of)* marcher.

4. Pouvez-vous _____ s'il vous plaît? Je n'ai pas entendu.

5. On _____ le mariage de Christophe et Maria ce soir à l'église.

6. Tu _____ qu'on va téléphoner demain?

ACTIVITÉ **E** **Où acheter…?** You will hear items from a shopping list. Listen and, from the list provided, select and say aloud the store where you would buy the items. Then, check your answers and pronunciation when the speaker provides the correct responses. (6 items)

UNE BOUCHERIE	UNE CHARCUTERIE	UNE PÂTISSERIE
UNE BOULANGERIE	UN MAGASIN DE PRODUITS BIO	UNE POISSONNERIE

Modèle: *You hear:* les pommes et les mangues bio
You say: **un magasin de produits bio**

ACTIVITÉ **F** **Apporter et amener** Complete the sentences with the correct form of **apporter** or **amener.**

1. Quand je vais à la plage, j'_____ mes lunettes de soleil *(sunglasses).*

2. Quand nous dînons chez un ami, nous _____ une bouteille de vin.

3. Quand il y a une grande fête, Jacques _____ un ami.

4. Quand vous achetez de nouveaux vêtements *(new clothes)*, vous _____ votre sœur.

5. Quand on va en cours, on _____ ses livres et un goûter.

6. Quand mes amis dînent dans un bon restaurant, ils _____ leurs parents.

7. Quand je fais une promenade, j'_____ mes colocataires.

8. Quand tu vas à la bibliothèque, tu _____ tes devoirs.

ACTIVITÉ **G** **Les habitudes** Write about your grocery shopping habits and those of two family members or friends. What do you typically buy? Where do you shop? Why? Write at least two sentences for yourself and two for each family member or friend.

_____

_____

_____

_____

_____

_____

GRAMMAIRE 2

Pour parler du passé

Le passé composé avec *être*

ACTIVITÉ H Qui est le plus occupé? Pay attention to the past participles in order to choose the correct subject for each sentence.

1. _____ est allée au supermarché.   a. Il   b. Elle
2. _____ est resté à la maison.   a. Il   b. Elle
3. _____ est rentré du parc.   a. Il   b. Elle
4. _____ est rentrée tard hier soir.   a. Il   b. Elle
5. _____ sont partis en vacances.   a. Ils   b. Elles
6. _____ sont allés à la plage.   a. Ils   b. Elles
7. _____ sont venues en cours.   a. Ils   b. Elles
8. _____ sont allées au travail.   a. Ils   b. Elles

Conclusion Qui semblent plus occupés (*seems busier*), les hommes ou les femmes? _____

ACTIVITÉ I Où est-on né? Listen to the sentences stating where different individuals were born and choose the correct spelling of the past participle **né: a. né, b. née, c. nés, d. nées.**

1.   2.   3.   4.   5.   6.   7.   8.

ACTIVITÉ J Claude et Claudette Claude and his twin sister Claudette are quite different. Select the correct past participle in each sentence about their recent activities.

1. L'été dernier, Claude est allé / allée souvent au théâtre.
2. L'été dernier, Claudette est allé / allée souvent à Bloomingdale's.
3. En ville, Claudette est passé / passée récemment par les boutiques.
4. En ville, Claude est passé / passée récemment par le musée d'art.
5. Ce matin, Claude est arrivé / arrivée à un cours de sculpture.
6. Ce matin, Claudette est arrivé / arrivée au centre commercial.

Conclusion Claude adore _____ et Claudette adore _____.

ACTIVITÉ K Quel verbe? Select the logical verb for each blank and write it in the **passé composé.**

1. (naître / mourir) Charles de Gaulle _____ en 1890, et il _____ en 1970.

2. (partir / arriver) Jules _____ à la fête vers 9h00 du soir, mais après seulement 30 minutes, il _____.

3. (sortir / rentrer) Chloé _____ au cinéma avec ses amies après le dîner, et elles _____ à minuit.

4. (retourner / venir) La famille Hélias _____ aux États-Unis pour les vacances en avril, et ils _____ en France en mai.

5. (revenir / aller) Mon colocataire _____ au supermarché pour acheter des chips, mais il _____ avant le début du match télévisé.

Nom _____ Date _____

ACTIVITÉ L *Être* **ou** *avoir*? Listen to Luc describe the activities his family did last week. Are the verbs conjugated with **être** or **avoir** in the **passé composé**?

1. avoir / être
2. avoir / être
3. avoir / être
4. avoir / être
5. avoir / être
6. avoir / être
7. avoir / être
8. avoir / être
9. avoir / être
10. avoir / être

ACTIVITÉ M **Récemment** Complete each sentence with the appropriate auxiliary verb.

1. La semaine passée, je/j' _____ pris de la pizza.

2. Le week-end passé, je/j' _____ allé(e) au cinéma.

3. Hier, je/j' _____ beaucoup parlé au téléphone.

4. La semaine passée, je/j' _____ arrivé(e) en cours en retard.

5. Récemment, je/j' _____ parti(e) en vacances.

6. Hier, je/j' _____ étudié le français.

Conclusion Quelle phrase décrit une mauvaise étudiante? _____

ACTIVITÉ N **Le week-end passé** Select the verb that best describes what people did this past weekend and complete the sentence in the **passé composé**. Pay attention to whether the verbs are conjugated with **avoir** or **être**.

Modèle: (venir/regarder) chez moi pour regarder un film
Mes amis **sont venus chez moi pour regarder un film.**

1. (prendre/jouer) un bon dîner

Je/J' _____.

2. (aller/dormir) au centre commercial

Nous _____.

3. (rentrer/faire) les devoirs

Mes amis _____.

4. (rester/naître) à la maison

Mon professeur _____.

5. (sortir/lire) au cinéma

Mon ami _____.

6. (devenir/étudier) à la bibliothèque

Je/J' _____.

ACTIVITÉ O **Monter, descendre et sortir** Pay attention to the direct objects, and decide whether **monter, descendre,** and **sortir** should be conjugated with **être** or **avoir.**

1. Christophe _____ descendu de la tour Eiffel.   a. est   b. a

2. Christophe _____ monté au grenier *(attic).*   a. est   b. a

3. Christophe _____ sorti avec ses parents hier soir.   a. est   b. a

4. Christophe _____ monté la colline *(hill).*   a. est   b. a

5. Christophe _____ sorti ses clés pour ouvrir la porte.   a. est   b. a

6. Christophe _____ descendu au sous-sol *(basement).*   a. est   b. a

ACTIVITÉ P La journée de Catherine You will hear sentences describing what Catherine did yesterday. Listen, and from the list provided, select and say aloud where she went to accomplish the tasks. Then, check your answers and pronunciation when the speaker provides the correct responses. (6 items)

LA BIBLIOTHÈQUE	LE CAFÉ	LA PÂTISSERIE
LA BOUCHERIE	LE MARCHÉ EN PLEIN AIR	LA POSTE
LA BOULANGERIE		

Modèle: *You hear:* Catherine a acheté du pain.
You say: **Elle est allée à la boulangerie.**

ACTIVITÉ Q Une bonne journée et une mauvaise journée Pierre had a remarkably great day while his friend Anne had a terrible day. Decide if these events happened to Pierre or Anne and complete the sentences in the **passé composé.**

Modèle: (gagner à la loterie) **Pierre a gagné à la loterie.**

1. (rater un examen) _____

2. (perdre ses devoirs) _____

3. (aller à un restaurant excellent) _____

4. (arriver en cours en retard) _____

5. (sortir avec tous ses amis) _____

6. (tomber malade *[to get sick]*) _____

ACTIVITÉ R Ça continue toujours? You will hear a series of sentences. Indicate whether the action a) ended in the past or b) continues into the present.

Modèle: *You hear:* Nous faisons des courses depuis deux heures.
You write: **b**

1.   2.   3.   4.   5.   6.

ACTIVITÉ S Depuis et pendant Which verb form—the present or the **passé composé**—correctly completes each sentence?

1. Nous _____ pendant trois heures hier soir.   a. étudions   b. avons étudié

2. Je/J' _____ étudiant depuis deux ans.   a. suis   b. ai été

3. Il _____ du piano depuis dix ans.   a. joue   b. a joué

4. Vous _____ la télé pendant quinze minutes hier.   a. regardez   b. avez regardé

5. Elle _____ pendant une heure ce matin.   a. marche   b. a marché

6. Ils _____ la même maison depuis quinze ans.   a. habitent   b. ont habité

ACTIVITÉ **T** **La vie de Jade** Jade is a world traveler who has lived abroad and speaks several languages. Using the words provided, write sentences describing her life.

Modèle: Jade / parler italien / depuis cinq ans
Jade parle italien depuis cinq ans.

1. Jade / habiter en Chine / pendant six mois _____

_____

2. Jade / parler français / depuis toujours _____

_____

3. Jade / habiter aux États-Unis / depuis trois ans _____

_____

4. Jade / habiter en Allemagne / pendant un semestre _____

_____

ACTIVITÉ **U** **Votre vie**

Étape 1. Fill in the blanks with years to indicate when in your life you did the following things.

Modèle: 1996–1997 : être en maternelle

_____–_____ : être en maternelle *(kindergarten)*

_____–_____ : être lycéen(ne) *(a high school student)*

_____– présent : être étudiant(e) universitaire

Étape 2. Using the information you provided in **Étape 1** and the words **depuis** and **pendant,** write three sentences describing when you were in kindergarten and high school and how long you have been a college student.

1. _____

2. _____

3. _____

ACTIVITÉ **V** **Dictée: Une mauvaise journée** You will hear four sentences in which a woman tells you about her day yesterday. The first time you hear the sentences, do not write anything. Just listen for comprehension. You will then be prompted to listen to the sentences again and to begin writing. You may repeat the recording as many times as necessary.

6-14

_____

_____

_____

_____

_____

_____

_____

PARTIE **3**

VOCABULAIRE **3**

Les arts de la table

ACTIVITÉ A Que doit-on utiliser? You will hear the name of a utensil or a piece of tableware. Select the food item with which each would logically be used.

Modèle: *You hear:* un verre
You see: a. du jambon b. de l'eau
You select: **b**

1. a. de la soupe   b. de la salade
2. a. de la glace   b. de la pizza
3. a. du yaourt   b. un hamburger
4. a. du vin blanc   b. du rosbif

5. a. du thé   b. du maïs
6. a. des frites   b. de la soupe
7. a. du lait   b. du poulet
8. a. du Coca   b. des madeleines

ACTIVITÉ B Qu'est-ce qui ne va pas? Which word does not belong in the group?

1. un couteau / une réservation / une cuillère / une fourchette

2. les doigts / un bol / une assiette / une tasse

3. l'addition / un verre / un pourboire / une carte de crédit

4. une serveuse / une serviette / les couverts / un verre à vin

ACTIVITÉ C Le bon ordre The Godards went out to dinner. Number the steps to reflect their dining experience.

a. _____ Ils ont commandé leurs repas et une bouteille de vin.

b. _____ Mme Godard a réservé une table.

c. _____ Les serveurs ont débarrassé *(cleared)* la table.

d. _____ Ils sont arrivés au restaurant.

e. _____ M. Godard a payé et a laissé un pourboire.

f. _____ Ils ont bu du vin et ont mangé leur repas.

g. _____ Ils ont regardé le menu.

h. _____ M. Godard a dit «bon appétit» et Mme Godard a dit «à ta santé».

Conclusion Les Godard ont dîné…   a. dans un bon restaurant.   b. dans un restaurant fast-food.

ACTIVITÉ D Les nouveaux plats Choose the correct subject for each sentence.

1. _____ **essaie** les cuisses de grenouille *(frog legs)*.   a. Il   b. Tu

2. _____ **essayez** le chevreuil *(venison)*.   a. Vous   b. Nous

3. _____ **essaient** le pigeon.   a. Il   b. Ils

4. _____ **essaies** le poulpe *(octopus)*.   a. Tu   b. Elle

5. _____ **essayons** le pâté.   a. Nous   b. J'

6. _____ **essaie** le lapin.   a. J'   b. Tu

🔊
6-16
ACTIVITÉ **E** **Serveur ou client?** You will hear phrases that are commonly heard in a restaurant. Listen and say aloud whether **un serveur** or **un client** is speaking. Then, check your answers and pronunciation when the speaker provides the correct responses. (8 items)

Modèle: *You hear:* Je vais prendre le steak frites.
You say: **un client**

ACTIVITÉ **F** **Payer ou essayer?** Caroline is describing her and her family's usual habits when dining at a restaurant. Complete the sentences by filling in the appropriate conjugation of either **payer** or **essayer.**

Quand nous dînons au restaurant, mes parents (1) _____ souvent la cuvée maison *(house wine)*. Je n'aime pas (2) _____ les plats bizarres, mais ma sœur (3) _____ toujours quelque chose de nouveau comme dessert. Nous ne/n' (4) _____ pas souvent chacun sa part; mon père (5) _____ par carte de crédit ou mes grands-parents (6) _____ en liquide. Nous (7) _____ de laisser un petit pourboire, même si *(even though)* le service est compris.

ACTIVITÉ **G** **À table!** Complete each sentence about what is located on and around Fabrice's dinner table with **au milieu de, au-dessous de,** or **au-dessus de** based on what is logical.

1. Il y a un bouquet de fleurs _____ la table.

2. Mon chien est _____ la table.

3. Il y a un lustre *(chandelier)* _____ la table.

4. Mes pieds *(feet)* sont _____ la table.

5. Il y a une bouteille de vin _____ la table.

6. Il y a un tableau *(painting)* accroché *(hung)* _____ la table.

ACTIVITÉ **H** **Vos habitudes au restaurant** Answer the questions with complete sentences that describe your personal habits when eating at a restaurant.

1. Est-ce que vous réservez normalement une table? _____

_____

2. Comment préférez-vous payer, en liquide ou par carte de crédit? _____

_____

3. Est-ce que vous laissez un gros pourboire? _____

_____

4. Essayez-vous souvent quelque chose de nouveau quand vous mangez au restaurant? _____

_____

5. Est-ce que le service est compris dans votre restaurant préféré? _____

_____

GRAMMAIRE 3

Pour parler des objets et des gens

Les pronoms compléments d'objet direct

ACTIVITÉ I Qu'est-ce qu'on choisit? Choose the food item that the direct object represents. Then mark **oui** or **non** to indicate if the item could be eaten by a vegetarian.

Modèle: On **la** choisit.   a. le poulet   (b.) la pizza   c. les pâtes   (oui)/ non

1. On **le** choisit.   a. le veau   b. la salade   c. les chips   oui / non
2. On **la** choisit.   a. le bœuf   b. l'omelette   c. les lentilles   oui / non
3. On **le** choisit.   a. l'agneau   b. la dinde   c. les fruits de mer   oui / non
4. On **les** choisit.   a. le tofu   b. la bière   c. les frites   oui / non
5. On **la** choisit.   a. le poisson   b. la soupe   c. les œufs   oui / non
6. On **les** choisit.   a. le jambon   b. la glace   c. les épinards   oui / non
7. On **le** choisit.   a. le brocoli   b. la tarte   c. les asperges   oui / non
8. On **les** choisit.   a. le homard   b. l'eau minérale   c. les carottes   oui / non

6-17

ACTIVITÉ J Les préférences You will hear sentences describing the speaker's food preferences. Choose the food to which the direct object refers.

1. a. le jus d'orange   b. les oranges   5. a. la pizza   b. les pêches
2. a. le maïs   b. les cerises   6. a. le pain   b. les mangues
3. a. le homard   b. les fruits de mer   7. a. le gâteau   b. les biscuits
4. a. le chocolat   b. les pommes   8. a. la laitue   b. les poires

6-18

ACTIVITÉ K Les préférences d'un enfant You will hear sentences about the food preferences of Théo, a typical five-year-old who loves sweets and hates vegetables. Say aloud whether or not he likes each food using a direct object pronoun. Then, check your answers and pronunciation when the speaker provides the correct responses. (6 items)

Modèle: *You hear:* les carottes
You say: **Il ne les aime pas.**

ACTIVITÉ L À Paris Michel saw many people and things on a recent trip to Paris. Choose the item that the direct object represents in each sentence. Pay attention to past participle agreement.

Modèle: Michel l'a vu**e**.   a. le centre Beaubourg   (b.) la tour Eiffel

1. Michel les a vu**es**.   a. les tableaux *(m.)* au Louvre   b. les statues *(f.)* au Musée d'Orsay
2. Michel l'a vu.   a. son ami Robert   b. son amie Violette
3. Michel l'a vu**e**.   a. l'Arc *(m.)* de Triomphe   b. la gare de Lyon
4. Michel les a vu**s**.   a. le jardin du Luxembourg   b. les artistes de Montmartre
5. Michel les a vu**es**.   a. ses cousines   b. ses oncles
6. Michel l'a vu.   a. le Moulin Rouge   b. les Champs-Élysées

ACTIVITÉ Ⓜ **Hier et demain**

Étape 1. Answer the questions about your day yesterday using direct object pronouns.

Modèle: Avez-vous fait la cuisine?
      Je l'ai faite. / Je ne l'ai pas faite.

1. Avez-vous pris le bus? _____

2. Avez-vous fait les devoirs de français? _____

3. Avez-vous regardé la télévision? _____

4. Avez-vous lu *(read)* le journal? _____

5. Avez-vous écouté la radio? _____

Étape 2. Now answer the same questions about your plans for **demain.**

Modèle: Allez-vous faire la cuisine?
      Je vais la faire. / Je ne vais pas la faire.

1. Allez-vous prendre le bus? _____

2. Allez-vous faire les devoirs de français? _____

3. Allez-vous regarder la télévision? _____

4. Allez-vous lire le journal? _____

5. Allez-vous écouter la radio? _____

ACTIVITÉ Ⓝ **Les conseils** Turn each phrase into a piece of advice on how to succeed as a student. Use the imperative form in either the affirmative or negative and a direct object pronoun.

Modèle: regarder la télé tous les jours
      Ne la regardez pas tous les jours!

1. écouter vos profs _____

2. lire votre livre de français _____

3. choisir les cours intéressants _____

4. oublier les devoirs _____

🔊 **ACTIVITÉ** Ⓞ **Dictée: Ce qu'on aime préparer** You will hear five sentences in which the speaker
6-19 discusses cooking habits and preferences. The first time you hear the sentences, do not write anything. Just listen for comprehension. You will then be prompted to listen to the sentences again and to begin writing. You may repeat the recording as many times as necessary. Then, answer the question about what you heard.

_____

_____

_____

_____

_____

Conclusion Est-ce que cette personne est végétarienne? _____

🔊 Liaisons avec les mots et les sons

6-20 ## Les consonnes finales

As you know from **Chapitre 2,** final consonants except for **q, k, b, c, r, f,** and **l** are usually silent in French. However, some words borrowed from other languages may have final consonants besides **q, k, b, c, r, f,** and **l** that are pronounced.

l'index	le foot	le week-end	le bus

Numbers and geographical directions may have final consonants that are pronounced.

six	sept	sud	est

Proper names are also some exceptions.

Agnès	Anaïs	Maghreb	Viêt-Nam

Remember that a **liaison** occurs when a word that normally ends in a silent consonant (**s, t, x,** or **n**) is followed by a word that begins with a vowel sound.

Nous‿adorons ce restaurant	Ils‿ont deux‿enfants

There are also some cases where final consonants that are usually pronounced are not pronounced.

le dîner	le pain blanc	le porc	le tabac

6-21 **Pratique A.** Listen to and repeat the following words, paying special attention to the pronunciation of the final consonants.

1. tennis
2. basket
3. maïs
4. huit
5. dix
6. ouest
7. Laos
8. Guam
9. Frontenac

6-22 **Pratique B.** First, read the sentences and mark where a **liaison** will cause the pronunciation of a final consonant that is normally not pronounced. Then, check your work against the answer key, and listen to and repeat the sentences.

1. Bon appétit!

2. J'ai trois examens.

3. Nous allons acheter des œufs.

4. Il y a deux épiceries près de chez moi.

5. Comment allez-vous?

6. Vous êtes allé aux États-Unis l'été passé?

7. Ils invitent aussi les enfants.

8. Est-il un ami?

6-23 **Pratique C.** Listen to these lines from the film *Liaisons* and circle all the final consonants you hear. Then, mark where the **liaisons** should be. Check your work against the answer key, and then listen to and repeat the lines.

1. CLAIRE: Vous avez dit que vous étiez descendu à l'hôtel, mais…

2. CLAIRE: Votre accent… vous êtes français, n'est-ce pas?

3. ALEXIS: Je suis arrivé au Canada il y a une semaine. Ma famille a des affaires à Québec qui exigent ma présence. Peut-être que nous pourrons nous voir, si vous avez le temps. Et si vous en avez envie, bien sûr.

4. ALEXIS: Mademoiselle, ne vous inquiétez pas. Comme je vous ai déjà dit, je ne suis pas un homme dangereux.

Pratique D.

6-24 **Étape 1.** The speaker will spell out words that make up a sentence. Write down the letters and accent marks you hear. Then, use the words to make a complete sentence that describes the action in the video still.

1. _____

2. _____

3. _____

4. _____

5. _____

6. _____

7. _____

8. _____

9. _____

_____

_____

6-25 **Étape 2.** Now, listen to and repeat the sentence formed with the words you wrote in **Étape 1,** paying special attention to whether or not final consonants are pronounced.

Le courrier électronique

Avant d'écrire

A French student named Anne Hélias has written to tell you about a recent trip to one of her favorite restaurants and would like to know about one of your recent restaurant experiences. Read her e-mail and begin to think about how you might respond to it using the template on the next page.

Écrire un message

↱ ⇨ Envoyer 🖫 Enregistrer 📎 Joindre un fichier   ✗ Annuler

A : Anne Hélias <héliasanne@yahoo.fr>   Accès au Répertoire
Copie : Étudiants de français   ☑ Conserver une copie

Objet : Hier soir au restaurant   **Priorité :** | normale ⇕ |

Salut!

Ça va? Tu passes une bonne semaine? Moi, ça va très bien. Je n'ai pas encore de projets ce week-end, mais je suis sortie hier soir dans mon restaurant préféré avec quelques amis. C'était formidable!

Le restaurant s'appelle La Machonnerie. Nous l'avons choisi parce que la cuisine est bonne mais pas trop chère. La cuvée maison *(house wine)* est aussi très bonne et il y a beaucoup de desserts différents. J'aime l'ambiance dans ce restaurant parce que c'est un restaurant populaire chez les jeunes mais il n'y a pas trop de bruit *(noise)*. On peut parler tranquillement avec ses amis.

Hier soir, j'ai pris du vin blanc comme apéritif et puis tout le monde a pris une salade verte et des moules-frites *(mussels and French fries)*. J'adore commander des moules-frites dans un restaurant parce que c'est quelque chose que je n'aime pas préparer à la maison. On a bien mangé et après on a bu du café. Moi j'ai pris un dessert, de la mousse au chocolat. En plus, nous avons eu un serveur très gentil qui nous a offert le dessert.

Et toi, est-ce que tu es sorti(e) récemment au restaurant? Comment s'appelle-t-il? Le restaurant propose quelle sorte de cuisine? Est-ce qu'il y a une bonne ambiance? Est-ce que ça coûte cher? Dis-moi ce que tu as mangé et ton opinion du restaurant. J'aime avoir de tes nouvelles!

À bientôt.
Anne

Écrire

Using the following template and vocabulary and grammar you have already learned, write an e-mail to Anne consisting of 6–8 French sentences in which you answer her questions and provide additional information about a recent experience you had in a restaurant.

Ecrire un message

╔ ▷ Envoyer ▷ Enregistrer ▢ Joindre un fichier   ✖ Annuler

A : [_____]   Accès au Répertoire
Copie : [_____]   ☑ Conserver une copie

Objet : [_____]   **Priorité :** [normale ⬍]

La **vie** professionnelle

PARTIE **1**

VOCABULAIRE 1

Les professions

ACTIVITÉ A Quelle profession? Choose the most logical description for each profession that you hear.

7-1

Modèle: *You hear:* un infirmier

You see: ⓐ travaille dans un hôpital   b. travaille dans un bureau

1. a. écrit des chansons (*songs*)   b. écrit des romans (*novels*)

2. a. aime les enfants   b. aime les animaux

3. a. écrit des poèmes   b. écrit des articles

4. a. travaille avec les ordinateurs   b. travaille avec les voitures

5. a. travaille dans un bureau   b. travaille dans une usine (*factory*)

6. a. fait bien les maths   b. parle bien les langues étrangères

ACTIVITÉ B Les mots-clés Match each profession with a logical keyword.

1. _____ une agente de police   a. les cheveux

2. _____ un avocat   b. la musique

3. _____ un coiffeur   c. la justice

4. _____ une dentiste   d. un procès (*trial*)

5. _____ une chanteuse   e. les dents

6. _____ un plombier   f. une clé à molette (*wrench*)

7. _____ un pompier   g. les incendies (*fires*)

8. _____ une femme médecin   h. les patients

ACTIVITÉ C Homme ou femme? For each profession that you hear, select the article that indicates whether it refers to a man or a woman.

7-2

1. un / une   **6.** un / une

2. un / une   **7.** un / une

3. un / une   **8.** un / une

4. un / une   **9.** un / une

5. un / une

Nom _____ Date _____

ACTIVITÉ D Les domaines professionnels Select the two professions that correspond to each field of work.

Modèle: le commerce *(business)*   ⓐ une comptable   ⓑ un homme d'affaires   c. un coiffeur

1. les professions médicales   a. une femme médecin   b. un avocat   c. un dentiste
2. l'enseignement *(teaching)*   a. une vendeuse   b. un professeur   c. une enseignante
3. les arts   a. une musicienne   b. un acteur   c. une psychologue
4. le travail manuel   a. un ouvrier   b. un assistant social   c. une femme plombier
5. la fonction publique *(public service)*   a. un journaliste   b. un agent de police   c. une femme pompier

7-3

ACTIVITÉ E Les carrières des célébrités You will hear the names of celebrities. Say aloud the profession of each individual, paying attention to agreement. Then, check your answers and pronunciation when the speaker provides the correct responses. (6 items)

Modèle: *You hear:* Bill Gates
You say: **C'est un informaticien.**

ACTIVITÉ F Qui parle? Choose a profession to complete each sentence.

1. «Dans ma profession, on travaille dehors *(outside)*. Je suis…»   a. agente de police   b. comptable
2. «J'ai étudié pendant longtemps pour mon emploi. Je suis…»   a. coiffeur   b. médecin
3. «Pour ma profession, je travaille dans un magasin. Je suis…»   a. infirmier   b. vendeur
4. «J'ai un emploi dans un restaurant. Je suis…»   a. ingénieur   b. cuisinier
5. «Mon travail c'est d'aider les gens. Je suis…»   a. assistante sociale   b. gérante
6. «Mon salaire n'est pas excellent. Je suis…»   a. secrétaire   b. avocate
7. «Je gagne ma vie en écrivant des chansons. Je suis…»   a. ouvrier   b. musicien
8. «La musicalité n'est pas très importante pour ma profession. Je suis…»   a. femme d'affaires   b. chanteuse

ACTIVITÉ G Les recommandations professionnelles Make a job recommendation for each person based on what you read about him or her. Pay attention to gender agreement.

Modèle: Paul s'intéresse aux sciences et aime aider les gens. Il est très patient.
(acteur/psychologue/homme d'affaires) Paul peut **être psychologue.**

1. Alice est très organisée et elle aime répondre au téléphone, mais elle n'a pas de diplôme universitaire. (médecin/avocat/secrétaire) Alice peut (can) _____.

2. Pierre aime écrire et il s'intéresse aux actualités (current events) et aux problèmes sociaux. (journaliste/ouvrier/musicien) Pierre peut _____.

3. Léo adore les maths et les sciences et il s'intéresse beaucoup aux ordinateurs. (vendeur/informaticien/plombier) Léo peut _____.

4. Emma s'intéresse à la médecine, mais elle ne veut (want) pas être médecin. (infirmier/cuisinier/enseignant) Emma peut _____.

5. Christophe s'intéresse au droit (law). Il écrit bien et il aime le débat. (pompier/avocat/ingénieur) Christophe peut _____.

ACTIVITÉ H Les avantages et les inconvénients Choose a profession from the list and, using any of the considerations provided or others of your preference, write a short paragraph of at least three sentences in which you describe some advantages (**les avantages**) and disadvantages (**les inconvénients**) of that profession.

Professions possibles: un infirmier/une infirmière, un cuisinier/une cuisinière, un(e) assistant(e) social(e), un homme/une femme d'affaires, un(e) journaliste, un vendeur/une vendeuse, un(e) enseignant(e), un(e) avocat(e), un(e) agent(e) de police, un médecin/une femme médecin, un(e) dentiste, un ingénieur/une femme ingénieur, un(e) secrétaire

Considérations: l'emploi du temps, les heures de travail, le nombre de postes disponibles (available), le salaire, la possibilité d'une carrière, les collègues typiques, la clientèle, le patron/la patronne, le stress, le danger ou les risques, le lieu de travail, le prestige social, etc.

Modèle: Il y a des avantages et des inconvénients pour les gérants. Ils gagnent pas mal leur vie mais ils travaillent dur. Ils sont typiquement responsables d'un groupe d'employés et il y a du stress. Les employés et les clients ont parfois des problèmes. Ils font souvent de longues journées de travail et travaillent même la nuit ou le week-end. Mais ils ont du prestige social et il y a généralement des possibilités de carrière.

_____

_____

_____

_____

_____

_____

_____

GRAMMAIRE 1

Pour décrire qui fait quoi à qui

Les pronoms compléments d'objet indirect

ACTIVITÉ I À qui? In each sentence, choose the person(s) to which the indirect object pronoun refers.

1. Je **lui** donne mes devoirs.   a. au professeur   b. aux professeurs
2. Je **leur** téléphone souvent.   a. à mon patron   b. à mes patrons
3. Je **lui** parle chaque semaine.   a. à mon psychologue   b. à mes psychologues
4. Je **lui** réponds toujours.   a. à l'avocat   b. aux avocats
5. Je **leur** dis «bonjour» tous les jours.   a. au secrétaire   b. aux secrétaires
6. Je **leur** pose beaucoup de questions.   a. à l'informaticien   b. aux informaticiens

ACTIVITÉ J Parler à qui? Listen to each sentence and choose the person(s) to which the indirect object pronoun refers.

7-4

1. a. à vous   b. à nous   c. à mes amis   4. a. à la mère   b. aux parents   c. à vous
2. a. à vous   b. aux patrons   c. à nous   5. a. à nous   b. à vous   c. à Léa
3. a. à Pierre et Jean   b. à moi   c. à Pierre   6. a. à vous   b. aux gérants   c. à toi

ACTIVITÉ K Qu'est-ce qu'on donne? Using an indirect object pronoun, write whether or not you normally give these people these items as birthday presents.

Modèle: (des fleurs, à ma mère) **Je lui donne des fleurs.** *or* **Je ne lui donne pas de fleurs.**

1. (un DVD, à mon meilleur ami) _____

2. (du vin, à mes colocataires) _____

3. (des livres, à mes professeurs) _____

4. (des vêtements, à mon frère/ma sœur) _____

5. (une carte, au facteur [*mailman*]) _____

6. (un stylo, à mon patron) _____

ACTIVITÉ L Questions personnelles Answer the following questions about yourself. Replace the underlined words with indirect object pronouns and be careful of pronoun placement.

Modèle: Allez-vous envoyer un courriel <u>à votre professeur de français</u> ce soir?
     Je vais lui envoyer un courriel ce soir. *or* **Je ne vais pas lui envoyer de courriel ce soir.**

1. Préférez-vous téléphoner ou envoyer des textos (*text messages*) <u>à vos amis</u>? _____

_____

2. Avez-vous posé des questions <u>à vos professeurs</u> en classe la semaine passée? _____

_____

3. Aimez-vous prêter des vêtements <u>à votre colocataire</u>? _____

_____

4. Avez-vous parlé <u>à votre meilleur(e) ami(e)</u> hier? _____

_____

ACTIVITÉ M Qui reçoit quoi? Thomas and his brother like similar things except when it comes to electronics. Thomas is interested in electronics, but his brother is not. Using an indirect object pronoun, say aloud whether each gift item you hear will be given by their parents to just Thomas or to both brothers. Then, check your answers and pronunciation when the speaker provides the correct responses. (6 items)

Modèle: *You hear:* un iPod
You say: **Ils lui donnent un iPod.**

ACTIVITÉ N Les ordres A boss is telling his employees what to do. Turn the expressions into orders using indirect object pronouns. Make the orders affirmative or negative based on what seems the most logical.

Modèle: (répondre à moi vite)
Répondez-moi vite!

1. (écrire des courriels à vos amis) _____

2. (envoyer ces papiers à la cliente) _____

3. (demander à la secrétaire de laver votre voiture) _____

4. (téléphoner à moi après 8h00 du soir) _____

5. (poser des questions à moi si c'est nécessaire) _____

6. (donner un coup de main *[give a helping hand]* à vos collègues) _____
_____

ACTIVITÉ O Objet direct ou indirect? Choose the verb that goes with the object pronoun.

1. Marie le _____ tous les jours.   a. regarde   b. téléphone

2. Sophie leur _____ souvent.   a. fait   b. écrit

3. Nathan lui _____ toujours.   a. répond   b. étudie

4. Noah les _____ de temps en temps.   a. lit   b. téléphone

5. Camille la _____ rarement.   a. fait   b. parle

6. Matéo lui _____ maintenant.   a. parle   b. aime

ACTIVITÉ P Dictée: Élisabeth au travail You will hear four sentences in which Élisabeth is describing a great day at work. The first time you hear the sentences, do not write anything. Just listen for comprehension. You will then be prompted to listen to the sentences again and to begin writing. You may repeat the recording as many times as necessary. Then, based on what you heard and wrote, indicate Élisabeth's profession.

_____

_____

_____

_____

_____

_____

_____

Conclusion Élisabeth est...   a. coiffeuse   b. gérante   c. enseignante   d. infirmière

PARTIE **2**

VOCABULAIRE **2**

Les atouts professionnels

7-7

ACTIVITÉ A Les atouts professionnels Select the person being described.

Modèle: *You see:* a. un psychologue   b. un informaticien
You hear: J'ai de bonnes capacités de communication.
You select: **a**

1. a. un agent de police   b. un comptable   5. a. une journaliste   b. une femme plombier
2. a. un dentiste   b. un musicien   6. a. un enseignant   b. un coiffeur
3. a. une chanteuse   b. une secrétaire   7. a. un employé   b. un étudiant
4. a. un cuisinier   b. un comique   8. a. un ingénieur   b. un chanteur

ACTIVITÉ B Qu'est-ce qui ne va pas? Which word does not belong in the group?

1. avoir le goût du travail / farfelu / acharné / travailleur

2. drôle / avoir le sens de l'humour / sensible / amusant

3. têtu / coincé / inflexible / loyal

4. précis / organisé / extraverti / bon avec les chiffres

5. déloyal / professionnel / exigeant / rigoureux

7-8

ACTIVITÉ C Souhaitable ou non? Read the ad that Marc posted on a roommate search website. Then, listen to the sentences and mark **oui** or **non** to indicate whether each person would be compatible with Marc.

> Je cherche un colocataire indépendant et facile à vivre *(easy-going)*. J'ai des heures de travail très tôt le matin, donc je cherche quelqu'un de respectueux et de responsable. Je suis souvent de bonne humeur et je n'aime pas les disputes. Il faut aimer les chiens.

1. oui / non   4. oui / non

2. oui / non   5. oui / non

3. oui / non   6. oui / non

ACTIVITÉ D Quelqu'un de... Match each descriptive phrase to the logical individual.

1. _____ quelqu'un de créatif   a. Donald Trump
2. _____ quelqu'un d'acharné   b. Hillary Clinton
3. _____ quelqu'un de très intelligent   c. Pablo Picasso
4. _____ quelqu'un de déloyal   d. Benedict Arnold
5. _____ quelqu'un de diplomatique   e. Albert Einstein
6. _____ quelqu'un de drôle   f. Jon Stewart

ACTIVITÉ E **Les contraires** A boss is interviewing potential employees and is looking for the opposites of the qualities they possess. You will hear statements describing a personal quality. Say aloud the boss's response. Then, check your answers and pronunciation when the speaker provides the correct responses. (6 items)

Modèle: *You hear:* Je suis inflexible.
       You say: **Je préfère quelqu'un de flexible.**

ACTIVITÉ F **Quel atout professionnel?** Write a sentence using a word or phrase from the **lexique** to describe each individual.

LEXIQUE	
AVOIR DE BONNES CAPACITÉS DE COMMUNICATION	ÊTRE SOUVENT DE MAUVAISE HUMEUR
AVOIR LE GOÛT DU TRAVAIL	ÊTRE DU MATIN
AVOIR LE SENS DE L'HUMOUR	ÊTRE FARFELU(E)
ÊTRE DU SOIR	

Modèle: Caroline aime bien se réveiller à 6 heures du matin pour travailler.
      Caroline est du matin.

1. Pierre n'est pas organisé. Il perd souvent ses clés et ne sait jamais l'heure. _____

_____

2. Katie a plusieurs buts (*goals*) professionnels et travaille beaucoup pour les réaliser (*to reach them*). _____

_____

3. Edgar s'exprime (*expresses himself*) bien et il est très compréhensif. _____

_____

4. Jeanne adore rire (*to laugh*) et aime bien les histoires amusantes. _____

_____

5. Carla se plaint (*complains*) souvent et n'est jamais contente de sa situation. _____

_____

ACTIVITÉ G **Et vous?** In a paragraph of 5–6 sentences, write about your own personal qualities and professional skills using the vocabulary in this lesson for inspiration. Address both your strengths and your weaknesses and tell how they are going to affect your chosen profession.

Modèle: **Je suis bon avec les chiffres et très organisé. C'est bien parce que je vais être comptable. Mais je suis du soir et je ne vais pas aimer partir tôt pour aller au travail!**

_____

_____

_____

_____

_____

_____

GRAMMAIRE 2

Pour parler des désirs, des capacités et des obligations

Les verbes *vouloir, pouvoir, devoir* / Les pronoms *y* et *en*

ACTIVITÉ **H** **Père ou fils?** Do these sentences describe an adult father or his 15-year-old son?

1. Il doit conduire *(drive)* tous les jours pour aller au travail.	a. un père	b. son fils de 15 ans
2. Il veut conduire mais il ne peut pas encore.	a. un père	b. son fils de 15 ans
3. Il doit aller à l'école tous les jours.	a. un père	b. son fils de 15 ans
4. Il ne veut pas passer le week-end avec sa famille.	a. un père	b. son fils de 15 ans
5. Il peut boire de l'alcool.	a. un père	b. son fils de 15 ans
6. Il ne peut pas boire d'alcool.	a. un père	b. son fils de 15 ans
7. Il doit payer les factures *(bills)*.	a. un père	b. son fils de 15 ans
8. Il veut sortir en famille au restaurant.	a. un père	b. son fils de 15 ans

7-10

ACTIVITÉ **I** **Désir, obligation ou capacité?** Listen as the speaker describes the wants, needs, and abilities of his family. For each sentence, mark **désir**, **obligation**, or **capacité**.

1. désir / obligation / capacité   5. désir / obligation / capacité

2. désir / obligation / capacité   6. désir / obligation / capacité

3. désir / obligation / capacité   7. désir / obligation / capacité

4. désir / obligation / capacité   8. désir / obligation / capacité

ACTIVITÉ **J** **Sophie au travail** Sophie is describing herself and those she works with. Choose the correct subject for each sentence.

1. _____ **dois** arriver à l'hôpital à 6h00 du matin.	a. Je	b. Mon collègue
2. _____ **pouvons** prendre le déjeuner ensemble.	a. Mes collègues	b. Mes collègues et moi
3. _____ ne **veulent** pas rester longtemps à l'hôpital.	a. Le patient	b. Les patients
4. _____ **veux** travailler avec les gentils patients.	a. Mon patron	b. Je
5. _____ **peut** me poser des questions.	a. Le médecin	b. Les médecins
6. _____ **doivent** m'écouter.	a. Le patient	b. Les patients
7. _____ **peuvent** me faire appeler *(page me)*.	a. Mon collègue	b. Mes collègues
8. _____ **doit** tout stériliser pour certains patients.	a. On	b. Nous

Conclusion Sophie est…   a. avocate   b. infirmière   c. femme ingénieur

7-11

ACTIVITÉ **K** **Quel sujet?** You will hear sentences describing peoples' weekend plans. Choose the correct subject for each sentence

1. Il / Ils   5. Elle / Elles

2. Il / Ils   6. Elle / Elles

3. Il / Ils   7. Elle / Elles

4. Il / Ils   8. Elle / Elles

Conclusion Qui va passer un week-end reposant *(relaxing)*?   a. les hommes   b. les femmes

ACTIVITÉ ⓛ Marie veut ou Marie doit? Marie is a college student who loves to relax and spend time with friends but who hates to study. You will hear various activities. Say aloud whether Marie *wants to* or *must* do each activity based on what you know about her. Then, check your answers and pronunciation when the speaker provides the correct responses. (6 items)

Modèle: *You hear:* écrire une composition
You say: **Marie doit écrire une composition.**

ACTIVITÉ Ⓜ C'est qui? Write a logical sentence with the given information.

Modèle: pouvoir / jouer des instruments (un vendeur ou un musicien?)
Un musicien peut jouer des instruments.

1. devoir / aller en classe (les étudiants ou les dentistes?) _____

_____

2. vouloir / aider les étudiants (un enseignant ou un gérant?) _____

_____

3. pouvoir / réparer les ordinateurs (un médecin ou un informaticien?) _____

_____

4. devoir / être bon avec les chiffres (un acteur ou un comptable?) _____

_____

5. vouloir / faire la cuisine (les cuisiniers ou les coiffeurs?) _____

_____

6. pouvoir / installer les lavabos (les plombiers ou les agents de police?) _____

_____

ACTIVITÉ Ⓝ Le pronom *y* Select what the pronoun **y** is replacing.

1. J'y mets normalement mes devoirs.	a. dans mon sac à dos	b. mon bureau
2. J'y vais chaque samedi matin.	a. la boucherie	b. à l'hypermarché
3. J'y suis arrivé en avance.	a. chez le médecin	b. l'hôpital
4. J'y ai pensé hier en classe.	a. à mes projets	b. à mes parents
5. Je veux y aller demain avec un ami.	a. un restaurant	b. au concert
6. Je peux y voyager cet été.	a. la France	b. au Québec

ACTIVITÉ Ⓞ Le pronom *en* Select what the pronoun **en** is replacing.

1. J'en prends souvent avec le déjeuner.	a. le lait	b. de l'eau
2. J'en ai beaucoup chez moi.	a. des plantes	b. les photos
3. J'en ai acheté hier au marché.	a. du pain	b. le beurre
4. J'en ai écouté hier soir.	a. la radio	b. de la musique
5. Je préfère en boire le matin.	a. du café	b. le thé
6. Je dois en acheter pour un cours.	a. les cahiers	b. des livres

ACTIVITÉ **P** *Y ou en?* Correctly complete each sentence with **y** or **en.**

1. J'aime aller à Starbucks, et j'_____ suis allé hier soir pour étudier.

2. Je réussis souvent aux examens, mais mon copain _____ réussit rarement.

3. Mes amis ont envie de sortir ce soir, mais je n'_____ ai pas envie.

4. Mon frère n'aime pas prendre d'escargots, mais je vais _____ prendre ce soir.

5. Mon ami n'aime pas répondre aux questions en classe, mais j'adore _____ répondre.

6. Nous parlons souvent de musique; en fait, nous _____ avons parlé ce matin.

ACTIVITÉ **Q** **La journée de Sébastien** You will hear sentences describing what Sébastien is doing today. Rephrase each sentence using **y** or **en** as needed and say it aloud. Then, check your answers and pronunciation when the speaker provides the correct responses. (6 items)

Modèle: *You hear:* Sébastien achète du lait.
You say: **Sébastien en achète.**

ACTIVITÉ **R** **Et vous?** Answer the questions, replacing the underlined phrases with **y** or **en.** Pay attention to pronoun placement.

Modèle: Pensez-vous souvent à vos devoirs?
J'y pense souvent. *or* **Je n'y pense pas souvent.**

1. Avez-vous peur des chiens? _____

_____

2. Allez-vous souvent à la bibliothèque? _____

_____

3. Avez-vous vu beaucoup de films l'année passée? _____

_____

4. Êtes-vous déjà allé(e) en Europe? _____

_____

5. Aimez-vous mettre du sucre dans le café? _____

_____

6. Voulez-vous acheter une nouvelle voiture? _____

_____

ACTIVITÉ S **Le bon ordre** Unscramble the words to create answers to each question.

Modèle: Est-ce que Claire <u>parle à Abia</u> <u>de ses projets</u>? lui / en / elle / parle
Elle lui en parle.

1. Est-ce que Pierre donne <u>les livres</u> <u>à son professeur</u>? donne / il / lui / les

_____

2. Est-ce que Bernadette a mis <u>des papiers</u> <u>dans son bureau</u>? a / pas / n' / y / elle / en / mis

_____

3. Est-ce que François aime regarder <u>les films</u> <u>chez lui</u>? y / regarder / aime / il / les

_____

4. Est-ce qu'Élisabeth donne <u>deux</u> <u>cadeaux</u> <u>à sa mère</u>? ne / pas / deux / donne / elle / en / lui

_____

ACTIVITÉ T **Les conseils** Answer the questions with advice for someone interviewing for a new job. Use the affirmative or negative as needed and replace the underlined phrases with the appropriate pronouns.

Modèle: Est-ce qu'on amène <u>sa mère</u> <u>à l'entretien</u> (interview)?
On ne l'y amène pas.

1. Est-ce qu'on donne <u>son CV</u> (résumé) <u>au gérant</u>? _____

_____

2. Est-ce qu'on parle <u>au gérant</u> <u>de ses atouts professionnels</u>? _____

_____

3. Est-ce qu'on montre <u>les photos de ses chats</u> <u>au gérant</u>? _____

_____

4. Est-ce qu'on dit <u>la vérité</u> (tell the truth) <u>au gérant</u>? _____

_____

ACTIVITÉ U **Questions personnelles** Answer the questions in complete sentences.

1. Qu'est-ce que vous voulez faire après les études? _____

_____

2. Que pouvez-vous faire maintenant pour vous garantir (ensure) une bonne carrière? _____

_____

3. Qu'est-ce qu'on doit faire pour préparer un bon entretien d'embauche (job interview)? _____

_____

4. Une future carrière est importante, mais est-ce qu'il faut y penser dès qu'on commence (as soon as one begins) ses études universitaires? Pourquoi ou pourquoi pas? _____

_____

ACTIVITÉ V Dictée: Daniel et Camille Daniel and Camille are discussing their plans for the evening. The first time you hear the conversation, do not write anything. Just listen for comprehension. You will then be prompted to listen to the conversation again and to begin writing. You may repeat the recording as many times as necessary. Then, based on what you heard and wrote, indicate which one of the two is pickier about the plans.

DANIEL: _____

_____

CAMILLE: _____

_____

DANIEL: _____

_____

CAMILLE: _____

_____

DANIEL: _____

Conclusion Qui est plus difficile, Daniel ou Camille? _____

PARTIE 3

VOCABULAIRE 3

La formation et les dépenses

ACTIVITÉ A Quelle faculté? For each college or school name that you hear, select the person that would most logically have been educated there.

7-15

Modèle: *You see:*   a. un acteur   b. un coiffeur   c. un assistant social
You hear: une école professionnelle
You select: **b**

1. a. un infirmier	b. un plombier	c. un dentiste
2. a. un enseignant	b. un musicien	c. un avocat
3. a. un agent de police	b. un homme d'affaires	c. un ingénieur
4. a. un professeur d'anglais	b. un comptable	c. un pompier
5. a. un médecin	b. un pompier	c. un ouvrier
6. a. un vendeur	b. un agent de police	c. un informaticien

ACTIVITÉ B La formation Choose a logical conclusion for each sentence. You may choose both options if they are both logical answers.

1. Un ingénieur	a. a obtenu une licence.	b. a réussi à son baccalauréat.
2. Un professeur d'université	a. n'a pas fini le collège.	b. a reçu un doctorat.
3. Une femme d'affaires	a. a fait un stage dans le passé.	b. a obtenu un MBA.
4. Un comptable	a. a arrêté ses études après le lycée.	b. a un master.
5. Un plombier	a. a reçu une formation spécifique.	b. a fait des études supérieures.
6. Un informaticien	a. a un diplôme universitaire.	b. a étudié à la faculté de droit.

ACTIVITÉ C Où doit-on aller? You will hear statements about individuals' career goals. Say aloud what kind of college or school each should attend. Then, check your answers and pronunciation when the speaker provides the correct responses. (5 items)

7-16

Modèle: *You hear:* Claude veut être professeur de français.
You say: **Il doit aller à la faculté de lettres et de sciences humaines.**

ACTIVITÉ D Dépenser ou faire des économies? Indicate whether these people are increasing their personal savings by selecting + or –.

1. Julie va souvent au distributeur automatique pour retirer de l'argent.   + / –

2. Dina doit rembourser vingt dollars à un ami.   + / –

3. Jacques fait des économies pour sa retraite *(retirement)*.   + / –

4. Lucas dépose de l'argent chaque mois sur son compte-chèques.   + / –

5. Raphaël réussit chaque mois à faire des économies.   + / –

6. Manon utilise souvent ses trois cartes de crédit.   + / –

7. Jules garde les pièces de monnaie dans une tirelire *(piggy bank)*.   + / –

8. Clara dépense de l'argent quand elle s'ennuie *(is bored)*.   + / –

ACTIVITÉ **E** **Un matin à la banque** You will hear customers making requests to a bank teller. Select the most logical response to each request.

7-17

a. _____ Il y en a deux à côté de la banque sur le trottoir.

b. _____ Bien sûr. Voulez-vous deux billets de dix dollars?

c. _____ D'accord, quel est le numéro de votre compte?

d. _____ Avez-vous essayé d'utiliser la carte récemment?

e. _____ Oui, il y a une carte de crédit faite exprès *(specially made)* pour les étudiants.

f. _____ Combien d'argent voulez-vous retirer?

ACTIVITÉ **F** **Les mots manquants** Fill in the blanks with vocabulary from the **lexique**.

LEXIQUE		
SON BACCALAURÉAT	EMPRUNTER	UNE LICENCE
UNE BOURSE D'ÉTUDES	LA FACULTÉ DE LETTRES ET DE SCIENCES HUMAINES	UN PRÊT ÉTUDIANT

À la fin du lycée, Estelle a réussi à (1) _____ et elle va maintenant aller à l'université pour

obtenir *(to get, obtain)* (2) _____. Elle a choisi l'histoire comme spécialité académique donc

elle va étudier à (3) _____. Elle a de la chance parce qu'elle a obtenu (4) _____;

elle ne doit pas payer les frais de scolarité et elle n'a pas besoin de/d' (5) _____. Elle est très

contente parce qu'elle n'aime pas (6) _____ de l'argent.

ACTIVITÉ **G** **Questions personnelles** Answer each question with a complete sentence.

Modèle: Utilisez-vous souvent une carte bancaire?
J'utilise souvent une carte bancaire. *or* **Je n'utilise pas souvent une carte bancaire.**

1. Préférez-vous payer en liquide, par chèque ou par carte de crédit? _____

_____

2. Avez-vous un prêt étudiant? _____

_____

3. Allez-vous souvent au distributeur automatique? _____

_____

4. Essayez-vous de faire des économies? _____

_____

ACTIVITÉ **H** **Les étudiants américains** Write 3–4 sentences describing the spending habits of American college students. How do they pay for things? What types of bank accounts do they have? Do they prefer to spend or save money?

Les étudiants américains… _____

_____

_____

_____

_____

Nom _____ Date _____

GRAMMAIRE 3

Pour faire des comparaisons

Les expressions de comparaison et les superlatifs

ACTIVITÉ I Vrai ou faux? Mark each sentence **vrai (V)** or **faux (F)**.

1. La ville de New York est **plus grande que** la ville de Chicago. V / F
2. Oprah Winfrey est **moins riche que** Hillary Clinton. V / F
3. Un train est **aussi rapide qu'**un avion. V / F
4. Un désert a **plus de plantes qu'**une forêt. V / F
5. L'Antarctique a **moins d'habitants** (*inhabitants*) **que** l'Europe. V / F
6. Un vélo a **autant de roues** (*wheels*) **qu'**une moto (*motorcycle*). V / F
7. Un chien court (*runs*) **plus vite qu'**un guépard (*cheetah*). V / F
8. Un éléphant chante **plus mal qu'**un rossignol (*nightingale*). V / F
9. Un dauphin (*dolphin*) nage **mieux qu'**un chat. V / F
10. Une médaille d'or (*gold medal*) est **mieux qu'**une médaille d'argent (*silver medal*). V / F

7-18

ACTIVITÉ J Les comparaisons de Mickaël You will hear Mickaël making comparisons. Answer the questions based on what he says.

1. Qui a plus de devoirs?   a. Mickaël   b. ses amis
2. Qui parle mieux anglais?   a. Mickaël   b. sa petite amie
3. Mickaël aime mieux…   a. les films d'action   b. les films d'horreur
4. Qui a plus d'argent sur son compte-chèques?   a. Mickaël   b. son frère
5. Mickaël aime mieux…   a. la cuisine mexicaine   b. la cuisine japonaise
6. Qui chante mieux?   a. Mickaël   b. sa sœur

ACTIVITÉ K Le travail de Gabriel Choose the word or phrase that correctly completes each sentence about Gabriel's job.

1. Les cuisiniers travaillent _____ heures que les serveurs.   a. aussi   b. autant d'
2. Je suis _____ occupé que les autres serveurs.   a. aussi   b. autant d'
3. Nos desserts sont _____ que ceux (*those*) du restaurant à côté. a. meilleurs b. mieux
4. Notre chef prépare le poisson _____ que moi.   a. meilleur   b. mieux
5. Le nouveau gérant est _____ que l'ancien (*former*) gérant.   a. pire   b. plus mal
6. J'ouvre les bouteilles de vin _____ lentement que les autres serveurs. a. plus b. plus de

Conclusion Gabriel travaille…   a. dans une école   b. dans un bureau   c. dans un restaurant

ACTIVITÉ L Encore des comparaisons Choose logical comparison words and form complete sentences with the information given. Pay attention to agreement where needed.

Modèle: l'Australie / être / petite / l'Asie
        L'Australie est plus petite que l'Asie.

1. les vélos / coûter / cher / les voitures _____

_____

2. un enfant de 5 ans / avoir / devoirs / un étudiant universitaire _____

_____

3. un poisson / nager / bien / un chien _____

_____

4. la France / être / grand / le Luxembourg _____

_____

ACTIVITÉ M Les records Complete each sentence with the correct answer.

1. Le plus grand continent du monde est	a. l'Amérique du Sud.	b. l'Asie.
2. Le plus petit état des États-Unis est	a. le Texas.	b. le Rhode Island.
3. L'animal **le plus rapide** du monde est	a. le guépard *(cheetah)*.	b. le tigre.
4. La montagne **la plus haute** du monde est	a. le mont Everest.	b. le mont Blanc.
5. Le pays **le plus peuplé** du monde est	a. la Chine.	b. les États-Unis.
6. La région **la plus chaude** des États-Unis est	a. la côte pacifique.	b. la vallée de la mort.
7. Le plus petit continent du monde est	a. l'Afrique.	b. l'Australie.
8. Le pays **le plus petit** du monde est	a. le Vatican.	b. la Belgique.

ACTIVITÉ N Les meilleurs et les pires Write sentences using superlatives giving your opinions on these topics. Pay attention to agreement where needed.

Modèles: (cours / intéressant) **Le cours le plus intéressant est le cours de biologie.**
(actrice / bon) **La meilleure actrice est Meryl Streep.**

1. (cours / difficile) _____

2. (restaurant / mauvais) _____

3. (athlète / doué) _____

4. (film / bon) _____

5. (ville / beau) _____

6. (chanson / populaire) _____

ACTIVITÉ O Dictée: Monsieur et Madame Dubois You will hear Mr. and Mrs. Dubois having
a friendly argument about whose profession is better. The first time you hear the conversation, do not write
anything. Just listen for comprehension. You will then be prompted to listen to the conversation again and
to begin writing. You may repeat the recording as many times as necessary. Then, answer the question
based on what you heard and wrote.

M. Dubois: _____

Mme Dubois: _____

M. Dubois: _____

Mme Dubois: _____

M. Dubois: _____

Mme Dubois: _____

Conclusion Qui a gagné la dispute? _____

Nom _____ Date _____

7-20
Liaisons avec les mots et les sons

Les voyelles ouvertes et fermées: o / au / eau

You have already seen how the **o** vowel sound can be written in different ways in French (**o** / **au** / **eau**). It is important to learn now that two sounds are associated with **o**.

The first sound is called an open **o**. This sound is often found in a syllable that ends with a pronounced consonant. This sound is more frequent in French.

| sp**o**rt | pr**o**f | ad**o**re | **o**ffre | n**o**tre | téléph**o**ne | b**o**l | h**o**rloge |

The second sound is called a closed **o**. This sound is usually, but not always, the last sound of the syllable. It can be spelled **o, ô, au,** or **eau**.

| h**ô**tel | bat**eau** | f**au**te | bur**eau** | g**au**che | m**o**t | vél**o** | gr**o**s |

However, when the **o** is followed by the pronounced consonant **s,** which creates the **z** sound, it is pronounced as a closed **o**.

| cho**s**e | ro**s**e | propo**s**e | dépo**s**e | po**s**er | philo**s**ophie | prépo**s**itions |

7-21 **Pratique A.** Listen to and repeat the following words.

Les voyelles ouvertes	Les voyelles fermées
1. un poste	7. beau
2. une école	8. tôt
3. une porte	9. une profession
4. le collège	10. trop
5. la formation	11. déposer
6. les frais de scolarité	12. le dos

7-22 **Pratique B.** First, underline the open **o** vowels and circle the closed **o** vowels in these sentences. Then, check your work and listen to and repeat the sentences.

1. J'ai un doctorat de biologie.

2. Tu as un gros appareil photo.

3. J'adore le veau, mais ce restaurant ne l'offre *(offer)* pas.

4. Mon prof m'a dit que mes notes sont mauvaises.

5. Elle a reçu une bonne formation.

6. Mon ordinateur est sur le bureau.

7. On va au bistrot pour prendre un pot *(have a drink)*?

7-23 **Pratique C.** Listen to these lines from the film *Liaisons*, underlining all the open **o** vowels and circling all the closed **o** vowels. Then, check your work and listen to and repeat the lines.

1. CLAIRE: Cet hôtel est un vrai château. Il est encore plus beau que je l'avais imaginé *(than I had imagined)*.

2. RÉCEPTIONNISTE: C'est un cadeau? C'est votre anniversaire?

3. CLAIRE: Savez-vous si quelqu'un a déposé une enveloppe pour moi à ma chambre?

4. CLAIRE: Je suis étudiante en doctorat à l'Université McGill. J'étudie la psychologie clinique.

5. CLAIRE: … Abia, aujourd'hui j'ai reçu une clé pour un coffre-fort.

Pratique D.

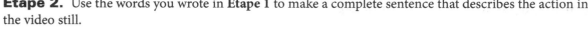

7-24 **Étape 1.** The speaker will spell out words that make up a sentence. Write the letters and accent marks you hear. (Hint: **trait d'union** means *hyphen*.)

1. _____   7. _____

2. _____   8. _____

3. _____   9. _____

4. _____   10. _____

5. _____   11. _____

6. _____

Étape 2. Use the words you wrote in **Étape 1** to make a complete sentence that describes the action in the video still.

_____

_____

 Étape 3. Now, listen to and repeat the sentence formed with the words you wrote in **Étape 2,** paying
7-25 special attention to the open and closed **o** vowels.

Blog *Liaisons*

Avant de bloguer

In **Séquence 4** of the film *Liaisons*, you saw Claire arrive at the Château Frontenac and receive a mysterious envelope containing a key. The concierge suggested that the key is for a safety deposit box. Then Claire had another unexpected run-in with Alexis in the city of Quebec. In this blog, discuss two possibilities of what the key may be for. Conclude your blog by making one comparison between **Séquence 4** and a previous **séquence** you have seen.

Consider: What could this key be for? Is the concierge correct that it is for a safety deposit box? If so, what is in the box? If not, what is another possibility for the key? Don't forget to make a comparison at the end of your blog. Is this segment more or less interesting or mysterious than a previous segment? Why? For example, you may begin your comparison with: **Cette séquence est…** or **La scène où Claire trouve la clé est…**

Jot down your ideas in the following box before writing your blog.

Bloguer

Using the template on the next page, write your blog about **Séquence 4**. Fill it in with at least six sentences in French describing your thoughts or reactions. Don't forget to think of a title (and maybe a slogan) and to date your blog!

Titre du blog (C'est le nom de votre blog. Exemple: Les fanas de *Liaisons*)

_____

_____

Slogan (C'est le thème de votre blog. Exemple: Petites et grandes réactions par John Smith)

_____

_____

Titre de votre article (Exemple: La clé mystérieuse)

_____

_____

Date _____

Article _____

_____

_____

_____

_____

_____

_____

_____

_____

_____

_____

_____

_____

_____

_____

Les **événements marquants** CHAPITRE

VOCABULAIRE 1

Les événements historiques

8-1

ACTIVITÉ A Quel personnage important? In **Étape 1,** listen to each designation and select the name that goes with it. In **Étape 2,** listen to each name, and write the appropriate designation.

Étape 1

1. a. Henry IV   b. Charlemagne
2. a. Samuel de Champlain   b. Jacques Cartier
3. a. Napoléon 1er b. Victor Hugo
4. a. Claude Debussy   b. Félix Leclerc
5. a. Léopold Senghor   b. Louis XIV

Étape 2

6. _____
7. _____
8. _____
9. _____
10. _____

ACTIVITÉ B Les associations For each list, select the word that does not seem to belong.

1. a. une colonie   b. la colonisation   c. la décolonisation   d. le président
2. a. un empereur   b. un poète   c. la richesse   d. une reine
3. a. une révolution   b. la réforme   c. la tranquillité   d. le changement
4. a. la guerre   b. la paix   c. les disputes   d. le conflit
5. a. la tolérance   b. la paix   c. pacifique   d. l'intolérance
6. a. une république   b. un homme politique   c. la monarchie   d. une démocratie
7. a. le passé   b. la modernité   c. aujourd'hui   d. récent
8. a. les femmes   b. une colonie   c. la liberté   d. le mouvement féministe

ACTIVITÉ C Quelle date et quel événement? Write the date you hear. Then, select the event for that date.
8-2

Modèle: *You hear:* le 14 juillet 1789
      You write: **le 14 juillet 1789**
      You select: **La prise de la Bastille**

La date	L'événement
1. _____ _____	a. La déclaration de l'indépendance américaine
2. _____ _____	b. La Grande Charte *(Magna Carta)* est signée.
3. _____ _____	c. La Bataille de Waterloo
4. _____ _____	d. Colomb a découvert les Amériques.
5. _____ _____	e. La fin de la Première Guerre mondiale *(WWI)*.
6. _____ _____	f. L'attentat contre le World Trade Center

ACTIVITÉ D Naissances et morts You will hear the speaker talk about the birth or death of a notable French figure. Say aloud the year in which the particular person was born or died. Then, check your answers and pronunciation when the speaker provides the correct responses. (6 items)

> **LEXIQUE**
>
> CHARLES DE GAULLE (1890–1970)   HENRI IV (1553–1610)   JEAN-JACQUES ROUSSEAU (1712–1778)
>
> COCO CHANEL (1883–1971)   JEANNE D'ARC (1412–1431)   NAPOLÉON BONAPARTE (1769–1821)

Modèle: *You hear:* la naissance de Charles de Gaulle
You say: **1890**

ACTIVITÉ E Et les femmes alors? Choose the proper designation for these women.

Modèle: Joséphine de Beauharnais, c'était... **une impératrice.**

1. Margaret Thatcher, c'était… _____

2. Marie-Antoinette, c'était… _____

3. Maya Angelou, c'est… _____

4. Mariama Bâ, c'était… _____

5. Jeanne d'Arc, c'était… _____

6. Hillary Clinton, c'est… _____

ACTIVITÉ F Quelques moments historiques Choose the correct verb for these sentences and conjugate the verb in the past tense. Then, decide if the event was part of French (**F**) or American (**A**) history.

1. Napoléon _____ (perdre/gagner) la Bataille de Waterloo.   _____

2. Un traité a été signé et on _____ (perdre/gagner) la guerre en 1783.   _____

3. Clovis _____ (fonder/aider) une monarchie.   _____

4. Les Algériens _____ (gagner/perdre) leur indépendance en 1962.   _____

5. En 1920, les femmes _____ (voter/perdre) pour la première fois.   _____

ACTIVITÉ G Comment décrire? Write a sentence that describes each person. Include both a designation and an adjective.

Modèle: Louis XIV   **Louis XIV a été un roi égoïste.**

1. John F. Kennedy _____

_____

2. Napoléon _____

_____

3. Marie-Antoinette _____

_____

4. Simone de Beauvoir _____

_____

GRAMMAIRE 1

Pour décrire et parler des événements habituels

L'imparfait

ACTIVITÉ H Dans le passé Read these sentences about various historical figures and select the answer that completes the sentence most accurately.

1. Louis XIV   a. avait un grand château.   b. était un roi modeste.
2. Jeanne d'Arc   a. devait mener (lead)   b. n'aimait pas la France.
                                          l'armée nationale.
3. Louis XVI, Louis XVIII   a. étaient tous présidents.   b. étaient tous rois.
   et Charles X
4. Émile Zola   a. était écrivain.   b. était chanteur.
5. Napoléon   a. aimait son empire.   b. était très grand.
6. Simone de Beauvoir   a. pensait que les femmes   b. voulait l'égalité pour
                                          étaient inférieures aux hommes.   les femmes.

ACTIVITÉ I Enfant ou adulte? Sophie is talking about her favorite activities. Write **a** if these activities are from her youth (**la jeunesse**). Write **b** if they are from her current stage of life (**l'âge adulte**).

Modèle: *You hear:* Je voulais toujours être avec ma sœur.
You write: **a**

1. _____   3. _____   5. _____

2. _____   4. _____   6. _____

ACTIVITÉ J Aujourd'hui ou autrefois? You will hear the speaker describe things he does or used to do. Say aloud whether the activity is **aujourd'hui** or **autrefois.** Then, check your answers and pronunciation when the speaker provides the correct responses. (6 items)

Modèle: *You hear:* J'étudie l'anglais.
You say: **aujourd'hui**

ACTIVITÉ K L'été dernier Read these sentences describing how Philippe and his friends spent last summer and choose the appropriate subject.

Modèle: ... voulions toujours être en vacances.   a. Ils   b. Nous   c. Je

1. ... allions à la plage d'habitude le week-end.   a. Nous   b. Je   c. Vous
2. ... pensais que c'était le meilleur été de ma vie!   a. Il   b. Elles   c. Je
3. ... voulait passer les journées dehors.   a. On   b. Je   c. Vous
4. ... pouvions aller à la piscine chaque jour.   a. Nous   b. Vous   c. Elles
5. ... avaient beaucoup d'amis à l'appartement.   a. On   b. Ils   c. Il
6. ... voyageait à Paris chaque mois.   a. Je   b. On   c. Ils

Vrai ou faux? Philippe a été très occupé pendant l'été dernier. _____

ACTIVITÉ Ⓛ **Un trimestre difficile** During the last week of classes, Simone had to decide between what she wanted to do and what she was obligated to do. In light of this, complete these sentences with the appropriate form of **vouloir** or **devoir**.

Modèles: Je **voulais** inviter des amis chez moi.
Je **devais** étudier pour mes cours.

1. Je _____ rendre mes devoirs.

2. Mes amis et moi, nous _____ sortir au restaurant.

3. Mes amis et moi, nous _____ aller au gymnase.

4. Mon amie _____ faire une fête chez nous.

5. Je _____ lire un nouveau roman d'amour.

6. Je _____ aller à la bibliothèque.

7. Mon copain et moi, nous _____ voir un film au cinéma.

8. Je _____ parler avec mes professeurs.

ACTIVITÉ Ⓜ **Quand j'étais petit(e)…** Write a sentence using the adverb and verb in parentheses to describe something you did when you were little.

Modèle: (chaque week-end/rendre visite) **Je rendais visite à mes grands-parents chaque week-end.**

1. (autrefois/manger) _____

2. (d'habitude/jouer) _____

3. (souvent/aller) _____

4. (toujours/devoir) _____

5. (à cette époque-là/pouvoir) _____

6. (toujours/aimer) _____

7. (d'habitude/penser) _____

8. (chaque été/faire) _____

ACTIVITÉ Ⓝ **Dictée: Aux États-Unis** You will hear a short passage about the life of an exchange student in the U.S. last year. The first time you hear the passage, do not write anything. Just listen for comprehension. You will then be prompted to listen to the passage again and to begin writing. You may repeat the recording as many times as necessary. Then, based on what you heard and wrote, indicate whether the follow-up statement is true or false.

_____

_____

_____

_____

_____

_____

Vrai ou faux? Il est probable que cet étudiant étudie en Floride. _____

PARTIE **2**

VOCABULAIRE 2

Les occasions spéciales

ACTIVITÉ A En quelle saison? You will hear a series of holidays. Indicate the seasons in which the holidays occur.

8-7

1. a. en été   b. en automne   c. en hiver   d. au printemps
2. a. en été   b. en automne   c. en hiver   d. au printemps
3. a. en été   b. en automne   c. en hiver   d. au printemps
4. a. en été   b. en automne   c. en hiver   d. au printemps
5. a. en été   b. en automne   c. en hiver   d. au printemps
6. a. en été   b. en automne   c. en hiver   d. au printemps

ACTIVITÉ B Jour férié ou fête religieuse? Write **a** if the occasion could be considered **un jour férié, b** if it could be considered **une fête religieuse,** and **c** if it could be considered to be **les deux** (both).

1. Noël _____
2. Pâques _____
3. La fête nationale _____
4. Hanoukka _____
5. Le jour de l'An _____
6. La fête du Travail _____

ACTIVITÉ C Quel vœu? *(Which saying?)* You will hear descriptions of special events and occasions. Say aloud the wish or saying that would be the most appropriate response to each one. Then, check your answers and pronunciation when the speaker provides the correct responses. (6 items)

8-8

Modèle: *You hear:* Votre copine a obtenu son diplôme.
You say: **Félicitations!**

LEXIQUE			
BONNE ANNÉE!	FÉLICITATIONS!	JOYEUX ANNIVERSAIRE!	MEILLEURS VŒUX!

ACTIVITÉ D Quelle occasion? Answer these questions affirmatively or negatively in complete sentences.

1. Est-ce que tu as bu du champagne pour la Saint-Sylvestre cette année? _____

_____

2. Est-ce que tu as envoyé des cartes de vœux pour Thanksgiving? _____

_____

3. Est-ce que ta famille a fait un grand repas pour la fête des Pères l'an dernier? _____

_____

4. Est-ce que tu as joué des tours *(tricks)* aux autres le premier avril? _____

_____

ACTIVITÉ **E** **Quel siècle?** Match each event with the century in which it occurred.

1. _____ Au dix-neuvième siècle…   a. Christophe Colomb a découvert l'Amérique.

2. _____ Au vingtième siècle…   b. la guerre civile américaine a eu lieu *(occurred)*.

3. _____ Au quinzième siècle…   c. George W. Bush est devenu président des États-Unis.

4. _____ Au vingt-et-unième siècle…   d. Charlemagne est mort.

5. _____ Au dix-huitième siècle…   e. c'est la fin de la Deuxième Guerre mondiale.

6. _____ Au neuvième siècle…   f. Marie-Antoinette a été guillotinée.

7. _____ Au seizième siècle…   g. Richelieu est devenu cardinal.

8. _____ Au dix-septième siècle…   h. l'Édit de Nantes a été signé par Henri IV.

ACTIVITÉ **F** **Quel arrondissement?** You will hear the locations of various monuments and tourist attractions in Paris. Use ordinal numbers to write the **arrondissement** that you hear.

8-9

Modèle: *You hear:* Le Centre Pompidou est dans le quatrième arrondissement.
        You write: **4ᵉ / 4ᵉᵐᵉ**

1. _____   6. _____

2. _____   7. _____

3. _____   8. _____

4. _____   9. _____

5. _____   10. _____

ACTIVITÉ **G** **Comment fêtez-vous…?** Answer these questions about holidays and celebrations in complete sentences.

1. Comment fêtez-vous le réveillon du jour de l'An? _____

_____

2. Aimez-vous fêter la Saint-Valentin? Pourquoi? _____

_____

3. Que faites-vous pour la fête nationale? _____

_____

4. Avez-vous jamais joué un tour *(trick)* à quelqu'un pour le premier avril? À qui? _____

_____

5. Comment célébrez-vous votre anniversaire? _____

_____

6. Que mangez-vous pour le jour de l'Action de Grâce? _____

_____

GRAMMAIRE 2

Pour parler du passé

L'imparfait et le passé composé

ACTIVITÉ H Dans le passé Élise is talking about things that she has done in the past. Choose the appropriate word that would go with the sentence.

1. … j'allais dans un camp d'été avec mes amis.
   a. Hier   b. Autrefois
2. … j'ai voyagé en Asie.
   a. Une fois   b. D'habitude
3. … je rendais visite à mes grands-parents.
   a. Le week-end passé   b. Chaque week-end
4. … j'ai fait du ski avec mes parents.
   a. L'année passée   b. Souvent
5. … je regardais les dessins animés.
   a. Hier matin   b. Tous les matins
6. … j'ai acheté une nouvelle voiture.
   a. Il y a trois ans   b. Toujours
7. … j'ai fait la connaissance du président.
   a. Le mois dernier   b. Tous les mois
8. … je prenais le bus pour aller à un cours de danse.
   a. Lundi dernier   b. Tous les lundis

Vrai ou faux? Quand Élise était jeune, elle aimait regarder les dessins animés. _____

8-10

ACTIVITÉ I Les étés du passé! You will hear a description of activities done during the summer. Say aloud if the activity refers to **l'été dernier** or **chaque été**. Then, check your answers and pronunciation when the speaker provides the correct responses. (6 items)

Modèle: *You hear:* Je voyageais en Californie.
You say: **chaque été**

ACTIVITÉ J Beaucoup d'interruptions! Michelle finds that her brother is always interrupting what she is doing. Decide which activity is the interruption, and write sentences that express it.

Modèle: (tomber dans la cuisine/manger un sandwich)
Je mangeais un sandwich quand mon frère est tombé dans la cuisine.

1. (lire un roman/entrer dans ma chambre) _____

   _____

2. (parler avec mes amis/téléphoner) _____

   _____

3. (prendre la recette/faire la cuisine) _____

   _____

4. (préparer un gâteau/inviter des amis chez nous) _____

   _____

5. (crier très fort/regarder un film) _____

   _____

6. (écrire une composition/faire du bruit) _____

   _____

7. (poser une question/naviguer sur Internet) _____

   _____

8. (ranger la salle de bains/revenir de l'école) _____

   _____

ACTIVITÉ K **Un anniversaire de mariage** Complete the paragraph with the **imparfait** or the **passé composé** of the verbs in parentheses.

Mon dernier anniversaire de mariage (1) _____ (être) merveilleux. C' (2) _____ (être) samedi soir, et mon mari (3) _____ (vouloir) partir pour le restaurant. Dans le passé, nous (4) _____ (aller) au même restaurant chaque année, mais cette fois-ci, mon mari (5) _____ (choisir) quelque chose de différent. À 20 heures, la baby-sitter (6) _____ (arriver) chez nous. Nous lui (7) _____ (donner) les directives pour la nuit. Elle (8) _____ (préparer) le dîner pour nos enfants. Nous (9) _____ (quitter) la maison quand il (10) _____ (commencer) à beaucoup neiger. Comme il (11) _____ (faire) mauvais dehors, cela nous a pris beaucoup de temps pour aller au restaurant. Mais, cela en valait la peine *(it was worth the trouble)*! Nous (12) _____ (dîner) dans un restaurant très élégant. Je/J' (13) _____ (prendre) un plat excellent, puis un gâteau et du champagne. Je ne/n' (14) _____ (pouvoir) pas tout finir. Après notre dîner, nous (15) _____ (aller) au théâtre, où nous (16) _____ (voir) *Les Misérables*, une comédie musicale très célèbre. Quand nous (17) _____ (rentrer) chez nous, nos enfants (18) _____ (dormir) déjà. Mais, je/j' (19) _____ (voir) les cartes de vœux originales qu'ils avaient créées pour nous. Quel jour inoubliable!

ACTIVITÉ L **Un anniversaire passé** Using complete sentences, write a brief paragraph about your last birthday. When was it? What did you do? Did people visit you to celebrate? What did you eat and drink? Did you receive presents? What were they, and did you like them?

_____

_____

_____

_____

_____

ACTIVITÉ M **Dictée: Un anniversaire amusant!** You will hear a short passage about how the speaker celebrated his birthday. The first time you hear the passage, do not write anything. Just listen for comprehension. You will then be prompted to listen to the passage again and to begin writing. You may repeat the recording as many times as necessary. Then, based on what you heard and wrote, indicate whether the follow-up statement is true or false.

8-11

_____

_____

_____

_____

_____

_____

Vrai ou faux? Cette personne a probablement 15 ans. _____

PARTIE 3

VOCABULAIRE 3

Les événements personnels

ACTIVITÉ A À quel âge? You will hear different stages of life. Select how old a person in each stage would be.

8-12

1. _____
2. _____
3. _____
4. _____
5. _____

a. On a 20 ans.
b. On a 4 ans.
c. On a 35 ans.
d. On a 13 ans.
e. On a 85 ans.

ACTIVITÉ B Quelle étape de la vie? At what stages of life do these events most logically occur?

Modèle: On va à la réception de mariage d'un(e) ami(e).
   l'âge adulte

1. On prend sa retraite. _____
2. On fait un voyage de noces. _____
3. On va à la cérémonie de remise de diplômes. _____
4. On va aux enterrements de ses amis. _____
5. On naît. _____
6. On célèbre son baptême. _____

ACTIVITÉ C Pour quelle occasion? You will hear wishes for certain events. Decide what each occasion is.

8-13

1. a. Vous êtes aux fiançailles de Céline et Marc.
   b. Céline et Marc annoncent leur divorce.
2. a. Le père de Marc vient de mourir.
   b. C'est l'anniversaire de Marc.
3. a. Juliette retourne en France.
   b. Juliette prend sa retraite.
4. a. Jules va passer un examen difficile.
   b. Jules a gagné au Loto.
5. a. Pierre se sent malade.
   b. Pierre va commencer un projet difficile.

ACTIVITÉ D Quel vœu (wish) pour quelle occasion? You will hear descriptions of various situations. Say aloud the appropriate wish for each one. Then, check your answers and pronunciation when the speaker provides the correct responses. (5 items)

8-14

LEXIQUE	
AU BONHEUR DE... !	BONNE RETRAITE!
À LA RÉUSSITE DE... !	MES CONDOLÉANCES.
BONNE CHANCE!	

Nom _____ Date _____

ACTIVITÉ **E** **Que fait-on?** Decide which activity these people would be more likely to do and write a complete sentence in the present tense.

Modèle: Les jeunes (aller au supermarché/faire du sport)
Les jeunes font du sport.

1. Les couples (avoir des rendez-vous/faire les devoirs) _____
_____

2. Les adolescents (jouer aux jeux vidéo/aller à un banquet) _____
_____

3. Les époux (faire du baby-sitting/avoir un bébé) _____
_____

4. Les nouveaux mariés (rêver d'une nouvelle maison/prendre leur retraite) _____
_____

ACTIVITÉ **F** **Depuis quand?** Read the details about Marc's life. Then, answer the questions.

LEXIQUE		
AVOIR UN CHAT OU UN CHIEN (2005)	ÊTRE À L'UNIVERSITÉ (2010)	JOUER AU BASKET (2007)
AVOIR UNE RELATION AMOUREUSE (2006)	ÉTUDIER LE FRANÇAIS (2008)	TRAVAILLER DANS UN CAFÉ (2009)

Modèle: Depuis quand est-ce que Marc a un emploi?
Il a un emploi depuis 2009.

1. Depuis quand est-ce que Marc est étudiant à l'université? _____
_____

2. Depuis quand est-ce que Marc joue dans une équipe de sport? _____
_____

3. Depuis quand est-ce que Marc a une copine? _____
_____

4. Depuis quand est-ce que Marc étudie une langue étrangère? _____
_____

ACTIVITÉ **G** **Questions personnelles** Answer these questions about yourself in complete sentences.

1. Depuis quand étudiez-vous le français? _____
_____

2. Êtes-vous déjà tombé(e) amoureux/amoureuse de quelqu'un? _____
_____

3. À votre avis, quelle est la meilleure destination pour un voyage de noces? Pourquoi? _____
_____

4. Est-ce que vous croyez au coup de foudre? Pourquoi ou pourquoi pas? _____
_____

GRAMMAIRE 3

Pour parler des gens et des informations

Les verbes *connaître* et *savoir*

ACTIVITÉ H Que savons-nous? Jacques is talking about what he and his friends know. Select the correct subject for each sentence.

1. … sait parler français.

a. Thomas, il   b. Thomas et Claire, ils

2. … savons tous les noms des rois français.

a. Moi, je   b. Thomas et moi, nous

3. … savent jouer au tennis.

a. Thomas et Claire, ils   b. Thomas et moi, nous

4. … savent jouer de la guitare.

a. Mon ami Thomas, il   b. Thomas et Claire, ils

5. … sais que le cours est fini.

a. Moi, je   b. Mes amis et moi, nous

6. … sait faire du patinage.

a. Mon ami Claire, elle   b. Moi, je

Vrai ou faux? Claire est la personne la plus athlétique. _____

ACTIVITÉ I Des connaissances variées? Marie is telling you about what her friends know and don't know. Listen to the beginning of her sentences, and select the clause that correctly finishes them.

1. a. connaît la ville de Miami.   b. connaissent la ville de Miami.
2. a. connaissent tous les films de Truffaut.   b. connaissons tous les films de Truffaut.
3. a. connais beaucoup d'œuvres de Monet.   b. connaissons beaucoup d'œuvres de Monet.
4. a. connaît tous les romans de Zola.   b. connaissent tous les romans de Zola.
5. a. connais les chansons de Carla Bruni.   b. connaissons les chansons de Carla Bruni.

ACTIVITÉ J *Savoir* ou *connaître*? You will hear your French friend Luc talk about what various things he knows or knows how to do. Say aloud if the beginning of the phrase should be **Je sais** or **Je connais** based on the ends of the sentences that you hear. Then, repeat the correct complete sentences after the speaker. (6 items)

ACTIVITÉ K La nouvelle mariée Anne recently got married and is describing her new life. Complete her sentences with the appropriate form of **savoir** or **connaître**.

1. Je ne _____ pas bien la tante de mon mari, mais je _____ qu'elle est gentille.

2. Mon mari ne _____ pas parler italien, donc il ne peut pas parler avec ma grand-mère.

3. Nous _____ assez bien notre nouveau quartier.

4. Nous ne _____ pas comment nous voulons décorer la nouvelle maison, mais mon mari _____ une bonne décoratrice.

5. Notre nouveau voisin _____ toutes les personnes dans le quartier.

6. Je ne _____ pas très bien les magasins de ce quartier, mais je _____ que je vais les découvrir.

7. Nous _____ que nous allons avoir un bel avenir ensemble.

8. Je _____ les règles importantes pour un mariage heureux.

ACTIVITÉ **L** **On sait et on connaît** Jean-Claude is telling you about what his friends and family know and what they know how to do. Unscramble his sentences and include the correct conjugated form of **connaître** or **savoir**.

Modèle: père / mon / hockey / jouer   **Mon père sait jouer au hockey.**

1. le / portugais / amis / mes / va / être / de /difficile / que / cours _____

_____

2. mon / préparer / frère /qui / quiche / une / délicieuse _____

_____

3. président / le / de / l'université / Antoine _____

_____

4. parents / Édouard / Manet / mes / d' / vous / œuvres / bien _____

_____

ACTIVITÉ **M** **Des questions personnelles** Answer these questions in complete sentences.

1. Quand est-ce que vous avez connu votre meilleur(e) ami(e)? _____

_____

2. Quand est-ce que vous avez su que vous étiez accepté(e) à l'université? _____

_____

3. Quand vous étiez plus jeune, saviez-vous jouer d'un instrument? Si oui, de quel instrument? _____

_____

4. Quand vous étiez petit(e), connaissiez-vous tous les personnages de *Sesame Street*? _____

_____

5. Quelle chanson populaire savez-vous? _____

_____

6. Quelle chanson populaire connaissez-vous? _____

_____

ACTIVITÉ **N** **Dictée: Quelle occasion?** You will hear a brief conversation between Danielle and Maël. The first time you hear the passage, do not write anything. Just listen for comprehension. You will then be prompted to listen to the passage again and to begin writing. You may repeat the recording as many times as necessary. Then, based on what you heard and wrote, indicate whether the follow-up statement is true or false.

DANIELLE: _____

MAËL: _____

DANIELLE: _____

MAËL: _____

DANIELLE: _____

_____

_____

MAËL: _____

Vrai ou faux? C'est un enterrement. _____

Liaisons avec les mots et les sons

8-18

Les voyelles ouvertes et fermées: eu

You were introduced to open and closed vowels in **Chapitre 7** through the **o** vowel sound. French also has the **eu** vowel sound that can be open or closed.

If the last sound of a syllable is **eu** or if **eu** is followed by a **z** sound, it is closed.

sérieux	mieux	vendeuse	serveuse	deux	peu	heureux

If a pronounced consonant follows **eu**, it is open.

beurre	projecteur	jeune	ordinateur	chanteur	déjeuner

The vowel combination **œu** is also typically pronounced as an open **eu** sound.

belle-sœur	œuf	bœuf	cœur

8-19 **Pratique A.** Listen to and repeat these words. Then indicate if the vowel sound is **ouverte** or **fermée**.

	ouverte	fermée
1. la vapeur	☐	☐
2. un neveu	☐	☐
3. la peur	☐	☐
4. un feu	☐	☐
5. un ingénieur	☐	☐
6. sérieuse	☐	☐
7. seul	☐	☐
8. un distributeur	☐	☐
9. neuvième	☐	☐
10. l'humeur	☐	☐
11. un vœu	☐	☐
12. sœur	☐	☐
13. un hors-d'œuvre	☐	☐
14. Dieu	☐	☐
15. ennuyeux	☐	☐
16. un euro	☐	☐
17. bleu	☐	☐
18. un meuble	☐	☐
19. amoureuse	☐	☐
20. il peut	☐	☐

8-20 **Pratique B.** Listen to and repeat these sentences which are taken from the **Un mot sur la culture** readings in your textbook. Then, in each sentence, underline the word that contains an **eu** sound, and write whether that vowel is **ouverte (O)** or **fermée (F)**.

    1. Il y a plusieurs moyens pour un couple en France de former une union. _____

    2. Le PACS est… entre deux personnes qui veulent organiser leur vie ensemble. _____

    3. … le couple peut choisir de faire un mariage religieux à l'église… _____

    4. Le français est devenu la seule langue officielle du Québec avec la Loi 101. _____

8-21 **Pratique C.** Listen to and repeat these sentences. Underline the **eu** sounds that you hear. Then, write whether the vowels are **ouvertes (O)** or **fermées (F)**.

    1. Elle va mieux ces jours-ci. _____

    2. Donc, elle peut sortir quand elle veut? _____ _____

    3. Je peux demander à mon superviseur. _____ _____

    4. Les ascenseurs sont à votre gauche. _____

    5. J'ai téléphoné tout à l'heure… _____

    6. Je ne peux rien faire avant lundi. _____

Pratique D.

8-22 **Étape 1.** The speaker will spell out words that make up a sentence. Write the letters and accent marks you hear.

    1. _____   6. _____

    2. _____   7. _____

    3. _____   8. _____

    4. _____   9. _____

    5. _____   10. _____

Étape 2. Use the words you wrote in **Étape 1** to make a complete sentence.

_____

8-23 **Étape 3.** Now, listen to and repeat the sentence formed with the words you wrote in **Étape 2**, paying special attention to whether or not final consonants are pronounced.

Le courrier électronique

Avant d'écrire

. . . .

Chloé Noizet, your French teacher from your study abroad in France, is emailing all of her former students to tell them about how she spent the past Christmas in France. Read her email and begin to think about how you might respond with an email about how you spent your winter break.

Écrire un message

⌐ ⤷ Envoyer   ✎ Enregistrer   📎 Joindre un fichier   ✖ Annuler

    A : Chloé Noizet <cnoizet62@courrielpf.fr>   Accès au Répertoire
Copie : Étudiants de français   ☑ Conserver une copie

Objet : Ce Noël passé   **Priorité :** normale ⬍

Chers étudiants de français,

Bonjour! J'espère que tout va bien chez vous. Pour ma part, j'ai passé un merveilleux Noël. Il faisait beau temps, mais il a neigé la veille de Noël. Autrefois, quand j'étais plus jeune, nous allions chez mes parents chaque année pour célébrer Noël. Cette fois-ci, mes parents nous ont rendu visite, et tout le monde était très heureux. Le jour avant Noël, nous sommes allés à l'église pour la messe de Noël. Puis, ma mère m'a aidée à préparer un grand repas. Nous avons mangé du rôti de porc, des pommes de terre et des haricots verts. Ma sœur a fait une bûche de Noël, qui était très réussie. Mon fils ne voulait pas dormir cette nuit-là, parce qu'il était impatient de voir le Père Noël. Après cette journée chargée, les adultes étaient fatigués. Le matin de Noël a commencé très tôt. Mes parents dormaient quand nous avons commencé les festivités. Tout le monde était très enthousiaste à l'idée d'échanger des cadeaux. J'ai reçu un nouvel ordinateur et quelques romans. Le reste de ma famille a également été très satisfait de ses cadeaux. Nous avons passé le reste de la journée à manger et à nous reposer. Quelle belle journée!

Comment avez-vous passé vos vacances d'hiver? Avez-vous voyagé? Avez-vous apprécié le temps que vous avez passé en famille et entre amis? Je m'intéresse beaucoup à ce que vous avez fait pendant votre temps libre. Je vous souhaite une bonne année!

Cordialement,
Chloé Noizet

Écrire

. . . .

Using the following template and vocabulary and grammar you have already learned, write an email to Madame Noizet consisting of 6–8 French sentences in which you describe how you spent your winter break.

Ecrire un message

⌐ ⇨ Envoyer 🖫 Enregistrer 📎 Joindre un fichier   ✕ Annuler

A : [_____]   Accès au Répertoire
Copie : [_____]   ☑ Conserver une copie

Objet : [_____]   Priorité : [normale ◆]

Les **arts** et les médias

CHAPITRE 9

PARTIE **1**

VOCABULAIRE **1**

Les arts visuels

ACTIVITÉ A Quel genre? Choose the art described by each sentence you hear.

9-1

1. a. *David*, Michel-Ange
   b. *La persistance de la mémoire*, Salvador Dali

2. a. les œuvres d'Ansel Adams
   b. les œuvres de Jackson Pollock

3. a. la statue de la Liberté
   b. *Nymphéas (Water Lilies)*, Claude Monet

4. a. *Elvis*, Andy Warhol
   b. *Nuit étoilée (Starry Night)*, Vincent Van Gogh

5. a. *Relativity*, M. C. Escher
   b. *Les Tournesols (Sunflowers)*, Vincent Van Gogh

6. a. les œuvres de Rembrandt
   b. les œuvres d'Andy Warhol

7. a. *La Joconde (Mona Lisa)*, Léonard de Vinci
   b. *Terrasse du café le soir*, Vincent Van Gogh

ACTIVITÉ B Quelles fournitures? Choose the supplies used by each person.

9-2

1. a. de la peinture   b. un appareil photo   4. a. une toile *(canvas)*   b. un iPod

2. a. de l'argile *(clay)*   b. des crayons   5. a. de la pierre *(stone)*   b. un ordinateur

3. a. un pinceau *(paintbrush)*   b. des stylos   6. a. de la peinture   b. de l'argile

ACTIVITÉ C Les beaux-arts Choose the correct ending for each sentence.

1. La lumière *(light)* est très importante dans les œuvres…   a. surréalistes   b. impressionnistes

2. Le sujet d'un portrait est…   a. un paysage   b. une personne

3. Une œuvre d'art cubiste a un style…   a. abstrait   b. réaliste

4. Il y a beaucoup de couleurs dans les œuvres…   a. sombres   b. vives

ACTIVITÉ D Quelle sorte d'artiste? Indicate whether each sentence most likely describes the artistic activities of **(a) un enfant de 5 ans** or **(b) un artiste professionnel**.

1. _____ Je fais un portrait de mon chien avec la peinture à doigts *(finger paint)*.

2. _____ Je fais un portrait de famille pour des clients importants.

3. _____ Je fais une sculpture abstraite en marbre *(marble)*.

4. _____ Je fais de la sculpture avec de la pâte à modeler *(play dough)*.

5. _____ Je dessine ma famille avec des crayons de cire *(crayons)*.

6. _____ Je photographie un match de football pour le journal.

Nom _____ Date _____

ACTIVITÉ **E** **Visite d'une galerie** Complete Arnaud's story with words from the **lexique**.

LEXIQUE		
UNE EXPOSITION	PAYSAGES	PHOTOGRAPHIER
LA GALERIE D'ART	LA PHOTOGRAPHE	

Hier soir je suis allé voir (1) _____ de photographie avec ma copine Chloé. Quand nous sommes

arrivés à (2) _____, il n'y avait pas beaucoup de gens donc nous avons eu la chance de parler

avec (3) _____. Nous avons appris qu'elle préfère (4) _____ les scènes urbaines,

mais cette exposition de (5) _____ était quand même sensationnelle. C'était une soirée superbe.

ACTIVITÉ **F** **Les artistes** You will hear descriptions of the kind of art individuals create. Based on what you hear, say aloud the type of artist the person is. Then, check your answers and pronunciation when the speaker provides the correct responses. (4 items)

Modèle: *You hear:* Mélanie fait souvent de la sculpture.
You say: **Elle est sculptrice.**

ACTIVITÉ **G** **Les activités artistiques** Write sentences identifying the artistic activity these people are practicing.

Modèle: Luc fait un tableau de son père. (faire un paysage / faire un portrait)
Luc fait un portrait.

1. Tom prend des photos d'un nouveau bâtiment. (faire une tapisserie / photographier)

_____

2. Noah fait un tableau d'un beau jardin. (faire de la peinture / faire un portrait)

_____

3. Sarah fait un tableau d'un bol de fruits. (faire un dessin / faire une nature morte)

_____

4. Jules fait un tableau des Alpes. (faire un tableau pop art / faire un paysage)

_____

5. Inès tisse *(weaves)* la représentation d'un château. (faire une tapisserie / faire un dessin)

_____

ACTIVITÉ **H** **Et vous?** Answer these questions about yourself using complete sentences.

1. Aimez-vous visiter des galeries d'art? Pourquoi ou pourquoi pas? _____

_____

2. Quelles activités artistiques pratiquiez-vous quand vous étiez petit(e)? _____

_____

3. Quelles activités artistiques pratiquez-vous aujourd'hui? _____

_____

4. Préférez-vous les œuvres impressionnistes, cubistes ou surréalistes? Pourquoi? _____

_____

Nom _____ Date _____

GRAMMAIRE 1

Pour parler des désirs, des possibilités et des suggestions

Le conditionnel

ACTIVITÉ I Les vacances Lucie is telling about her family's upcoming vacation. Choose the correct subject for each sentence.

1. _____ aimerait nager tous les jours.   a. Mon frère   b. Je   c. Mes parents
2. _____ pourraient prendre des fruits de mer.   a. Tu   b. Je   c. Mes parents
3. _____ voudrais lire un roman.   a. Nous   b. Je   c. Mon frère
4. _____ pourrions faire un château de sable (*sand castle*).   a. Nous   b. Je   c. Mon frère
5. _____ voudraient faire des promenades.   a. Mon frère   b. Je   c. Mes parents
6. _____ aimerions regarder le coucher du soleil (*sunset*).   a. Vous   b. Je   c. Nous

Conclusion La famille de Lucie va-t-elle à la montagne ou à la plage? _____

ACTIVITÉ J La politesse You will hear a series of requests. Indicate if they are **(a) plus poli** or **(b) moins poli** based on the verb tense you hear.

Modèle: *You hear:* Tu pourrais m'aider à faire la vaisselle?
You write: **a**

1. _____   3. _____   5. _____

2. _____   4. _____   6. _____

ACTIVITÉ K Pierre et Jean Complete the conversation between roommates Pierre and Jean by choosing the correct verb from each pair and conjugating it in the conditional tense.

PIERRE: J'ai besoin de faire un portrait pour mon cours de peinture, mais je n'ai pas le temps!

JEAN: Tu (1) _____ travailler ici dans l'appartement ce soir. Je vais sortir avec un ami. (être/pouvoir)

PIERRE: Vous ne (2) _____ pas passer la soirée avec moi pour être les modèles pour le tableau? (vouloir/avoir)

JEAN: Mais non! Tu (3) _____ trouver quelqu'un d'autre. (devoir/savoir)

PIERRE: Mais je n'ai pas de modèle et je dois finir le tableau pour demain.

JEAN: À ta place, je (4) _____ un délai supplémentaire (*extension*) à mon prof. (aller/demander)

PIERRE: Bonne idée! Donc ce soir, nous (5) _____ sortir tous ensemble? (pouvoir/venir)

JEAN: D'accord. Tu (6) _____ complètement perdu sans mes conseils, tu sais. (être/faire)

ACTIVITÉ L Des suggestions Julie needs to improve her grades. You will hear various activities that she can do. Say aloud whether or not she should do them using **devoir** in the conditional. Then, check your answers and pronunciation when the speaker provides the correct responses. (6 items)

Modèle: *You hear:* Julie peut aller au cinéma.
You say: **Elle ne devrait pas aller au cinéma.**

Nom _____ Date _____

ACTIVITÉ M À ta place... Make suggestions for each situation using the appropriate phrase from the **lexique**.

LEXIQUE		
ACHETER UN NOUVEL ORDINATEUR	ESSAYER D'ÊTRE PLUS EXTRAVERTI(E)	FAIRE LE MÉNAGE OBTENIR UN DIPLÔME
ALLER CHEZ LE MÉDECIN	FAIRE LA SIESTE	UNIVERSITAIRE

Modèle: Je suis très malade *(sick)* et je ne peux pas passer mon examen aujourd'hui.
À ta place, j'irais chez le médecin.

1. Je voudrais rencontrer de nouveaux amis mais je suis assez timide. _____

2. J'ai étudié toute la nuit et je suis fatigué aujourd'hui! _____

3. J'ai besoin d'un meilleur boulot. Je ne gagne pas assez d'argent. _____

4. J'ai des problèmes avec mon ordinateur. J'ai perdu ma composition hier soir! _____

ACTIVITÉ N Encore des suggestions Use the conditional to make suggestions for these situations.

Modèle: Anita a de mauvaises notes.
Elle pourrait étudier avec un ami. / À sa place, j'étudierais avec un ami.

1. Paul veut être un artiste célèbre. _____

2. Jeanne n'aime pas sa colocataire. _____

3. Camille et Gabriel doivent faire des économies. _____

4. Enzo et ses amis veulent être en bonne santé *(healthy)*. _____

ACTIVITÉ O Dictée: Les conseils de Papa Aurélie cannot decide where to study abroad. Listen to the message her father leaves on her voicemail. The first time you hear the message, do not write anything. Just listen for comprehension. You will then be prompted to listen to the message again and to begin writing. You may repeat the recording as many times as necessary.

_____
_____
_____
_____

PARTIE 2

VOCABULAIRE 2

La littérature et les spectacles

ACTIVITÉ A Les artistes Choose the person or group being described.

9-7

1. a. J. K. Rowling   b. Aretha Franklin
2. a. Harlem Gospel Choir   b. London Symphony Orchestra
3. a. Claude Monet   b. Ludwig van Beethoven
4. a. Mikhail Baryshnikov   b. Edgar Allan Poe
5. a. J. S. Bach   b. New York Philharmonic

ACTIVITÉ B La musique Choose the genre of music you hear described.

9-8

1. a. la musique alternative   b. la country   c. le blues
2. a. la musique classique   b. la pop   c. le hip-hop
3. a. la musique new age   b. le rap   c. le rock
4. a. la country   b. le R'n'B   c. le rock
5. a. les musiques du monde   b. la musique classique   c. le jazz
6. a. la musique folk   b. le hip-hop   c. le rap

ACTIVITÉ C Quel spectacle? Match the titles to the types of shows you hear.

9-9

1. _____   a. *Les Misérables*

2. _____   b. *Mort d'un commis-voyageur (Death of a Salesman)*

3. _____   c. *Carmen*

4. _____   d. *Le Lac des cygnes (Swan Lake)*

ACTIVITÉ D Une soirée au théâtre Fill in the blanks to complete Annette's description of a recent night out using words from the **lexique**.

LEXIQUE	
APPLAUDIR	LA FIN
LA CRITIQUE	THÉÂTRALE
LE DÉBUT	

La semaine passée, mon mari et moi sommes allés au théâtre. Nous avons choisi la pièce parce que c'était

une adaptation (1) _____ d'un roman que j'adore. En plus, (2) _____ publiée

dans le journal était très positive. (3) _____ de la pièce était assez ennuyeux, mais c'est devenu

de plus en plus intéressant et à (4) _____ nous étions captivés. J'aurais pu *(could have)*

(5) _____ pendant des heures!

ACTIVITÉ E Quel(le) artiste? You will hear descriptions of individuals' creative endeavors. Based on what you hear, say aloud the type of artist the person is. Then, check your answers and pronunciation when the speaker provides the correct responses. (4 items)

9-10

Modèle: *You hear:* Jacques vient de finir une œuvre poétique.
You say: **Il est auteur.**

ACTIVITÉ F Qu'est-ce qu'on devrait faire? Use choices from the **lexique** to write sentences identifying what these individual should do based on their interests.

LEXIQUE	
ALLER À L'OPÉRA	VOIR *(TO SEE)* UN BALLET
ALLER AU CONCERT	VOIR UNE COMÉDIE MUSICALE
LIRE UN CONTE DE FÉES	VOIR UNE PIÈCE DE THÉÂTRE

Modèle: Anne veut porter de beaux vêtements et écouter des chansons en italien.
Anne devrait aller à l'opéra.

1. Richard veut regarder une pièce de théâtre de Shakespeare. _____

_____

2. Élise, une petite fille, adore les princesses et les histoires *(stories)* d'amour. _____

_____

3. Jacques et Alexandra veulent regarder des danseurs élégants. _____

_____

4. Christophe veut écouter un nouveau groupe de musique alternative. _____

_____

5. Sasha veut regarder un spectacle avec des acteurs qui chantent et dansent aussi. _____

_____

ACTIVITÉ G Les étudiants et la musique Write a paragraph describing the musical preferences of college students using these prompts as a guide: **Quels genres de musique les étudiants préfèrent-ils? Pourquoi? Quels groupes et chanteurs sont les plus populaires? Les étudiants vont-ils souvent au concert? Quels concerts récents ont été les plus appréciés? Est-ce que vos préférences sont semblables à celles des autres étudiants? Expliquez.**

_____

_____

_____

_____

_____

_____

_____

_____

_____

GRAMMAIRE 2

Pour parler des situations hypothétiques

Le conditionnel dans les phrases avec *si*

ACTIVITÉ H M. et Mme Bonnet Mr. Bonnet loves the arts and Mrs. Bonnet loves sports. Complete the sentences with **M. Bonnet** or **Mme Bonnet** as needed.

1. S'ils **avaient** plus de temps, _____ **irait** au match de basket, mais _____ **irait** au musée des beaux-arts.

2. S'ils **avaient** plus d'argent, _____ **achèterait** des billets pour une exposition d'art, mais _____ **achèterait** des billets pour un match de football.

3. S'ils **allaient** en vacances, _____ **choisirait** une ville avec beaucoup de musées, mais _____ **choisirait** une ville avec une équipe de football professionnelle.

4. S'ils **sortaient** vendredi soir, _____ **voudrait** aller au concert, mais _____ **voudrait** aller au match de baseball.

5. S'ils **visitaient** la ville de Paris, _____ **irait** au musée du Louvre, mais _____ **irait** au stade Roland Garros.

6. S'ils **vivaient** à New York, _____ **aimerait** souvent aller au match des Yankees, mais _____ **aimerait** souvent aller au théâtre.

ACTIVITÉ I La conclusion logique You will hear the beginning of sentences about hypothetical situations. Select the logical ending for each one.

9-11

1. a. elle est riche.   b. elle serait riche.
2. a. on aurait besoin d'un parapluie (*umbrella*).   b. on va avoir besoin d'un parapluie.
3. a. s'il est célibataire.   b. s'il était célibataire.
4. a. si vous étiez fatigué(e).   b. si vous êtes fatigué(e).
5. a. elle aimerait parler.   b. elle va aimer parler.
6. a. si tu étais artiste.   b. si tu as été artiste.
7. a. j'enseignerais le français.   b. j'ai enseigné le français.
8. a. s'ils sont végétariens.   b. s'ils étaient végétariens.

ACTIVITÉ J Si... Select the correct verbs for these sentences.

1. Si j'(avais/aurais) plus de temps, je (faisais/ferais) de la peinture tous les jours.

2. Ils (allaient/iraient) aux concerts plus souvent s'ils (avaient/auraient) plus d'argent.

3. Nous (prenions/prendrions) plus de photos si nous (achetions/achèterions) un meilleur appareil photo.

4. S'il (allait/irait) à l'exposition ce soir, il (pouvait/pourrait) rencontrer un jeune peintre doué.

5. Si tu (aimais/aimerais) l'art moderne, tu (visitais/visiterais) souvent le Centre Pompidou.

6. Vous (lisiez/liriez) des contes de fées si vous (aviez/auriez) des enfants.

7. Elle (achetait/achèterait) la sculpture si elle (avait/aurait) un plus grand appartement.

8. S'il y (avait/aurait) quelque chose d'intéressant à la télé, on la (regardait/regarderait).

9. J'(allais/irais) à l'opéra si j'(avais/aurais) de beaux vêtements à porter.

10. Si nous (aimions/aimerions) le jazz, nous (allions/irions) avec vous au concert.

🔊 **ACTIVITÉ K Finissez la phrase** You will hear the beginning of sentences about hypothetical
9-12 situations. Select the logical ending for each one.

1. a. il rendait visite à son ami.　　　　　b. il rendrait visite à son ami.
2. a. j'écrivais des pièces.　　　　　　　　b. j'écrirais des pièces.
3. a. j'avais une belle voix (voice).　　　　b. j'aurais une belle voix.
4. a. nous trouvions un baby-sitter.　　　　b. nous trouverions un baby-sitter.
5. a. elles sortaient ce soir.　　　　　　　b. elles sortiraient ce soir.
6. a. vous aviez plus d'argent.　　　　　　b. vous auriez plus d'argent.
7. a. tu avais un rendez-vous.　　　　　　b. tu aurais un rendez-vous.
8. a. le professeur n'était pas content.　　b. le professeur ne serait pas content.

ACTIVITÉ L Si on vivait… Finish each sentence with a place from the **lexique** to identify a site
people could visit if they lived in various cities.

LEXIQUE	
BIG BEN	LE MUR DE BERLIN
LA BASILIQUE SAINT-PIERRE	LE PARTHÉNON
L'EMPIRE STATE BUILDING	LE PONT DU GOLDEN GATE
LE KREMLIN	LA TOUR EIFFEL
LA MAISON BLANCHE	LE WRIGLEY FIELD

Modèle: Si vous viviez à Londres, vous **pourriez visiter Big Ben.**

1. Si nous vivions à San Francisco, nous _____.
2. Si tu vivais à New York, tu _____.
3. S'il vivait à Chicago, il _____.
4. Si elles vivaient à Paris, elles _____.
5. Si je vivais à Rome, je _____.
6. Si vous viviez à Moscou, vous _____.
7. Si nous vivions à Athènes, nous _____.
8. S'ils vivaient à Washington D.C., ils _____.
9. S'ils vivaient en Allemagne, ils _____.

🔊 **ACTIVITÉ M Que ferait-on?** You will hear the beginnings of sentences. Say aloud the end of each
9-13 one, using a logical choice from the **lexique.** Then, check your answers and pronunciation when the
speaker provides the correct responses. (5 items)

LEXIQUE	
ALLER SOUVENT AUX CONCERTS	PARLER BIEN FRANÇAIS
ÉCRIRE DE LA MUSIQUE	PRENDRE SOUVENT DES PHOTOS
SAVOIR FAIRE DE LA SCULPTURE	VISITER UN MUSÉE

Modèle: *You hear:* Si j'étais compositeur…
　　　　　　You say: … j'écrirais de la musique.

ACTIVITÉ N Des situations hypothétiques First, decide where the verbs logically belong in each sentence. Then complete the sentences, using the verbs in the **imparfait** or the **conditionnel,** as appropriate.

1. (visiter/vivre) Si je _____ à Paris, je _____ souvent le Louvre.

2. (aimer/être) Elle _____ le hip-hop si elle _____ plus jeune.

3. (avoir/apprendre) Vous _____ à jouer du piano si vous _____ plus de temps libre.

4. (habiter/venir) Mes amis _____ chez moi plus souvent s'ils _____ dans mon quartier.

5. (être/applaudir) Si le chanteur _____ plus doué, je/j' _____ plus.

6. (aimer/étudier) Si nous _____ l'italien, nous _____ visiter l'Italie.

7. (être/écouter) Si j'_____ de la musique new age, je/j'_____ plus calme.

8. (aller/être) Tu _____ à la comédie musicale si la critique _____ bonne.

ACTIVITÉ O Cause et effet Use the phrases provided to write logical sentences that begin with **si.**

Modèle: j'emprunte de l'argent / j'ai besoin d'une nouvelle voiture
Si **j'avais besoin d'une nouvelle voiture, j'emprunterais de l'argent.**

1. il fait très froid / nous ne voulons pas sortir
Si/S' _____.

2. vous avez un nouveau vélo / vous allez plus souvent au parc
Si _____.

3. je commande une pizza / je n'ai pas le temps de faire la cuisine
Si _____.

4. ils n'ont pas de devoirs / ils font la fête
Si/S' _____.

5. tu n'as pas beaucoup d'argent / tu peux faire du lèche-vitrine
Si _____.

6. elle prend un verre / elle a 21 ans
Si _____.

ACTIVITÉ P Quelle suggestion? Choose the appropriate suggestion for each statement you hear.

9-14 **Modèle:** *You hear:* Je suis végétarien.
You see: a. Si on prenait des pâtes pour le dîner? b. Si on prenait des hamburgers pour le dîner?
You select: **a**

1. a. Si on allait voir une comédie musicale? b. Si on allait au zoo?

2. a. Si on allait à un concert de musique country? b. Si on allait à un concert de Vivaldi?

3. a. Si on prenait des leçons de violon? b. Si on prenait des leçons de peinture?

4. a. Si on allait à Miami? b. Si on allait à Denver?

5. a. Si on faisait du sport? b. Si on prenait de la glace?

6. a. Si on allait à une exposition de sculpture? b. Si on allait à une exposition de Monet?

ACTIVITÉ ❓ Des suggestions Make an appropriate suggestion for each situation using the **imparfait**.

Modèle: Votre ami a faim. (faire une promenade / manger au restaurant)
        Si on mangeait au restaurant?

1. Vos amis ont envie de sortir ce soir. (aller au cinéma / rester à la maison)

_____

2. Votre colocataire a un examen difficile demain. (étudier à la bibliothèque / sortir au bar)

_____

3. Votre frère vit pour le jazz. (écouter un CD de Louis Armstrong / écouter un CD de U2)

_____

4. Votre cousine aime beaucoup l'art impressionniste. (aller au musée d'Orsay / aller au Louvre)

_____

5. Votre ami est un peu fatigué mais il doit étudier. (boire du vin / prendre un café)

_____

ACTIVITÉ ℝ Et vous? Complete the sentences with information about your life.

Modèle: Si je gagnais à la loterie, **j'achèterais une nouvelle voiture et je paierais les frais de scolarité de mes amis.**

1. Si j'avais plus de temps libre, _____

_____

2. Si je vivais en France, _____

_____

3. Si j'étais président(e) des États-Unis, _____

_____

4. Si j'étais président(e) de mon université, _____

_____

5. Si je n'étudiais pas le français, _____

_____

6. Si j'étais très doué(e) en musique, _____

_____

🔊 **ACTIVITÉ Ⓢ Dictée: Vivre à New York** You will hear a passage about a young man's dream
9-15 of moving to New York City. The first time you hear the passage, do not write anything. Just listen for
comprehension. You will then be prompted to listen to the passage again and to begin writing. You may
repeat the recording as many times as necessary.

_____

_____

_____

_____

_____

_____

PARTIE 3

VOCABULAIRE 3

La télévision et le cinéma

9-16

ACTIVITÉ A Quel film? Choose the film that corresponds to the genre you hear.

1. a. *The Wizard of Oz*   b. *Unforgiven*   5. a. *The Notebook*   b. *Scarface*
2. a. *Schindler's List*   b. *Naked Gun*   6. a. *The Matrix*   b. *Titanic*
3. a. *Casablanca*   b. *Caddyshack*   7. a. *Aladdin*   b. *Psycho*
4. a. *Saw*   b. *Toy Story*   8. a. *Dirty Dancing*   b. *Die Hard*

9-17

ACTIVITÉ B Quelle chaîne? Choose the television channel on which you would watch the shows that you hear.

1. a. CNN   b. Nickelodeon   5. a. Cartoon Network   b. CMT
2. a. VH1   b. ESPN   6. a. Game Show Network   b. Fox News
3. a. MSNBC   b. Lifetime   7. a. C-SPAN   b. Soap Net
4. a. QVC   b. MTV   8. a. Bravo   b. History Channel

ACTIVITÉ C À la télé Complete the sentences with choices from the **lexique.** Make the terms plural as needed.

LEXIQUE	
UNE CAUSERIE	LES INFOS
UN DESSIN ANIMÉ	UN JEU TÉLÉVISÉ
UNE ÉMISSION DE TÉLÉRÉALITÉ	UNE SÉRIE
UN FEUILLETON	

Modèle: The Simpsons est **un dessin animé.**

1. *Jeopardy* et *Who Wants to be a Millionaire* sont _____.

2. *The Ellen DeGeneres Show* est _____.

3. *Survivor* et *The Real World* sont _____.

4. *The Office* et *Friends* sont _____.

5. *The Young and the Restless* et *General Hospital* sont _____.

ACTIVITÉ D Des suggestions de films Say aloud the kind of film each person would like based on what you hear about him or her. Then, check your answers and pronunciation when the speaker provides the correct responses. (5 items)

Modèle: *You hear:* Pierre préfère les histoires *(stories)* avec des inspecteurs et des criminels.
          You say: **Il aimerait un film policier.**

ACTIVITÉ **E** **Quel mot?** Complete each sentence with a term from the **lexique**.

LEXIQUE		
UNE ÉMISSION DE VARIÉTÉS	LES PERSONNAGES	LE RÉALISATEUR
LES NOUVELLES	LES PUBLICITÉS	RÔLES

1. Tout le monde aime regarder _____ pendant le Superbowl.

2. On regarde les informations pour apprendre _____ de la journée.

3. _____ dans les feuilletons ont des vies très dramatiques.

4. Dans _____, il y a plusieurs invités et chansons.

5. _____ a la responsabilité de la réalisation *(making)* d'un film.

6. Les acteurs et les actrices les plus doués peuvent jouer une grande variété de _____.

ACTIVITÉ **F** **Les préférences** Complete the sentences to express the type of films or shows people with these preferences could watch.

Modèle: (comédie/policier) Si on détestait les films sérieux, **on pourrait regarder une comédie.**

1. (film de science-fiction/documentaire) Si on n'aimait pas les histoires fantastiques *(fantasy stories),*
_____.

2. (film à suspense/film romantique) Si on n'aimait pas se détendre *(relax)* pendant les films, _____
_____.

3. (film d'horreur/film romantique) Si on détestait la violence, _____
_____.

4. (documentaire/film d'action) Si on n'aimait pas les films éducatifs, _____
_____.

5. (match télévisé/jeu télévisé) Si on détestait le sport, _____
_____.

6. (émission de téléréalité/série) Si on n'aimait pas les personnages fictifs, _____
_____.

ACTIVITÉ **G** **Que regardez-vous?** Write a paragraph telling about your personal film and television preferences, using these prompts as a guide: **Quelles sortes d'émissions et quels genres de films regardez-vous le plus souvent? Quels sont vos émissions et films préférés? Préférez-vous regarder des films ou des émissions de télévision? Pourquoi?**

_____

_____

_____

_____

GRAMMAIRE 3

Pour parler de nos observations et nos sentiments

Les verbes *croire, recevoir* et *voir* / Les pronoms démonstratifs

ACTIVITÉ H Le ciné Choose the correct subject for each sentence.

1. _____ **voyons** souvent des documentaires ensemble.   a. Vous   b. Nous   c. Il
2. _____ **reçoit** des DVD à chaque anniversaire.   a. Je   b. Ils   c. Elle
3. _____ **croient** que les films d'action sont stupides.   a. Ils   b. Tu   c. Vous
4. _____ **vois** un film policier ce soir.   a. Tu   b. Vous   c. Il
5. _____ **reçoivent** souvent des billets de cinéma.   a. Nous   b. Elles   c. Vous
6. _____ **croit** que les films de Spielberg sont excellents.   a. Tu   b. On   c. Ils
7. _____ **vois** un nouveau film chaque week-end.   a. Elle   b. Nous   c. Je
8. _____ **croyez** que les billets de cinéma coûtent cher.   a. Nous   b. Vous   c. Ils

ACTIVITÉ I Hier, aujourd'hui ou hypothétique? Listen to each sentence about Vincent and mark whether each event happened **yesterday (a)**, is happening **today (b)**, or is **hypothetical (c)**.

9-19

1. _____   2. _____   3. _____   4. _____   5. _____   6. _____

Conclusion Est-ce que Vincent vit pour le cinéma ou la télévision? _____

ACTIVITÉ J Croire ou ne pas croire? For each situation, write a logical sentence using the verb **croire.** Decide between the affirmative and negative and add a form of **à** if needed.

Modèle: Paul ne pense pas que le Père Noël *(Santa Claus)* existe. Il **ne croit pas au Père Noël.**

1. Monique ment *(lies)* souvent. Nous _____

2. Mes amis sont très honnêtes. Je _____

3. Mes amis ne pensent pas que le coup de foudre existe. Ils _____

_____

4. Ma petite sœur pense que le lapin de Pâques *(Easter Bunny)* est réel. Elle _____

_____

ACTIVITÉ K Finissez les phrases. You will hear the beginnings of sentences. Say aloud the end of each one, using a logical phrase from the **lexique** with its verb in the conditional. Then, check your answers and pronunciation when the speaker provides the correct responses. (4 items)

9-20

LEXIQUE	
VOIR UN BALLET	VOIR UN FILM DE SYLVESTER STALLONE
VOIR UN DOCUMENTAIRE SUR LA VILLE DE PARIS	VOIR UN FILM DE STAR TREK
VOIR UNE EXPOSITION DE PEINTURE	

Modèle: *You hear:* Si j'aimais les films de science-fiction…
        You say: … **je verrais un film de Star Trek.**

ACTIVITÉ Ⓛ **Quel objet?** Choose what is being referred to in each sentence.

9-21

1. a. les films   b. les émissions   4. a. le tableau   b. l'œuvre d'art
2. a. le sac   b. la voiture   5. a. les frites   b. les hamburgers
3. a. le film   b. les films   6. a. les informations   b. le film policier

ACTIVITÉ Ⓜ **Le bon pronom** David is discussing his preferences. Complete each sentence with **celui, celle, ceux,** or **celles.**

1. Mon colocataire aime <u>les informations</u> de MSNBC, mais je préfère _____ de BBC.

2. Mon frère préfère <u>la chanson</u> de Frank Sinatra, mais je préfère _____ des Beatles.

3. <u>Le documentaire</u> sur l'Arc de Triomphe était intéressant, mais je voulais regarder _____ sur Buckingham Palace.

4. <u>Les portraits</u> de Renoir sont beaux, mais je préfère _____ de Francis Bacon.

5. <u>Le climat</u> de Paris est bon, mais _____ de Londres est plus agréable.

6. <u>Les pièces de théâtre</u> modernes sont intéressantes, mais _____ de Shakespeare sont les meilleures.

Conclusion Quel pays David adore-t-il? _____

ACTIVITÉ Ⓝ **Et vous?** Answer each question according to your personal preferences using a demonstrative pronoun.

Modèle: Préférez-vous les films des années 50 ou les films des années 2010?
Je préfère ceux des années 50. / Je préfère ceux des années 2010.

1. Préférez-vous les tableaux de Vincent van Gogh ou les tableaux de Claude Monet?

_____

2. Préférez-vous la musique des années 80 ou la musique des années 90?

_____

3. Préférez-vous les émissions de Fox ou les émissions de MTV?

_____

4. Préférez-vous le style de musique de Bob Marley ou le style de musique de Madonna?

_____

ACTIVITÉ Ⓞ **Dictée: Le mari de Jacqueline** Listen as Jacqueline describes her husband and his

9-22 favorite pastime. The first time you hear the passage, do not write anything. Just listen for comprehension. You will then be prompted to listen to the passage again and to begin writing. You may repeat the recording as many times as necessary.

_____

_____

_____

_____

_____

_____

_____

Liaisons avec les mots et les sons
9-23

qu / ph / th / gn / ch

Some consonant combinations have a relatively constant pronunciation in French.
The combination **qu** is pronounced like the English *k* and the combination **th** like *t*.

critique	choque	**qu**and	**th**éâtre	**th**é	sympathique

The combination **ph** is pronounced like the English *f* and the combination **gn** like the *n* sound in *onion*.

photographie	télé**ph**one	ciné**ph**ato**gr**aphie	compa**gn**e	ga**gn**er	Espa**gn**e

The combination **ch** is usually pronounced like the English *sh*, as in *shush*. When the **ch** appears in a word that is borrowed from another language, pronounce it like *k*.

Examples of the *sh* sound:	blan**ch**e	**ch**ose	**ch**anson

Examples of the *k* sound:	psy**ch**ologie	**ch**œur	or**ch**estre

9-24 **Pratique A.** Listen to and repeat the following words.

1. la musi**qu**e
2. **qu**el**qu**efois
3. les mathématiques
4. la bibliothèque

5. la **ph**ysique
6. une **ph**armacie
7. la monta**gn**e
8. l'a**gn**eau

9. un **ch**ef-d'œuvre
10. une émission de télé**ach**at
11. un drame psy**ch**ologique
12. un **ch**œur

9-25 **Pratique B.** Underline all the consonant combinations **qu, ph, th, gn,** and **ch** in the titles of these French films. Check your answers and then listen to and repeat the film titles, directors, and dates after the speaker.

1. *Les quatre cents coups* de François Truffaut (1959) *(The 400 Blows)*

2. *Alphaville* de Jean-Luc Godard (1965)

3. *Chocolat* de Claire Denis (1988)

4. *Les diaboliques* de Henri-Georges Clouzot (1955)

5. *Le débarquement du congrès de photographie à Lyon* de Louis Lumière (1895) *(The Photographical Congress Arrives in Lyon)*

6. *Partie de campagne* de Jean Renoir (1936) *(A Day in the Country)*

7. *Bienvenue chez les Ch'tis* de Dany Boon (2008) *(Welcome to the Sticks)*

8. *L'auberge espagnole* de Cédric Klapisch (2002)

9. *L'arbre, le maire et la médiathèque* d'Éric Rohmer (1993) *(The Tree, the Mayor and the Mediatheque)*

10. *L'homme-orchestre* de Georges Méliès (1900)

9-26 Pratique C. Listen to these lines from the film *Liaisons,* underlining all the consonant combinations **qu, ph, th, gn,** and **ch.** Then, check your work and listen to and repeat the lines.

1. PROFESSEUR: Aujourd'hui, nous allons parler de la psychologie de la psychose... C'est un vaste sujet. Par exemple, qu'est-ce que «l'anormalité»?

2. CLAIRE: Je viens d'aider un homme très sympathique, et très... beau.

3. ALEXIS: Je ne suis pas un psychopathe.

4. ALEXIS: Claire Gagner. Vous attendez quelqu'un?

5. CLAIRE: La prochaine fois que vous êtes de passage à Montréal, ou au Québec... vous me le direz?

6. ALEXIS: J'ai beaucoup de choses à faire très tôt demain. À une prochaine fois, j'espère.

7. POLICIER: Laissez-moi vous accompagner.

8. ABIA: Quelqu'un a téléphoné. Une Française. Elle a dit qu'il s'agissait de quelque chose d'urgent, à propos de ton oncle.

Pratique D.

9-27 Étape 1. The speaker will spell out words that make up a sentence. Write the letters and accent marks you hear.

1. _____   7. _____

2. _____   8. _____

3. _____   9. _____

4. _____   10. _____

5. _____   11. _____

6. _____

Étape 2. Use the words you wrote in **Étape 1** to make a complete sentence that describes the action in the video still.

_____

_____

9-28 Étape 3. Now, listen to and repeat the sentence formed with the words you wrote in **Étape 2,** paying special attention to the consonant combinations **qu, ph, th, gn,** and **ch.**

Blog *Liaisons*

Avant de bloguer
. . . .

In **Séquence 5** of the film *Liaisons*, you saw Claire spend the day with Alexis in Quebec City after which she saw and chased the mysterious man who made her hotel reservation. She also learned that her uncle Michel had passed away. In this blog, discuss what you would do if you were in Claire's shoes.

Consider: Would you want to see Alexis again? Would you be scared of the mysterious man that you followed to the church? Would you try to find this man again? If you found him, what would you say to him? Would you go to France for your uncle's funeral (**l'enterrement**)? Would you first try to find out what the key is for? What would you think after all of the events of this day? For example, you may begin your blog with: **Si j'étais Claire, je...** or **À la place de Claire, je...**

Jot down your ideas in the following box before writing your blog.

Bloguer
. . . .

Using the template on the next page, write your blog about **Séquence 5**. Fill it in with at least six sentences in French describing your thoughts or reactions. Don't forget to think of a title (and maybe a slogan) and to date your blog!

Titre du blog (C'est le nom de votre blog. Exemple: Les fanas de *Liaisons*)

_____

Slogan (C'est le thème de votre blog. Exemple: Petites et grandes réactions par John Smith)

_____

Titre de votre article (Exemple: Si j'étais Claire)

_____

_____

Date _____

Article _____

_____

_____

_____

_____

_____

_____

_____

_____

_____

_____

_____

_____

_____

_____

_____

_____

_____

Les **relations** interpersonnelles

CHAPITRE **10**

VOCABULAIRE 1

Les caractéristiques personnelles

ACTIVITÉ A **Dans son temps libre…** You will hear descriptions of people's lifestyles. Select where you would most likely find them in their free time.

10-1

Modèle: *You hear:* Manon est une hippie.
You see: a. Elle est souvent dans un camping.   b. Elle est souvent dans un hôtel.
You select: **a**

1. a. Elle est souvent à la maison.   b. Elle est souvent au centre commercial.
2. a. Il est souvent en vacances.   b. Il est souvent à la maison.
3. a. Elle est souvent au concert.   b. Elle est souvent au bureau.
4. a. Il est souvent au bureau.   b. Il est souvent à la plage.
5. a. Elle est souvent à la maison.   b. Elle est souvent au bureau.
6. a. Il est souvent au gymnase.   b. Il est souvent devant la télé.

ACTIVITÉ B **Une profession logique** Decide which profession would be the most suitable for these values.

1. Le prestige: a. un infirmier   b. un enseignant   c. un homme d'affaires
2. La moralité: a. un avocat   b. un vendeur   c. un prêtre *(priest)*
3. La spiritualité: a. un ingénieur   b. un comptable   c. un prof de yoga
4. L'environnement: a. un ouvrier   b. un écologiste   c. une coiffeuse
5. L'amour: a. un comptable   b. un informaticien   c. un conseiller matrimonial
6. L'amitié: a. un avocat   b. un patron   c. un assistant social

ACTIVITÉ C Quelle caractéristique? Marie is describing her friends. Use the adjectives from the **lexique,** and write a short description that is appropriate for the friend.

LEXIQUE					
BAVARD	GÉNÉREUX	BÊTE	MALADROIT	SIMPLE	AVARE

Modèle: Antoine a des défauts. **Il est égoïste.**

1. Louise aime parler. _____

2. Clara donne souvent de l'argent aux pauvres. _____

3. Jules n'est pas intelligent. _____

4. Michelle tombe tout le temps. _____

5. Gabriel n'aime pas dépenser de l'argent. _____

6. Ethan aime les jeans et les tee-shirts. _____

ACTIVITÉ D Quelle activité? You will hear the speaker describe some of his neighbors. Using an expression from the **lexique,** say aloud their likely lifestyles. Then, check your answers and pronunciation when the speaker provides the correct responses. (6 items)

Modèle: *You hear:* Camille et Antoine font souvent du shopping.
You say: **Ce sont des accros du shopping.**

LEXIQUE	
DES BOURREAUX DE TRAVAIL	DES FANAS DE LA SANTÉ
DES CÉLIBATAIRES	DES MEMBRES DE LA JET-SET
DES ÉCOLOS	DES RETRAITÉS

ACTIVITÉ E Des valeurs différentes Decide what these people value based on the descriptions.

Modèle: Léa préfère avoir beaucoup d'amis. (l'environnement / l'amitié)
L'amitié lui est importante.

1. Christine va souvent à l'église. (le prestige / la spiritualité) _____
_____

2. Marc doit toujours avoir une copine. (l'amour / le succès) _____
_____

3. Inès recycle souvent et a une voiture hybride. (l'environnement / l'amitié) _____
_____

4. Louis est fidèle à sa femme. (l'infidélité / la fidélité) _____
_____

5. Mathis rêve toujours d'être prêtre *(priest).* (la moralité / le succès) _____
_____

6. Lina désire être heureuse dans la vie. (le bonheur / le prestige) _____
_____

ACTIVITÉ **F** **Comment décrire?** Choose the adjective that best describes these people, and write a complete sentence using it.

Modèle: Claude dit souvent des choses stupides en cours. (bête/avare)
Il est bête.

1. Francine pense toujours à elle-même et pas aux autres. (égoïste/simple) _____

_____

2. Claire sort avec plusieurs hommes en même temps. (jaloux/infidèle) _____

_____

3. Emma est heureuse et fière. (bête/bien dans sa peau) _____

_____

4. Luca va seulement dans des restaurants connus et chers. (prétentieux/avare) _____

_____

GRAMMAIRE 1

Pour parler de nos rapports

Les verbes réfléchis

ACTIVITÉ G **Une famille typique** Danielle is describing her family. Complete the sentences with the appropriate reflexive verb.

1. Ma sœur est écologiste. Elle _____ (s'inquiète/s'ennuie) tout le temps de l'environnement.

2. Ma mère est femme au foyer. Elle _____ (se met/s'entend) à nettoyer la maison à 7 heures du matin.

3. Notre maison est située dans la rue Voltaire. Notre maison _____ (s'en va/se trouve) dans la rue Voltaire.

4. Mes grands-parents sont retraités, et ils _____ (se sentent/se souviennent) bien de la Seconde Guerre mondiale.

5. Ma tante est une mère active. Elle _____ (se fâche/se demande) facilement parce qu'elle est stressée.

ACTIVITÉ H **Au téléphone avec Maman** Your mother is asking you a lot of questions during a phone conversation. Using an expression from the **lexique,** say aloud your response. Then, check your answers and pronunciation when the speaker provides the correct responses. (5 items)

10-3

LEXIQUE		
SE DÉTESTER	S'INQUIÉTER POUR SON ENFANT	SE SENTIR MAL
S'EN ALLER	SE MARIER AUJOURD'HUI	SE VOIR SOUVENT

Modèle: *You hear:* Jacques et Jacqueline ont leur cérémonie de mariage aujourd'hui?
You say: **Ils se marient aujourd'hui.**

ACTIVITÉ I **Dans le métro** Here are some bits of conversation overheard on the **métro.** Rephrase what you hear using a logical verb from the **lexique.**

LEXIQUE	
S'AIMER	S'ÉNERVER
S'AMUSER	SE PARLER

Modèle: Claire et Maxime ont une dispute. **Ils se fâchent.**

1. Marie aime Antoine. Antoine aime Marie. _____

_____

2. Ma mère et moi, nous sommes au téléphone. _____

_____

3. Vous regardez un film qui est très drôle. _____

_____

4. Lucas et Marc ne sont pas du tout contents. _____

_____

ACTIVITÉ **J** **Des rapports différents** Write the correct form of the verb that most logically completes each sentence.

1. Nicolas a fait la connaissance de Sandrine il y a trois ans; ils _____ (connaître/ se connaître) depuis trois ans.

2. Je _____ (voir/se voir) mon meilleur ami Jules de temps en temps sur le campus.

3. Marine et Julien sont tous les deux (both) prétentieux; donc, ils _____ (entendre/ s'entendre) très bien.

4. Pauline est très bien habillée, et elle sait où tous les magasins chics _____ (trouver/se trouver) à Paris.

5. Joséphine est avare, et Benjamin est généreux; ils _____ (quitter/se quitter) leur appartement souvent fâchés.

6. Julien _____ (demander/se demander) souvent pourquoi sa femme est si égoïste.

ACTIVITÉ **K** **Questions personnelles** Answer these questions with complete sentences, using personal information from your own life.

1. À quel âge est-ce que vous voudriez vous marier? Pourquoi? _____

_____

2. Que faites-vous quand vous ne vous sentez pas très bien? _____

_____

3. Avec quel type de personne vous disputez-vous le plus? Pourquoi? _____

_____

4. Avec quel type de personne vous entendez-vous le mieux? Pourquoi? _____

_____

5. Vous et vos parents, vous voyez-vous souvent? _____

_____

6. Où est-ce que la maison de vos parents se trouve? _____

_____

ACTIVITÉ **L** **Dictée: Toujours en voyage** You will hear a passage in which Georges describes the lifestyle that he and his wife lead. The first time you hear the passage, do not write anything. Just listen for comprehension. You will then be prompted to listen to the passage again and to begin writing. You may repeat the recording as many times as necessary.

_____

_____

_____

_____

_____

_____

_____

PARTIE 2

VOCABULAIRE 2

Les rapports personnels

10-5

ACTIVITÉ A Une description de qui? You will hear descriptions of the behaviors of certain people. Decide whether they are more characteristic of **un jeune couple** or **un vieux couple.**

	Un jeune couple	Un vieux couple
1.	☐	☐
2.	☐	☐
3.	☐	☐
4.	☐	☐
5.	☐	☐
6.	☐	☐
7.	☐	☐
8.	☐	☐

ACTIVITÉ B Adolescent ou retraité? Write whether the descriptions are more appropriate for **un adolescent** or **un retraité.**

1. Je me dépêche pour aller en cours. _____

2. Mon fils et moi, nous nous téléphonons souvent. _____

3. Marc se détend avec ses jeux vidéo. _____

4. Je me promène dans le parc avec ma femme. _____

5. Je me perds facilement. _____

6. Christophe ne se rappelle pas beaucoup de choses. _____

7. Je ne m'entends pas bien avec mes parents. _____

8. Je m'intéresse beaucoup à la musique rap. _____

9. Paul s'arrête de travailler. _____

10. Je me méfie des adultes. _____

10-6

ACTIVITÉ C Cause et effet You will hear statements about certain people's activities. Using an expression from the **lexique,** say aloud what they are doing. Then, check your answers and pronunciation when the speaker provides the correct responses. (6 items)

LEXIQUE	
S'EXCUSER	SE FIANCER
SE DÉPÊCHER	SE PROMENER
SE DÉTENDRE	SE RÉCONCILIER

Modèle: *You hear:* Arthur fait une faute à son examen.
You say: **Il se trompe.**

ACTIVITÉ D **Une amitié rare** Write the correct form of the verb that most logically completes each sentence.

J'ai une amie depuis longtemps. Elle (1) _____ (appeler/s'appeler) Lucie. Lucie

(2) _____ (appeler/s'appeler) notre amitié, une amitié très rare. Nous nous connaissons

depuis quinze ans. Je ne (3) _____ (rappeler/se rappeler) même pas le début de notre amitié!

Nous pensions que nous allions toujours être inséparables, mais nous (4) _____ (tromper/

se tromper). Dans un mois, Lucie va (5) _____ (installer/s'installer) dans une autre ville. Je

(6) _____ (demander/se demander) comment cela va (7) _____ (passer/se passer)!

ACTIVITÉ E **Des colocataires** Write a logical activity for roommates Thomas and Clément using a verb from the **lexique.**

> **LEXIQUE**
>
> S'INTÉRESSER SE PROMENER
>
> S'OCCUPER SE REPOSER
>
> SE MÉFIER SE TÉLÉPHONER

1. Thomas a besoin de prendre l'air. _____

_____

2. Clément a peur des femmes. _____

_____

3. Thomas et Clément aiment étudier l'anglais. _____

_____

4. Thomas est très fatigué. _____

_____

5. Quand ils ne sont pas ensemble, Thomas et Clément se parlent toujours au portable. _____

_____

6. Clément est responsable du ménage. _____

_____

ACTIVITÉ F **Questions au sujet de l'amour** Answer these questions in complete sentences based on your personal opinions or experiences.

1. À votre avis, est-ce qu'on peut se réconcilier après un divorce? Pourquoi ou pourquoi pas?

_____

2. Est-ce que les femmes se trompent plus que les hommes, à votre avis? _____

_____

3. Qui s'occupe plus du ménage chez vous, les femmes ou les hommes?

_____

4. Pour vous, est-ce qu'il est acceptable de s'embrasser en public? Pourquoi ou pourquoi pas?

_____

GRAMMAIRE 2

Pour parler du passé

Les verbes réfléchis au passé composé

ACTIVITÉ G La semaine passée Select the correct subject for these sentences.

1. … s'est amusé avec ses jeux vidéo.   a. Il   b. Elle

2. … se sont perdus dans un centre commercial.   a. Ils   b. Elles

3. … ne s'est pas occupée du ménage.   a. Il   b. Elle

4. … se sont rappelées toutes les scènes d'Harry Potter.   a. Ils   b. Elles

5. … ne se sont pas mises à faire les devoirs.   a. Ils   b. Elles

6. … s'est fâchée plusieurs fois avec tout le monde.   a. Il   b. Elle

7. … s'est préoccupé de sa vie sociale.   a. Il   b. Elle

8. … s'est regardée dans le miroir pendant deux heures.   a. Il   b. Elle

Conclusion À votre avis, ces personnes sont des adolescents ou des adultes? _____

ACTIVITÉ H En vacances Listen to Nathan begin to describe a recent vacation that he took with his sisters and parents. Select **a** or **b** to complete his descriptions.

Modèle: *You hear:* Ma sœur…
You see: a. ne s'est pas amusée.   b. ne s'est pas amusé.
You select: **a**

1. a. nous sommes toujours disputés.   b. nous sommes toujours disputées.

2. a. ne se sont pas intéressés aux activités.   b. ne se sont pas intéressées aux activités.

3. a. ne se sont pas occupées de notre chien.   b. ne se sont pas occupés de notre chien.

4. a. ne s'est pas détendue.   b. ne s'est pas détendu.

5. a. se sont sentis mal un soir.   b. s'est senti mal un soir.

6. a. me suis excusé à la fin du week-end.   b. me suis excusée à la fin du week-end.

Vrai ou faux? C'est une description de bonnes vacances. _____

ACTIVITÉ I Les jeunes mariés Write the correct form of the past participle of the verb that most logically completes each sentence.

1. Marie et Philippe se sont _____ (marier/souvenir) il y a un an.

2. Ils ne se sont pas souvent _____ (parler/demander).

3. Ils ne se sont pas _____ (mettre/téléphoner) au travail.

4. Ils ne se sont pas _____ (rendre compte de/donner) beaucoup de cadeaux.

5. Ils se sont _____ (disputer/trouver) presque tout l'été.

6. Six mois après leur mariage, ils se sont _____ (arrêter/quitter).

Conclusion C'est l'histoire d'un bon ou d'un mauvais mariage? _____

ACTIVITÉ J **Les événements d'hier** You will hear statements about events that happened yesterday. Using a verb from the **lexique,** say aloud a logical description of each event. Then, check your answers and pronunciation when the speaker provides the correct responses. (6 items)

LEXIQUE		
SE DÉPÊCHER	SE PERDRE	SE RÉCONCILIER
SE FIANCER	SE PROMENER	SE REPOSER

Modèle: *You hear:* Caroline a passé une journée extraordinaire.
You say: **Elle s'est amusée.**

ACTIVITÉ K **Et après?** Read these descriptions of events that happened yesterday, and write sentences that express what most logically happened afterward.

Modèle: J'étais très stressée hier, et j'ai fait du yoga. (s'aimer / se détendre)
Je **me suis détendue.**

1. Antoine voulait manger au restaurant japonais, mais sa femme voulait manger au restaurant italien.

   (s'inquiéter / se disputer) Ils _____

2. Mon ami et moi, nous avons cassé le vase de ma mère. (se demander / s'excuser)

   Nous _____

3. Camille a vu sa meilleure amie hier. (s'embrasser / se connaître).

   Elles _____

4. Noëlle est allée chez le psychiatre. (se sentir / se parler)

   Ils _____

5. Claude et Juliette voulaient se parler. (se téléphoner / se connaître)

   Ils _____

6. Marie et Georges ont eu une dispute terrible. (se quitter / s'amuser)

   Ils _____

ACTIVITÉ L **Une bonne solution!** Listen to these problems, and use the verb provided to write an affirmative or negative command.

Modèle: *You hear:* Votre sœur ne peut pas trouver sa jupe préférée.
You write: (s'inquiéter) À votre sœur: **Ne t'inquiète pas!**

1. (se fâcher) À votre ami: _____

2. (se reposer) À vos colocataires: _____

3. (se dépêcher) À votre ami: _____

4. (se fâcher) À votre voisin: _____

5. (se promener) À votre grand-mère: _____

6. (s'embrasser) À vos sœurs: _____

Nom _____ Date _____

ACTIVITÉ M De vieux amis Complete the conversation with the appropriate verb forms.

FRANÇOIS: Salut Mélanie! Nous (1) _____ (se voir/s'en aller) si peu cette année. Quoi de neuf?

MÉLANIE: Salut! Quelle journée! Ce matin, je (2) _____ (se disputer/se rendre compte) que j'ai oublié de rendre une composition très importante pour le cours d'anglais.

FRANÇOIS: Ne (3) _____ (se mettre/s'inquiéter) pas trop! Mais, comment est-ce que cela (4) _____ (se passer)?

MÉLANIE: J'étais très malade le week-end dernier. Je (5) _____ (se mettre/s'ennuyer) à vomir *(to vomit)* après un dîner au restaurant. Ma mère (6) _____ (se demander/ se regarder) si ce n'était pas une intoxication alimentaire. Je n'ai pas bien dormi pendant la nuit. Alors ce matin, j'étais très fatiguée, et je (7) _____ (se tromper/se trouver) de date pour rendre cette composition.

FRANÇOIS: C'est dommage. Je me rappelle un cas similaire où je (8) _____ (s'occuper/ s'inquiéter) du chien de mon colocataire pendant quelques heures. Je (9) _____ (s'en aller/se promener) dans le parc avec le chien et je (10) _____ (s'excuser/se perdre). J'ai oublié que c'était l'heure de mon cours de mathématiques.

MÉLANIE: Est-ce que tu (11) _____ (s'arrêter/se dépêcher) pour aller en cours?

FRANÇOIS: Oui, mais c'était trop tard. Le prof et moi, nous (12) _____ (se parler/se connaître) au cours suivant. Il (13) _____ (se fâcher/se disputer) seulement un peu, mais je (14) _____ (se méfier/s'excuser).

MÉLANIE: C'était sympa de te voir. Je dois (15) _____ (se méfier/s'en aller).

FRANÇOIS: J'espère que tu vas aller mieux. (16) _____ (se reposer/se passer) un peu chez toi, et tu vas te sentir mieux, j'en suis sûr!

ACTIVITÉ N Des conseils chez le psychologue Imagine that you are a psychologist giving your patients advice. Use an expression from the **lexique** to write an affirmative or a negative command for each situation. Use the **tu** form in your answers.

LEXIQUE	
S'EXCUSER AUPRÈS DE *(TO)* SES PARENTS	SE MÉFIER DE CERTAINS RÉSEAUX SOCIAUX *(SOCIAL NETWORKS)*
S'INQUIÉTER TROP DE SON AVENIR	SE METTRE À ÉCRIRE DANS UN JOURNAL INTIME *(DIARY)*

Modèle: Je suis toujours très stressé(e).
    Détends-toi en vacances une fois par an.

1. Je suis nerveuse pour l'année prochaine, et je ne peux pas penser au présent.

_____

2. J'ai dit de très mauvaises choses à mes parents quand j'étais adolescent.

_____

3. J'ai besoin d'exprimer mes pensées d'une façon personnelle.

_____

4. J'ai fait la connaissance d'une personne très bizarre sur Internet.

_____

ACTIVITÉ O Les activités de la semaine

Étape 1. What do you think the following people did this past weekend? Complete the sentences with suggestions from the **lexique**.

LEXIQUE	
S'AMUSER	SE PROMENER DANS LE PARC
SE DÉTENDRE AVEC UN ROMAN INTÉRESSANT	SE RENDRE COMPTE DE QUELQUE CHOSE D'IMPORTANT
S'INQUIÉTER DE QUELQUE CHOSE / POUR QUELQU'UN	SE REPOSER
SE METTRE À FAIRE DE LA GYM	SE TÉLÉPHONER PLUSIEURS FOIS
S'OCCUPER D'UN ENFANT	

Modèle: Mon amie, elle **s'est amusée à une fête d'anniversaire avec nos amis.**

1. Mon ami(e), il/elle _____

_____

2. Mes parents, ils _____

_____

3. Mon (Ma) prof de français, il/elle _____

_____

4. Moi, je _____

_____

Étape 2. Now use the expressions from the **lexique** to give orders (affirmative or negative) to these people about the current week.

Modèle: (À votre colocataire) **Ne t'inquiète pas de tes devoirs!**

1. (À votre colocataire) _____

2. (À vos parents) _____

3. (À votre prof de français)_____

4. (À ???) _____

ACTIVITÉ P **Dictée: Un résumé de ma journée** You will hear a passage in which Rachel describes her day yesterday. The first time you hear the passage, do not write anything. Just listen for comprehension. You will then be prompted to listen to the passage again and begin writing. You may repeat the recording as many times as necessary.

_____

_____

_____

_____

_____

_____

PARTIE **3**

VOCABULAIRE 3

L'expression personnelle

10-11

ACTIVITÉ A Quels médias? You will hear descriptions of the types of media various students like. Select the logical example of each type.

1. a. amazon.com   b. *Elle*   c. *Columbus Dispatch*
2. a. O   b. *The New York Times* c. *Newsweek*
3. a. *NY Times*   b. *US Weekly*   c. *Better Homes and Gardens*
4. a. *Redbook*   b. yahoo.com   c. *Wall Street Journal*
5. a. eBay   b. Facebook   c. *Chicago Tribune*

ACTIVITÉ B On a besoin de quoi? Write sentences to express the object or type of media these people need.

Modèle: Inès aime lire des potins sur les personnes célèbres chaque semaine.
Elle a besoin d'un hebdomadaire.

1. Clara navigue sur Internet en allant au campus. _____

_____

2. Nathan écrit beaucoup de textos. _____

_____

3. Alexandre veut exprimer ses pensées et ses sentiments dans un cahier personnel. _____

_____

4. Valentine raconte sa vie sur Internet. _____

_____

10-12

ACTIVITÉ C Quelle réponse? Select the appropriate response to each statement you hear.

1. a. Enfin!   b. Je regrette.
2. a. Formidable!   b. C'est dommage!
3. a. C'est dommage!   b. Merveilleux!
4. a. Génial!   b. Je regrette.
5. a. Enfin!   b. C'est dommage!
6. a. Super!   b. Je regrette.

🔊 **ACTIVITÉ D** **Comment décrire?** You will hear the speaker talk about her friends' activities. Say
10-13 aloud a logical response, using an adjective from the **lexique**. Then, check your answers and pronunciation
when the speaker provides the correct responses. (6 items)

	LEXIQUE	
AMUSANT	FRUSTRANT	REPOSANT
BOULEVERSANT	ÉNERVANT	FATIGANT

Modèle: *You hear:* Chantal a écrit une chanson personnelle pour l'anniversaire de son père.
You say: **C'est touchant.**

ACTIVITÉ E **Le mouvement technologique** Complete this paragraph in which a mother
describes her family's interaction with technology. If the answer is a verb, provide its correct form.

Quand je pense aux membres de ma famille et à leurs rapports à la technologie, je ne suis pas sûre de ce que

je (1) _____ (ressentir/toucher). Mon fils (2) _____ (raconter/regretter) toujours

des histoires intéressantes sur son (3) _____ (potin/blog). (4) _____ (Les

Smartphones/Les blogs) rendent mon mari très heureux, parce qu'il aime naviguer sur Internet quand il

voyage. Qu'est-ce qui est arrivé aux (5) _____ (journaux intimes/magazines)? De temps en

temps, un crayon et du papier sont tout ce qu'il faut pour des (6) _____ (pensées/réseaux

sociaux) et des (7) _____ (faits/sentiments).

ACTIVITÉ F **Ça vous rend comment?** Write logical reactions to these events, using expressions
from the **lexique**.

	LEXIQUE	
PLEURER	FAIRE PLAISIR À QUELQU'UN	ENNUYER QUELQU'UN
DÉRANGER	RENDRE QUELQU'UN INQUIET	TOUCHER

Modèle: Votre équipe préférée gagne un match important.
Ça me fait plaisir.

1. Vous recevez un beau cadeau de votre mère. _____

2. Des adolescents devant vous se parlent pendant un film. _____

3. Vous voyez un accident de voiture terrible. _____

4. Vous ne pouvez pas trouver votre chien. _____

ACTIVITÉ **G** **Les médias et vous** Using the suggestions in the **lexique,** complete these statements with information about your personal use of media and technology.

LEXIQUE		
UN SMARTPHONE	UN JOURNAL INTIME	RACONTER
EXPRIMER	LE MICROBLOGGING	UN SENTIMENT
UN HEBDOMADAIRE	PLEURER	UN SITE WEB

Modèle: La plupart du temps, je (lire) **lis les reportages dans une revue parce que les histoires sont intéressantes.**

1. De temps en temps, je/j' _____
_____ .

2. Parfois, je/j' _____
_____ .

3. Quelquefois, je/j' _____
_____ .

4. La plupart du temps, je/j' _____
_____ .

GRAMMAIRE 3

Pour exprimer la négation

Les expressions négatives

ACTIVITÉ H Compatible? Here are Marc's profile from match.com and statements from various women's profiles on the website. Read them and indicate whether or not the women would be a good match for him.

> Je m'appelle Marc Branlat. J'ai 32 ans et je suis ingénieur. Je fais de la gym tous les jours. Je suis un fana de la santé et aussi un végétarien, donc je ne mange jamais de viande. J'ai eu une seule petite amie sérieuse dans le passé parce que je suis très sérieux dans mes relations. Je suis toujours fidèle à mes copines. Je ne m'intéresse plus aux relations superficielles. Je cherche quelque chose de sérieux qui peut conduire *(lead)* au mariage. Je ne suis pas un grand fana de gros animaux domestiques qui sont une responsabilité énorme. Je n'ai ni chien ni chat. En plus, je ne veux pas du tout d'enfants. Je ne sors plus parce que je préfère rester à la maison. Je n'ai pas encore rencontré l'âme sœur *(soul mate)* sur ce réseau social, mais je suis enthousiaste et optimiste. Je pense que nous allons être le couple idéal!

	Compatible	Incompatible
1. Ma nourriture préférée est la viande.	☐	☐
2. Personne dans ma famille ne reste marié longtemps.	☐	☐
3. J'ai eu beaucoup de copains dans le passé.	☐	☐
4. Pour moi, rien n'est plus important que le mariage.	☐	☐
5. Je n'ai qu'un animal domestique, un poisson rouge.	☐	☐
6. Je ne m'intéresse jamais aux relations trop sérieuses.	☐	☐
7. J'aime faire du sport.	☐	☐
8. Je ne mange jamais d'aliments industriels.	☐	☐

ACTIVITÉ I Quelqu'un ou personne? Complete these sentences with **quelqu'un** or **personne.**

1. Il n'y a _____ dans le cours de français aujourd'hui.

2. _____ d'intéressant n'était dans le journal ce matin.

3. _____ d'ennuyeux m'a parlé pendant toute la soirée.

4. Je n'ai vu _____ sur le réseau social hier soir.

5. _____ a commencé un nouveau blog, mais j'oublie son nom.

6. _____ n'admettrait d'être obsédé *(obsessed)* par les potins.

ACTIVITÉ J Toujours en désaccord You will hear the speaker talk about the various things that her roommate does. Imagine that this person is your roommate and you are the exact opposite of her. Say aloud a logical contradiction, using choices from the **lexique.** Then, check your answers and pronunciation when the speaker provides the correct responses. (4 items)

LEXIQUE			
NE... JAMAIS	NE... PERSONNE/PERSONNE... NE	NE... PLUS	NE... RIEN/RIEN... NE

ACTIVITÉ K **Hier et aujourd'hui, quelle différence!** Annette is describing the good day she is having today and comparing it with yesterday, which was much worse. Based on the descriptions of her day, write a logical sentence about what occurred yesterday.

Modèle: Aujourd'hui, j'ai des amis à la maison. (ne… aucun[e] / ne… rien)
Hier, je n'ai eu aucun ami à la maison.

1. Aujourd'hui, je vois beaucoup d'amis. (ne… que / ne… personne) Hier, _____
_____.

2. Aujourd'hui, tout le monde me téléphone. (personne… ne / rien… ne) Hier, _____
_____.

3. Aujourd'hui, je prends un sandwich et un dessert. (ne… pas encore / ne… ni… ni) Hier, _____
_____.

4. Aujourd'hui, quelque chose d'intéressant se passe. (rien… ne / ne… jamais) Hier, _____
_____.

5. Aujourd'hui, je lis beaucoup de romans. (ne… aucun(e) / ne… personne) Hier, _____
_____.

6. Aujourd'hui, mon colocataire fait le ménage toute la journée. (ne… que / ne… jamais) Hier,
_____.

ACTIVITÉ L **Une mauvaise journée** Write a paragraph of at least five sentences that describes a bad day you have had in the past. Use at least three different negation expressions.

Modèle: **Je suis allé(e) à une fête, mais je n'ai fait la connaissance de personne.**
Je suis sorti(e) au restaurant, et je ne me suis pas du tout amusé(e).

_____
_____
_____
_____

ACTIVITÉ M **Dictée: La technologie dans ma vie** You will hear a passage about Édouard's media habits. The first time you hear the passage, do not write anything. Just listen for comprehension. You will then be prompted to listen to the passage again and to begin writing. You may repeat the recording as many times as necessary.

10-15

_____
_____
_____
_____
_____
_____
_____

Liaisons avec les mots et les sons

10-16   ### Les semi-voyelles

French has three semi-vowels, which are letter combinations that sound like vowels that glide from or into an accompanying vowel sound.

A semi-vowel sound occurs with **u** when it is pronounced like the vowel sound in **tu**. The sound then glides into the following vowel.

intellect**uel**	**suis**	biling**uis**me	**lui**	spirit**ua**lité	mens**uel**

A semi-vowel sound occurs with **y, i,** or **ill** when they are pronounced like the English *ee*. The sound then glides into the following sound.

fam**ille**	national	b**ien**	ch**ien**	pa**yer**	br**ill**ant	b**ille**ts

A semi-vowel sound occurs with **o** or **ou** when they are pronounced like the English *w* as in **soif**. The sound then glides into the following sound.

oui	m**oi**	b**oî**te	framb**oi**se	b**oi**re	L**oui**s XIV	b**oi**s

10-17   **Pratique A.** Listen to and repeat these words. Then indicate if the vowel sound represents **la semi-voyelle u**, **les semi-voyelles y, i, ill**, or **les semi-voyelles o** and **u**.

	u	**y/i/ill**	**o/u**
1. individuel	☐	☐	☐
2. gentille	☐	☐	☐
3. gestion	☐	☐	☐
4. histoire	☐	☐	☐
5. loyer	☐	☐	☐
6. nuit	☐	☐	☐
7. quotidien	☐	☐	☐
8. revoir	☐	☐	☐
9. voici	☐	☐	☐
10. nuages	☐	☐	☐
11. pluie	☐	☐	☐
12. virtuelle	☐	☐	☐
13. Brésilien	☐	☐	☐
14. fille	☐	☐	☐
15. communication	☐	☐	☐
16. polluer	☐	☐	☐
17. ennuyer	☐	☐	☐
18. couloir	☐	☐	☐
19. Louisiane	☐	☐	☐
20. institution	☐	☐	☐

10-18 Pratique B. Listen to and repeat these sentences which are taken from the **Un mot sur la culture** readings in your textbook. Then, in each sentence, underline the word that contains **les semi-voyelles u, y/i/ill,** or **o/ou.**

1. … quand on rencontre une personne pour la première fois, on a l'habitude de lui poser des questions.

2. Voici des réseaux sociaux populaires parmi les internautes français…

3. … les Français ne croyaient pas forcément à la possibilité d'avoir à la fois une carrière professionnelle et une vie familiale.

4. Aujourd'hui, on constate une transformation… : une famille heureuse et une carrière réussie.

10-19 Pratique C. Listen to and repeat these sentences. Then, write 1 for **la semi-voyelle u,** 2 for **les semi-voyelles y, i,** or **ill,** and 3 for **les semi-voyelles o** or **ou.**

1. CLAIRE: J'attends un étranger, celui qui me suit partout au Québec.

_____

2. CLAIRE: Pourriez-vous me donner les indications pour retourner à l'hôtel… ?

_____

3. MME PAPILLON: Je crois que vous êtes sa seule famille avec votre maman, n'est-ce pas?

_____

4. ALEXIS: [...] cette fois-ci, ce n'est pas une coïncidence.

_____

5. CLAIRE: J'espère qu'on aura d'autres occasions...

_____

6. MME LEGRAND: Je dois m'habiller… me maquiller…

_____

Pratique D.

10-20 Étape 1. The speaker will spell out words that make up a sentence. Write the letters and accent marks you hear. Then, use the words to make a complete sentence related to what Claire said in the scene shown in the video still.

1. _____   4. _____
2. _____   5. _____
3. _____   6. _____

10-21 Étape 2. Now, listen to and repeat the sentence formed with the words you wrote in **Étape 1,** paying special attention to the semi-vowels.

Le courrier électronique

Avant d'écrire
. . . .

François Dubois, your French friend from Lyon, is emailing you and his other American friends to tell you all about his new girlfriend. Read his email and think about how you might respond with information about a new relationship that you have with a friend, a romantic interest, or a roommate.

Écrire un message

↶ 🖅 Envoyer   🖳 Enregistrer   🗐 Joindre un fichier   ✖ Annuler

A : François Dubois <fdubois64@courrielpf.fr>   Accès au Répertoire
Copie : Mes amis américains   ☑ Conserver une copie

Objet : Ma nouvelle copine!   **Priorité :** normale ⬍

Chers amis,

J'ai de bonnes nouvelles. J'ai une nouvelle copine! C'est une femme brésilienne qui étudie en France. Nous nous sommes rencontrés il y a 3 mois sur un réseau social. Nous nous entendons si bien. Elle n'est ni égoïste ni jalouse. En plus, c'est une vrai fana de la santé. De temps en temps, nous nous disputons un peu, parce que je ne veux jamais manger la nourriture saine qu'elle prépare. Nous n'avons eu qu'une dispute sérieuse, mais nous nous sommes réconciliés. Malheureusement, je commence à m'inquiéter, car elle doit retourner au Brésil dans quelques mois. Nous nous sommes beaucoup parlé mais nous n'avons pas du tout parlé de son retour. Sa famille est jalouse de notre relation, et personne ne veut nous voir ensemble. Cependant, je me sens si heureux quand je suis avec elle, et je suis sûr que nous allons rester ensemble. Rien ne peut nous séparer!

Comment allez-vous? Avez-vous une nouvelle relation? J'aimerais avoir de vos nouvelles sur vos relations et vos pensées.

Amicalement,
François

Écrire
. . . .

Using the following template and vocabulary and grammar you have already learned, write an email to François consisting of 6–8 French sentences in which you describe a new relationship in your life.

Ecrire un message

⤺ ▷ Envoyer   ▷ Enregistrer   ❘❘ Joindre un fichier   ✗ Annuler

A : [_____]   Accès au Répertoire
Copie : [_____]   ☑ Conserver une copie

Objet : [_____]   **Priorité :** [normale ⬍]

Cher François,

La **vie** en **action**

CHAPITRE 11

PARTIE **1**

VOCABULAIRE 1

Les modes de vie et les transports

ACTIVITÉ A **Les transports possibles** Listen to each statement and indicate whether it is **vrai** or **faux**.

11-1

	vrai	faux			vrai	faux
1.	☐	☐		**4.**	☐	☐
2.	☐	☐		**5.**	☐	☐
3.	☐	☐		**6.**	☐	☐

ACTIVITÉ B **Les moyens de transport** You will hear descriptions of various means of transportation.

11-2 Select the type of transport being described.

Modèle: *You hear:* Ce n'est pas cher.
You see: a. l'avion   b. à pied
You select: **b**

1. a. le covoiturage   b. l'avion   **4.** a. l'autobus   b. le camion

2. a. une mobylette   b. une moto   **5.** a. le métro   b. un 4 × 4

3. a. à pied   b. en métro   **6.** a. le vélo   b. la mobylette

ACTIVITÉ C **Les types de transport** Put an X next to the means of transportation that *does not* belong in each series.

Modèle: _____ la moto, _____ la mobylette, __X__ la voiture, _____ le vélo

1. _____ la voiture, _____ la camionnette, _____ le 4 × 4, _____ la mobylette

2. _____ l'avion, _____ le vélo, _____ le camion, _____ la voiture

3. _____ la moto, _____ le métro, _____ la voiture, _____ l'autobus

4. _____ le bateau, _____ le covoiturage, _____ le taxi, _____ le camion

5. _____ le bus, _____ l'avion, _____ le vélo, _____ le taxi

ACTIVITÉ D **Les transports et la vitesse** On a scale from 1 to 6, where 1 is the most rapid and 6 the slowest, classify the different means of transportation according to their speed.

_____ a. en train   _____ d. à pied

_____ b. en mobylette   _____ e. à vélo

_____ c. en avion   _____ f. en voiture

Nom _____ Date _____

🔊 **ACTIVITÉ E** **Vous et les moyens de transport** You will hear questions about the characteristics
11-3 of various means of transportation. Listen and say aloud the answers. Then, check your answers and
pronunciation when the speaker provides the correct response. (6 items)

Modèle: *You hear:* Où est-il possible de lire le journal? Dans un avion ou sur un vélo?
You say: **dans un avion**

ACTIVITÉ F **Quel type de véhicule?** Complete the sentences with the appropriate type of
transportation.

Modèle: Toyota est une **voiture** japonaise.

1. Un U-Haul est une _____.

2. Harley Davidson est une marque de _____ américaine.

3. Les _____ de New York sont jaunes.

4. Les _____ de Greyhound sont très confortables.

5. Air France a acheté des _____ encore plus rapides.

6. Le Tour de France est la course de _____ la plus célèbre au monde.

7. Un _____ transporte des marchandises sur les routes.

8. Avec le _____, on peut faire le trajet entre Paris et Londres en moins de trois heures.

ACTIVITÉ G **Conduire, construire, détruire ou traduire?** Choose the appropriate verb and
conjugate it in the present tense.

1. Nous (conduire/construire) _____ la voiture pour aller au travail.

2. Le camion (détruire/traduire) _____ la moto.

3. Ils (construire/traduire) _____ un texte de Shakespeare en français.

4. Vous (construire/traduire) _____ une maison.

5. Tu (traduire/conduire) _____ cette moto depuis longtemps?

6. Je (traduire/conduire) _____ une petite voiture.

ACTIVITÉ H **La poste** Complete the sentences with the appropriate terms in the word bank.

LEXIQUE			
BOÎTE AUX LETTRES	CARTE POSTALE	COURRIER	TIMBRE
CAMIONNETTE	COLIS	EXPRESS	TRAJET

1. On peut acheter une enveloppe et un (1) _____ à la poste.

2. Le facteur conduit une (2) _____ pour transporter et livrer le (3) _____.

3. Le facteur fait le (4) _____ de la poste à chez vous six fois par semaine.

4. Quand on veut envoyer un courrier en (5) _____, on peut payer avec une carte de crédit.

5. Je vais à la poste parce que j'ai reçu un (6) _____ qui ne rentre pas dans ma

   (7) _____.

6. Aujourd'hui, le facteur apporte une (8) _____ de mes parents qui sont en Californie.

GRAMMAIRE 1

Pour parler de l'avenir

Le futur

ACTIVITÉ I Futur ou présent? Listen to the speaker talk about her life and her projects. Determine whether she is referring to the present or the future.

Modèle: *You hear:* J'ai une maison.
You select: **Présent**

1. a. Présent   b. Futur

2. a. Présent   b. Futur

3. a. Présent   b. Futur

4. a. Présent   b. Futur

5. a. Présent   b. Futur

6. a. Présent   b. Futur

ACTIVITÉ J Des habitudes différentes Complete the sentences with the appropriate subject pronouns.

1. Demain, _____ prendrons le dîner à la maison.

2. La prochaine fois, _____ sortirai seul.

3. La semaine prochaine, _____ t'amuseras bien.

4. Ce soir, _____ feront leurs devoirs.

5. _____ pourrai étudier demain.

6. L'année prochaine, _____ ira en France.

7. _____ devrez bientôt payer.

8. _____ pourra étudier ce week-end.

ACTIVITÉ K La bonne fortune Listen to what a fortune teller says and indicate whether each fortune is **une bonne nouvelle** or **une mauvaise nouvelle.**

	Une bonne nouvelle	Une mauvaise nouvelle
1.	☐	☐
2.	☐	☐
3.	☐	☐
4.	☐	☐
5.	☐	☐
6.	☐	☐

ACTIVITÉ L Une bonne idée? Vraiment? Marie's eight-year-old niece is talking about her projects for this year. Listen to her ideas and indicate whether she will or will not be able to do each project.

Modèle: *You hear:* J'aurai une voiture.
You see: Tu pourras le faire.   Tu ne pourras pas le faire.
You select: **Tu ne pourras pas le faire.**

Tu pourras le faire.	Tu ne pourras pas le faire.
1. ☐	☐
2. ☐	☐
3. ☐	☐
4. ☐	☐
5. ☐	☐
6. ☐	☐
7. ☐	☐
8. ☐	☐

ACTIVITÉ M Les transports What type of transportation will you use in these situations? Complete the sentences with the future tense of the appropriate verbs.

Modèle: Pour aller en France, je **prendrai** (prendre / aller) l'avion.

1. Pour aller à New York, je/j' _____ (prendre / louer) le train.

2. Pour aller à l'aéroport, nous _____ (prendre / aller) le taxi.

3. Pour vous déplacer à New York, vous _____ (conduire / aller) une voiture.

4. Pour aller de Brooklyn à Manhattan, elles _____ (prendre / conduire) le métro.

5. S'il fait beau, tu _____ (prendre / aller) à pied chercher du pain chaque matin.

6. Si tu prends le métro, tu _____ (acheter / détruire) un ticket de métro.

ACTIVITÉ N L'avenir de Laure Laure is about to graduate and talks about her future. Complete her sentences with the future tense of the appropriate verbs.

1. Aussitôt que je finirai mes études, je _____ (se marier / se fâcher).

2. Dès que je serai en week-end, mes amis et moi, nous _____ (se demander / s'amuser).

3. Si je ne gagne pas beaucoup d'argent, je _____ (s'ennuyer / se parler) beaucoup.

4. Si je sors avec mes amies, nous _____ (se parler / se demander) toute la soirée.

5. Je _____ (s'entendre bien / se marier) avec ma famille. C'est très important pour moi.

6. Ma famille et moi, nous _____ (s'aimer / se regarder) beaucoup.

7. Je ne _____ (se fâcher / se regarder) jamais avec mes parents.

8. Ma famille et moi, on _____ (s'aimer / se demander) tout le temps.

ACTIVITÉ O La fin de vos études You will hear questions about what you will do after you complete your studies. Say aloud your answers. Then, check your answers and pronunciation after the speaker provides the responses. (8 items)

Modèle: *You hear:* Après vos études, voyagerez-vous?
You say: **Oui, je voyagerai.** ou **Non, je ne voyagerai pas.**

ACTIVITÉ (P) Conversations Complete these sentences with the future tense of the appropriate verbs.

1. —Je ne sais pas où je (1) _____ (être/avoir) l'année prochaine.

   —Moi non plus, je pense que je (2) _____ (travailler/pouvoir) à Paris.

2. —Quand tu (3) _____ (terminer/prendre) tes études, tu (4) _____ (faire/rester) dans la même (same) ville?

   —Non. Je (5) _____ (voyager/être) et je (6) _____ (faire/avoir) le tour du monde.

3. —Mes amis, dès qu'ils (7) _____ (étudier/finir) leurs études, ils (8) _____ (avoir/être) des enfants.

   —Bon courage! Moi, aussitôt que j'aurai une situation stable, j' (9) _____ (aller/acheter) un chien. Je (10) _____ (choisir/finir) un Shih Tzu ou un Beagle.

ACTIVITÉ (Q) Les projets de Guillaume Guillaume and his friends love to have fun and hate to work. Write sentences to describe whether Guillaume and his friends will or will not do the following activities this weekend.

Modèles: étudier vendredi soir   Guillaume **n'étudiera pas vendredi soir**.
manger au restaurant   Ses amis **mangeront au restaurant**.

1. prendre un verre à la tour Eiffel

   Guillaume et ses amis _____.

2. faire le ménage samedi matin

   Guillaume _____.

3. passer l'aspirateur dimanche soir

   Son amie Sarah _____.

4. aller à la bibliothèque samedi soir

   Guillaume et son ami Pierre _____.

5. sortir dans les bars ce week-end

   Guillaume _____.

ACTIVITÉ (R) Les résolutions de Rachel pour la nouvelle année Complete these sentences about Rachel's New Year's resolutions with the future tense of the appropriate verbs.

| ALLER | AVOIR | PASSER | PRENDRE | VISITER |

C'est décidé! L'année prochaine, je/j' (1) _____ plus de loisirs et je/j' (2) _____ plus de temps avec ma cousine. Il faut aussi que je voyage plus. C'est pourquoi je/j' (3) _____ plus de jours de vacances. Avec ma cousine, nous (4) _____ des endroits merveilleux et nous (5) _____ dans tous les pays d'Europe.

ACTIVITÉ **S** **Une interview** A journalist interviews a member of the national French soccer team. Complete the exchanges with the future tense of the appropriate verbs from the word banks.

ALLER	JOUER	VISITER

1. —Vous jouez cette saison pour Paris. Pour quelle équipe (1) _____-vous l'année prochaine?

   —L'année prochaine, j' (2) _____ à Marseille. Ma femme et moi (3) _____ le sud de la France le mois prochain pour acheter une maison.

ALLER	S'AMUSER	COÛTER	ÊTRE	FAIRE	HABITER

2. —Pour quelle raison (4) _____-vous à Marseille?

   —La vie (5) _____ moins cher, le ciel (6) _____ toujours bleu, il
   (7) _____ beau tous les jours, j' (8) _____ près de la mer et mes enfants
   (9) _____ plus. Ça fait beaucoup de bonnes raisons, non?

COMPRENDRE	DIRE	VOIR

3. —Oui bien sûr. Je comprends. Mais pensez-vous que les fans (10) _____?

   —Je ne sais pas, on (11) _____ bien. L'avenir nous le (12) _____!

ACTIVITÉ **T** **Les résolutions pour la nouvelle année**

Étape 1. Read the New Year's resolution of some students at your university and determine if **c'est une bonne idée** or if **c'est une mauvaise idée**.

1. L'année prochaine, j'étudierai tous les week-ends.
   a. C'est une bonne idée.   b. C'est une mauvaise idée.

2. L'année prochaine, je m'occuperai de mes amis.
   a. C'est une bonne idée.   b. C'est une mauvaise idée.

3. L'année prochaine, j'irai en prison.
   a. C'est une bonne idée.   b. C'est une mauvaise idée.

4. L'année prochaine, je ne sortirai pas de ma chambre.
   a. C'est une bonne idée.   b. C'est une mauvaise idée.

5. L'année prochaine, j'apprendrai une langue étrangère.
   a. C'est une bonne idée.   b. C'est une mauvaise idée.

6. L'année prochaine, je serai dans un bar tous les soirs.
   a. C'est une bonne idée.   b. C'est une mauvaise idée.

Étape 2. Complete the New Year's resolutions with the future tense of the appropriate verbs.

1. (s'occuper / pouvoir) Je _____ de ma famille.

2. (sortir / prendre) Nous _____ moins souvent.

3. (s'amuser / finir) Nous _____ plus le week-end.

4. (étudier / quitter) Nous _____ tous les soirs.

5. (prendre / sortir) Je _____ de bons plats.

6. (fumer / terminer) Je _____ mes études cette année.

Étape 3. Now, express your New Year's resolutions by completing these sentences in the future tense.

1. L'année prochaine, je _____.

2. Le soir, je _____.

3. Le week-end, je _____.

4. Mes amis et moi, nous _____.

5. À l'université, je _____.

ACTIVITÉ U Dictée: Le futur voyage de Catherine You will hear a passage about a trip Catherine will take. The first time you hear the passage, do not write anything. Just listen for comprehension. You will then be prompted to listen to the passage again and to begin writing. You may repeat the recording as many times as necessary.

11-8

_____

_____

_____

_____

_____

_____

_____

_____

_____

PARTIE 2

VOCABULAIRE 2

Partons en vacances

🔊 **ACTIVITÉ A C'est qui?** Listen to people talk about their travels. Write **a** if the traveler is **un homme**
11-9 **d'affaires.** Write **b** if the traveler is **un étudiant.**

Modèle: *You hear:* Je descends dans un hôtel de luxe.
You write: **a**

1. _____   3. _____   5. _____

2. _____   4. _____   6. _____

🔊 **ACTIVITÉ B C'est où?** Listen and indicate where each situation takes place.
11-10
1. a. à l'hôtel   b. dans l'avion   4. a. à l'arrêt de bus   b. à l'hôtel

2. a. à l'aéroport   b. à la gare   5. a. au motel   b. dans un avion

3. a. à la gare   b. à l'hôtel   6. a. dans une chambre double   b. dans un avion

ACTIVITÉ C Les voyages Select the term that matches each definition.

1. C'est un logement de luxe qui coûte très cher.
   a. un gîte du passant   b. un hôtel cinq étoiles

2. Ce billet permet de se rendre dans une autre ville mais pas de rentrer chez soi.
   a. un billet aller-simple   b. un billet aller-retour

3. Vous ne pourrez pas allumer une cigarette dans cette chambre.
   a. une chambre non-fumeurs   b. une chambre double

4. Vous en payez quand vous avez trop de valises à l'aéroport.
   a. des frais supplémentaires   b. des agents de voyage

5. Si vous êtes étudiant, ce sera le choix le plus économique.
   a. un hôtel trois étoiles   b. une auberge de jeunesse

6. Vous prendrez ce moyen de transport si vous allez à la gare S.N.C.F.
   a. l'autobus   b. le train

7. Si vous prenez la voiture, il faut toujours avoir ce document avec vous.
   a. un passeport   b. un permis de conduire

8. C'est ce que l'employé d'un hôtel vous donne quand vous arrivez à l'hôtel.
   a. une tente   b. une clé

ACTIVITÉ D Vous êtes où? Read each description and determine if you are still **dans l'aéroport** or
if you are already **dans l'avion.**

1. Vous demandez une boisson à l'agent de bord. Vous êtes _____.

2. Vous présentez votre passeport à l'agent de sécurité. Vous êtes _____.

3. Vous attachez votre ceinture de sécurité. Vous êtes _____.

4. Vous passez au contrôle de sécurité. Vous êtes _____.

5. Vous enregistrez vos valises. Vous êtes _____.

6. Vous payez des frais supplémentaires. Vous êtes _____.

Nom _____ Date _____

ACTIVITÉ E Les bons conseils Use the word bank to complete the travel agent's advice.

LEXIQUE					
DÉCLARER	ÉCONOMIQUE	ENREGISTRER	LUXE	NON-FUMEURS	PASSEPORT

1. Si vous allez à l'étranger, vous aurez besoin d'un _____.

2. Si vous n'avez pas d'argent, vous voyagerez en classe _____.

3. N'oubliez pas de _____ vos achats à la douane.

4. Si vous n'aimez pas fumer, prenez une chambre _____.

5. Si vous aimez le luxe, réservez une chambre dans un hôtel de _____.

6. Si vous avez beaucoup de valises, vous devrez les _____ avant d'embarquer.

ACTIVITÉ F Le nécessaire de voyages You will hear descriptions of objects and situations. Say whether the object is **utile** or **inutile** for the situation. Then, check your answers and pronunciation when the speaker gives the correct response. (8 items)

Modèle: *You hear:* Un billet d'avion à l'aéroport. C'est utile ou inutile?
You say: **C'est utile.**

ACTIVITÉ G Différents voyageurs Complete each blank with the most logical word.

1. Un homme d'affaires voyage souvent en classe (1) _____. Il utilise Internet pour réserver son (2) _____ d'avion et sa chambre d'hôtel. Quand il descend dans un hôtel, c'est souvent un hôtel (3) _____ étoiles. S'il n'a pas envie de sortir pour manger, il peut commander le (4) _____ de chambre.

2. Un fana de la nature n'aime pas les aéroports donc il ne prend pas souvent (5) l'_____. Pour des raisons écologiques, il préfère voyager à vélo ou à pied. Pour se loger à la campagne, il aime dormir dans une (6) _____.

3. Quand les membres d'une famille nombreuse prennent l'avion, ils voyagent habituellement en classe (7) _____. Et quand ils descendent à l'hôtel, ils choisissent un (8) _____ comme Super 8 ou Travelodge.

4. Les gens qui n'aiment pas les hôtels mais qui adorent les petits déjeuners peuvent descendre dans un (9) _____ du passant.

5. Si on voyage avec quelqu'un, on peut demander une chambre (10) _____.

ACTIVITÉ H Les voyages

Étape 1. You will hear a conversation between Caroline and Élodie. Indicate whether each statement is true (**vrai**) or false (**faux**).

	vrai	faux		vrai	faux
1. Élodie a acheté un billet d'avion.	☐	☐	4. Élodie n'aime pas les auberges de jeunesse.	☐	☐
2. Élodie est allée à la gare.	☐	☐	5. Élodie descend dans un hôtel de luxe.	☐	☐
3. Élodie va à Paris pour la première fois.	☐	☐	6. Élodie a déjà fait ses valises.	☐	☐

Étape 2. Write three sentences to describe your travel habits.

_____
_____

GRAMMAIRE 2

Pour relier deux idées

Les pronoms relatifs *qui, que, dont* et *où*

ACTIVITÉ I Les stars, les films et les émissions Select the answers that match the descriptions you hear.

11-13

1. a. Jim Carrey   b. Jackie Chan
2. a. Le Parrain *(The Godfather)*   b. *Harry Potter*
3. a. Stanley Kubrick   b. Michael Moore
4. a. *Le Daily Show*   b. *20/20*
5. a. Oprah Winfrey   b. Jon Stewart
6. a. Audrey Tautou   b. Sandra Bullock

ACTIVITÉ J À Hollywood Select the correct relative pronoun for each sentence.

1. *The Fifth Element* est un film _____ Luc Besson a réalisé *(directed)*.
   a. qui   b. que   c. où   d. dont

2. *12 Years a Slave* est un film _____ a gagné un Oscar.
   a. qui   b. que   c. où   d. dont

3. *Avatar* est un film _____ le réalisateur est James Cameron.
   a. qui   b. que   c. où   d. dont

4. Hollywood est la ville _____ habitent beaucoup d'acteurs et d'actrices.
   a. qui   b. que   c. où   d. dont

5. Marion Cotillard est l'actrice française _____ est dans le film *La vie en rose*.
   a. qui   b. que   c. où   d. dont

6. Colin Firth est l'acteur _____ beaucoup de femmes aiment.
   a. qui   b. que   c. où   d. dont

ACTIVITÉ K Identification First, complete each description with the appropriate pronoun (**qui, que, dont, où**). Then, select the option (**a** or **b**) that identifies what is being described.

1. C'est une ville américaine _____ le nom est français. _____
   a. Boston   b. Baton Rouge

2. C'est l'État _____ Elvis est né. _____
   a. le Mississippi   b. le Texas

3. C'est un livre _____ les enfants lisent. _____
   a. *Harry Potter*   b. *Misery*

4. C'est un film _____ le héros est un rat. _____
   a. *Shrek*   b. *Ratatouille*

5. C'est une université _____ est une Ivy League. _____
   a. Harvard   b. SUNY

6. C'est une université _____ coûte très cher. _____
   a. New York Community College   b. Yale

ACTIVITÉ (L) *Qui* ou *que*? Complete the sentences with the relative pronoun **qui** or **que**.

1. La voiture _____ nous avons achetée est une Nissan.

2. Si tu veux une voiture _____ est très chère, achète une Mercedes.

3. L'homme _____ conduit cette camionnette est le président de cette compagnie.

4. La voiture _____ nous conduisons est très confortable.

5. L'homme _____ regarde le vélo est mon père.

6. L'homme _____ le vélo passionne est mon oncle.

ACTIVITÉ (M) Les préférences de Valérie Fill in the blanks with the appropriate pronouns (**qui, que, dont, où**).

1. La boisson (1) _____ j'aime le plus, c'est le Coca Cola. C'est une boisson (2) _____

   n'est pas bonne pour la santé mais (3) _____ on trouve facilement et (4) _____ n'est

   pas chère.

2. Le livre (5) _____ je préfère est *Harry Potter*. C'est un livre (6) _____ le héros est

   anglais. Dans le premier livre, Harry va à la gare de King's Cross, (7) _____ il prend le Poudlard

   Express (8) _____ le conduit jusqu'à sa nouvelle école.

ACTIVITÉ (N) Vos loisirs

Étape 1. One of your classmates wants to know about your leisurely activities. Determine what the second part of each of her questions should be.

1. Quelle est la revue…   a. que tu as achetée?   b. que tu as lu?

2. Quels sont les films…   a. que tu as vus?   b. que tu as acheté?

3. Quels sont les livres…   a. que tu as réservé?   b. que tu as lus?

4. Quelles sont les chansons…   a. que tu as écoutées?   b. que tu as aimé?

5. Quels sont les pays…   a. que tu as connu?   b. que tu as visités?

6. Quelle est la bouteille…   a. que tu as bu?   b. que tu as achetée?

Étape 2. Complete the sentences with the correct form of the past participle and information about yourself.

1. Le week-end dernier, l'émission que j'ai (voir) _____ est _____.

2. L'année dernière, les films que j'ai (voir) _____ sont _____.

3. Cette année, les livres que j'ai (lire) _____ sont _____.

ACTIVITÉ (O) Dictée: En voyage avec ma mère You will hear a passage about a young
11-14 woman's trip with her mother. The first time you hear the passage do not write anything. Just listen for comprehension. You will then be prompted to listen to the passage a second time and to begin writing. You may repeat the recording as many times as necessary.

_____

_____

_____

_____

PARTIE 3

VOCABULAIRE 3

Que porter?

 ACTIVITÉ A Que porter pour un entretien? You will hear some articles of clothing. Indicate
11-15 whether it is a good idea or a bad idea for a man to wear them for a job interview.

Modèle: *You hear:* une cravate
You see: C'est une bonne idée.   C'est une mauvaise idée.
You select: **C'est une bonne idée.**

	C'est une bonne idée.	C'est une mauvaise idée.		C'est une bonne idée.	C'est une mauvaise idée.
1.	☐	☐	**5.**	☐	☐
2.	☐	☐	**6.**	☐	☐
3.	☐	☐	**7.**	☐	☐
4.	☐	☐	**8.**	☐	☐

 ACTIVITÉ B Les vêtements et le sport You will hear some articles of clothing. If a woman would
11-16 wear them at a gym, write **a** for **c'est normal.** Write **b** for **ce n'est pas normal** if she would not.

Modèle: *You hear:* des tennis
You write: **a**

1. _____   3. _____   5. _____   7. _____

2. _____   4. _____   6. _____   8. _____

ACTIVITÉ C Différentes occasions Read what these persons are wearing and determine what
they are doing.

1. Thierry porte un smoking.
   a. Il va au travail.   b. Il va à un mariage.

2. Patricia porte un maillot de bain et des lunettes de soleil.
   a. Elle va à la plage.   b. Elle va en cours de français.

3. Virginie porte des chaussures à talons, un tailleur et un chemisier.
   a. Elle va travailler au bureau.   b. Elle fait de l'aérobic.

4. Hugo porte une casquette, un sweat, des baskets et un jogging.
   a. Il fait du surf.   b. Il fait du jogging.

5. Marc porte un short, des sandales et un tee-shirt.
   a. Il va à la plage.   b. Il va au travail.

6. Céline porte un anorak, un pantalon, un pull à col roulé et des gants.
   a. Elle fait du patinage.   b. Elle fait de la planche à voile.

 ACTIVITÉ D Qu'emmener? Listen to Pierre tell you where and when he will be traveling this year
11-17 and suggest aloud what he should bring. Then, check your answers and pronunciation when the speaker
gives the correct response. (6 items)

Modèle: *You hear:* Je vais à Baton Rouge en juillet. J'emmène un short ou un manteau?
You say: **Vous emmenez un manteau.**

Nom _____ Date _____

ACTIVITÉ E Les magasins et le style Write whether or not one can typically buy the following clothes at the stores indicated.

Modèle: un smoking / CVS   **On ne peut pas acheter un smoking à CVS.**

1. sous-vêtements / Victoria's Secret _____

2. vêtements démodés / Goodwill _____

3. costume à la mode / K-Mart _____

4. robe chic / Sport Mart _____

ACTIVITÉ F Décrivez Describe each piece of clothing and accessory Claire and Alexis are wearing.

1. Claire _____

_____.

2. Alexis _____

_____.

ACTIVITÉ G À chacun son style

11-18 **Étape 1.** You will hear a conversation between Carla and Jeanne. Indicate whether each statement is true (**vrai**) or false (**faux**).

	vrai	faux
1. Carla a un entretien.	☐	☐
2. Carla a acheté de la nourriture.	☐	☐
3. Carla a beaucoup de tailleurs.	☐	☐
4. Carla a acheté des chaussures à talons.	☐	☐
5. Jeanne et Carla vont acheter un chemisier.	☐	☐
6. Un chemisier blanc ira très bien avec le tailleur de Carla.	☐	☐

Étape 2. Describe what you usually wear for these different types of occasion or activity.

1. Que portez-vous pour faire du sport? _____

_____

2. Que portez-vous pour aller en cours? _____

_____

3. Que portez-vous pour un entretien d'embauche (*job interview*)? _____

_____

4. Que portez-vous pour faire du ski? _____

_____

GRAMMAIRE 3

Pour parler des personnes et des choses non-spécifiées

Les adjectifs et les pronoms indéfinis

ACTIVITÉ **H** **Tout va bien? Vraiment?** Listen to Sandrine talk about her life. For each statement you hear, determine which phrase best describes the situation: **tout va bien** or **quelque chose ne va pas.**

Modèle: *You hear:* J'ai perdu tout mon argent.
You see: a. Tout va bien. b. Quelque chose ne va pas.
You select: **b**

1. a. Tout va bien.   b. Quelque chose ne va pas.
2. a. Tout va bien.   b. Quelque chose ne va pas.
3. a. Tout va bien.   b. Quelque chose ne va pas.
4. a. Tout va bien.   b. Quelque chose ne va pas.
5. a. Tout va bien.   b. Quelque chose ne va pas.
6. a. Tout va bien.   b. Quelque chose ne va pas.

ACTIVITÉ **I** **Tout, toute, tous ou toutes?** Complete the following sentences with the appropriate form of **tout.**

1. _____ mes vêtements sont sales.

2. J'ai mangé _____ le poisson.

3. J'ai dormi pendant _____ la croisière.

4. _____ mes chaussures sont usées *(worn-out).*

5. _____ les hommes portent un pantalon.

6. Je te vois _____ à l'heure!

ACTIVITÉ **J** **Chaque ou chacun?** Complete these sentences with the adjective **chaque** or the pronoun **chacun(e).**

1. _____ étudiant dans votre cours veut réussir.

2. _____ des étudiants a une vie en dehors de l'université.

3. Natalie aime _____ de ses professeurs.

4. Elle étudie pour _____ cours avec le même sérieux.

5. Elle a eu un A à _____ de ses dissertations.

6. Elle passe _____ soir à la bibliothèque.

7. Elle s'amuse _____ fois qu'elle sort.

8. _____ de ses amis est sympathique.

🔊 **ACTIVITÉ** Ⓚ **Vous êtes à Walmart.** You will hear statements and questions about things that you can buy at Walmart. Pay attention to the relative pronouns to determine what they refer to, and answer the questions aloud. Then, check your answers and pronunciation after the speaker provides the responses. (6 items)

Modèle: *You hear:* J'en ai vu quelques-uns en noir. Ce sont des ceintures ou des gants?
You say: **Ce sont des gants.**

ACTIVITÉ Ⓛ **Régine et l'Internet** Complete what Régine thinks about the Internet with the appropriate form of the following words.

QUELQUES	QUELQUES-UNS	QUELQUES-UNES

Hier soir, j'ai fait les courses sur Internet. J'ai acheté des vêtements. J'ai acheté (1) _____ paires de chaussettes. C'était vraiment nécessaire. (2) _____ des chaussettes étaient noires, d'autres blanches. J'avais aussi besoin de tee-shirts. (3) _____ des tee-shirts que j'ai achetés sont très à la mode.

CERTAIN(E)S	LE/LA/LES MÊME(S)

Sur Facebook, on apprend (4) _____ informations intéressantes. Chloé m'a dit qu'elle a quitté son petit ami, mais sur Facebook ce n'est pas (5) _____ chose. C'est Marc qui a quitté Chloé.

TOUT/TOUTE/TOUS/TOUTES	PLUSIEURS

Sur Facebook, on parle ouvertement de (6) _____ sa vie. (7) _____ le monde peut accéder à (8) _____ nos informations personnelles. (9) _____ personnes ont déjà eu des problèmes. (10) _____ ça me fait peur.

ACTIVITÉ Ⓜ **Des réponses aux questions** Complete the questions with the appropriate form of **lequel.**

Modèle: **Lequel** de ces présidents a été assassinés: Lincoln ou Reagan?

1. — _____ parles-tu?
   — Je parle du blouson Calvin Klein.

2. — _____ as-tu achetées?
   — J'ai acheté les chaussures bleues.

3. — _____ as-tu choisie?
   — J'ai choisi la croisière en Amérique du Sud.

4. — _____ aimes-tu?
   — J'aime la montre Cartier.

5. — _____ est-ce que tu penses?
   — Je pense à celui que j'ai perdu.

6. — _____ Pierre a-t-il lu?
   — Il a lu ce livre.

🔊 **ACTIVITÉ (N)** **Dictée: Mes vêtements** You will hear a passage in which a young woman tells you
11-21 about her clothes. The first time you hear the passage, do not write anything. Just listen for comprehension.
You will then be prompted to listen to the passage again and to begin writing. You may repeat the recording
as many times as necessary.

_____

_____

_____

_____

_____

_____

_____

_____

_____

Liaisons avec les mots et les sons

11-22 ## Les sons /z/ et /s/

You already learned that the **s** sound in a **liaison** is pronounced /**z**/.

très occupé	deux écharpes	trois imperméables	vous aidez

An **s** is also pronounced /**z**/ when it occurs between two vowels.

un blouson	une chemise	Isabelle	un magasin

An **s** is pronounced /**s**/ when it occurs at the beginning of a word.

un sac	des sandales	un smoking	un siège

An **s** is pronounced /**s**/ before or after a pronounced consonant.

une casquette	un costume	transporter	Mustapha

A double **ss** is pronounced /**s**/.

les chaussures	les chaussettes	un passeport	les tissus

The following spellings also have the sound /**s**/: **ç, c** followed by **i** or **e**, and **t** in -**tion**.

Ça va	un bracelet	une ceinture	la natation

11-23 **Pratique A.** Listen to and repeat these words in which the **liaison** is pronounced /**z**/.

1. les États-Unis
2. nous avons
3. ils ont
4. dix-huit
5. les amis
6. des anoraks
7. les autres hommes
8. trois ans
9. prends-en

11-24 **Pratique B.** Listen to and repeat these words in which **s** is pronounced /**s**/.

1. un passeport
2. une pièce
3. un siège
4. la classe affaires
5. les chaussures
6. les chaussettes
7. un costume
8. des baskets
9. ancien

11-25 **Pratique C.** Listen and identify the expression you hear. Remember that the **liaison** is pronounced /**z**/.

1. a. ils ont   b. ils sont
2. a. nous avons   b. nous savons
3. a. vous aurez   b. vous saurez
4. a. les eaux   b. les sceaux (*seals*)
5. a. vos oies (*geese*)   b. vos soies (*silks*)
6. a. les orties (*nettles*)   b. les sorties
7. a. leurs îles   b. leurs cils
8. a. nos ondes (*waves*)   b. nos sondes (*probes*)
9. a. les hommes   b. les sommes
10. a. les os   b. les sauces

11-26 Pratique D. Listen to these lines from the film *Liaisons,* circling all the /s/ sounds and underlining all the /z/ sounds. Then, check your work and listen to and repeat the lines.

1. CLAIRE: Je ne suis pas tombée sur ces documents par hasard.

2. CLAIRE: Il faut que je fasse mes valises.

3. CLAIRE: Ne t'inquiète pas. Tout ça s'arrangera.

4. CLAIRE: C'est l'homme qui m'a donné l'enveloppe avec la réservation au Frontenac.

5. CLAIRE: Monsieur […] comme je le disais tout à l'heure…

Pratique E.

11-27 Étape 1. The speaker will spell out words that make up a sentence. Write the letters and accent marks you hear.

1. _____

2. _____

3. _____

4. _____

5. _____

6. _____

7. _____

8. _____

9. _____

10. _____

Étape 2. Use the words you wrote in **Étape 1** to make a complete sentence that describes the action in the video still.

_____

_____

11-28 Étape 3. Now, listen to and repeat the sentence formed with the words you wrote in **Étape 2,** paying special attention to any /s/ or /z/ sounds.

Blog *Liaisons*

Avant de bloguer
· ·

In **Séquence 6** of the film *Liaisons,* you saw Claire at the Banque Nationale where she opened a safety deposit box with papers and photographs. She stopped and stared at one particular photograph: that of Rémy Tremblay, a man she had previously met in Montreal. However that picture was taken in June 1964. Although the man looked exactly like Rémy Tremblay, it could not possibly be him. In this blog, you will discuss two possible explanations for the photographs of Rémy Tremblay. Conclude your blog by making one comparison between **Séquence 6** and a previous **séquence** you have seen.

Consider: Why would Rémy Tremblay be identical to a person who lived in 1964? What is a plausible explanation? Who could this man be? Is this segment more or less interesting or mysterious than a previous segment? Why? For example, you may begin your comparison with: **Cette séquence est...** or **La scène où Claire trouve la clé est...**

Jot down your ideas in the following box before writing your blog.

Bloguer
· ·

Using the template on the next page, write your blog about **Séquence 6.** Fill it in with at least six sentences in French describing your thoughts or reactions. Don't forget to think of a title (and maybe a slogan) and to date your blog!

Titre du blog (C'est le nom de votre blog. Exemple: Les fanas de *Liaisons*)

_____

_____

Slogan (C'est le thème de votre blog. Exemple: Petites et grandes réactions par John Smith)

_____

_____

Titre de votre article (Exemple: La photo mystérieuse)

_____

_____

Date _____

Article _____

_____

_____

_____

_____

_____

_____

_____

_____

_____

_____

_____

_____

_____

_____

_____

_____

_____

_____

_____

_____

La santé

CHAPITRE 12

PARTIE 1

VOCABULAIRE 1

L'hygiène personnelle

ACTIVITÉ A **Les produits** Associate the body parts you hear with the appropriate products.

1. a. un peigne   b. un rasoir   c. le dentifrice
2. a. la lotion   b. le shampooing   c. le savon
3. a. la crème à raser   b. la brosse à cheveux   c. le savon
4. a. le maquillage   b. une brosse à dents   c. la crème solaire
5. a. un sèche-cheveux   b. le maquillage   c. le savon

ACTIVITÉ B **Les parties du corps** Indicate which body part does not belong in the group.

1. a. la cheville   b. les doigts   c. le pied   d. la jambe
2. a. le bras   b. la main   c. la jambe   d. le coude
3. a. la langue   b. la bouche   c. les dents   d. les épaules
4. a. la tête   b. les cheveux   c. les oreilles   d. le genou
5. a. le cou   b. la gorge   c. la tête   d. les pieds

ACTIVITÉ C **Quel personnage?** Match the correct character with each description.

1. Il aime taper *(beat)* sur sa poitrine.   a. Casper   b. Tarzan
2. Il a un ventre plat *(flat)*.   a. Shrek   b. le Prince charmant
3. Son dos est large *(broad)*.   a. Hulk   b. Blanche-Neige
4. Ses genoux sont souples *(flexible)*.   a. Homer Simpson   b. Dora l'exploratrice

ACTIVITÉ D **Les associations** Write the body part associated with each item.

Modèle: une écharpe: **la gorge**

1. les chaussures: _____   4. un collier: _____
2. un chapeau: _____   5. un pantalon: _____
3. les gants: _____   6. des lunettes de soleil: _____

Nom _____ Date _____

12-2

ACTIVITÉ E Qu'est-ce que c'est? You will hear a description of a product. Say aloud which product the description refers to. Then, check your answers and pronunciation when the speaker provides the correct responses. (4 items)

Modèle: *You hear:* C'est un produit pour les hommes. C'est le rasoir ou le maquillage?
You say: **C'est le rasoir.**

ACTIVITÉ F Les marques célèbres Identify what product the following brands are famous for.

LEXIQUE					
LE DENTIFRICE	LE DÉODORANT	LE SAVON	LE SHAMPOOING	LE RASOIR	LA CRÈME SOLAIRE

1. Colgate: _____

2. Dial Bar: _____

3. Banana Boat: _____

4. Gillette: _____

5. Head & Shoulders: _____

6. Speed Stick: _____

12-3

ACTIVITÉ G Faire les courses You will hear a conversation between Delphine and Marie. Indicate whether the statements are **vrai** or **faux.**

	vrai	faux
1. Delphine et Marie partagent un appartement.	☐	☐
2. Elles ont fait une liste.	☐	☐
3. Elles doivent acheter du shampooing.	☐	☐
4. Elles n'ont pas de dentifrice.	☐	☐
5. Elles n'ont pas de déodorant.	☐	☐
6. Elles doivent acheter du maquillage.	☐	☐

ACTIVITÉ H Qu'est-ce qu'il faut acheter? Write what each person needs to buy.

Modèle: Marc doit laver ses cheveux. (shampooing / une brosse à cheveux)
Il doit acheter du shampooing.

1. Amélie veut être belle pour une soirée ce soir. (maquillage / serviette) _____

_____

2. Paul doit prendre une douche. (peigne / savon) _____

_____

3. Béatrice veut aller à la plage. (crème solaire / dentifrice) _____

_____

4. La barbe de Pierre est trop longue. (rasoir / shampooing) _____

_____

5. Le coude de Viviane est très sec *(dry)*. (lotion / sèche-cheveux) _____

_____

6. Antoine va aller à la salle de gymnastique. (crème solaire / serviette) _____

_____

GRAMMAIRE 1

Pour parler de l'hygiène personnelle et de la routine

Encore des verbes réfléchis

12-4

ACTIVITÉ I **Que fait-elle?** You will hear descriptions of Véronique's routine. Listen to what she is doing and determine if **(a) elle va à l'école** or **(b) elle va au lit.**

Modèle: *You hear:* Elle se réveille à 8 heures.
You see: a. Elle va à l'école. b. Elle va au lit.
You select: **a**

1. a. Elle va à l'école.   b. Elle va au lit.
2. a. Elle va à l'école.   b. Elle va au lit.
3. a. Elle va à l'école.   b. Elle va au lit.
4. a. Elle va à l'école.   b. Elle va au lit.
5. a. Elle va à l'école.   b. Elle va au lit.
6. a. Elle va à l'école.   b. Elle va au lit.
7. a. Elle va à l'école.   b. Elle va au lit.
8. a. Elle va à l'école.   b. Elle va au lit.

ACTIVITÉ J **La routine** Which activity is usually and logically done right before these activities?

1. Je me douche.   a. Je m'habille.   b. Je me déshabille.
2. Elle s'endort.   a. Elle se couche.   b. Elle se lève.
3. Nous nous levons.   a. Nous nous endormons.   b. Nous nous réveillons.
4. Elles se sèchent.   a. Elles se maquillent   b. Elles se douchent.
5. Je me prépare.   a. Je me réveille.   b. Je m'endors.
6. Tu te coupes.   a. Tu te rases.   b. Tu te brosses.

ACTIVITÉ K **Les habitudes et les professions** Complete the sentences with the present tense of the appropriate reflexive verb.

1. Un chirurgien _____ (se couper/se laver) les mains avant une opération.

2. Un clown _____ (se maquiller/se brosser) le visage avant une représentation (*performance*).

3. Avant d'aller au travail, on se douche et on _____ (se sécher/se coucher) les cheveux.

4. Un judoka _____ (se couper/se déshabille) les ongles (*nails*) avant un combat.

5. Un cycliste _____ (se raser/se laver) les jambes avant une course.

6. Les dentistes _____ (se laver/s'endormir) les dents avant de recevoir leurs patients.

12-5

ACTIVITÉ L **Les habitudes des étudiants** You will hear questions about students' daily routines. Listen and say aloud the answers. Then, check your answers and pronunciation when the speaker provides the correct responses. (6 items)

Modèle: *You hear:* Le matin, on se réveille ou on se couche?
You say: **On se réveille.**
You hear: On se réveille.

ACTIVITÉ M Vrai ou faux? You will hear a conversation between Paul and Sylvie. Indicate whether the statements are **vrai** or **faux**.

	vrai	faux
1. Sylvie s'est couchée vers 11 heures.	☐	☐
2. Sylvie est étudiante.	☐	☐
3. Sylvie s'est lavée ce matin.	☐	☐
4. Sylvie s'est maquillée.	☐	☐
5. Paul s'est rasé.	☐	☐
6. Paul s'est lavé.	☐	☐

ACTIVITÉ N Qui parle? Who is talking—Lise or Laurent?

1. Ce matin je me suis levé immédiatement.   a. Lise   b. Laurent
2. Je me suis douchée.   a. Lise   b. Laurent
3. Je me suis lavé.   a. Lise   b. Laurent
4. Je me suis séchée.   a. Lise   b. Laurent
5. Avant de partir, je me suis habillé chaudement.   a. Lise   b. Laurent
6. Je me suis maquillée.   a. Lise   b. Laurent

ACTIVITÉ O La matinée de Stéphane et de Myriam Complete the description of how Stéphane spent yesterday morning.

LEXIQUE						
SE COUCHER	SE DOUCHER	SE MAQUILLER	SE LAVER	SE SÉCHER	SE LEVER	S'HABILLER

Hier, je (1) _____ à 11 heures car *(because)* ce matin Myriam et moi, nous

(2) _____ tôt. Je (3) _____ rapidement et je (4) _____

les dents. Myriam (5) _____ les cheveux et (6) _____. Nous

(7) _____ très rapidement. J'ai mis un costume élégant et Myriam a mis une robe

très belle.

ACTIVITÉ P Qui est quoi? Read about what Gilles did and answer the questions.

Modèle: *You read:* Gilles a lavé le chien. Qui est propre?
     You see: a. le chien   b. Gilles   c. Gilles et le chien
     You select: **a**

1. Gilles s'est lavé avec le chien. Qui est propre?
  a. le chien   b. Gilles   c. Gilles et le chien

2. Gilles s'est endormi près du chien. Qui dort?
  a. le chien   b. Gilles   c. Gilles et le chien

3. Gilles a perdu le chien. Qui est perdu?
  a. le chien   b. Gilles   c. Gilles et le chien

4. Gilles s'est perdu à cause du *(because of the)* chien. Qui est perdu?
  a. le chien   b. Gilles   c. Gilles et le chien

ACTIVITÉ Q Les activités Choose **a** or **b** to complete these sentences about students' activities at a boarding house. (Remember that the past participle does not agree with its subject in the **passé composé** when a direct object follows it.)

1. Kara s'est maquillé _____. a. ce matin b. les yeux

2. Sarah s'est maquillée _____. a. hier soir b. le visage

3. Pierre et Jean se sont lavé _____. a. avant de manger b. les mains

4. Luc et Antoine se sont lavés _____. a. après le dîner b. les pieds

5. Anne et Samira se sont séchées _____. a. après la douche b. les cheveux

6. Sophie et Vanessa se sont séché _____. a. avant de sortir b. les mains

ACTIVITÉ R À l'appartement Complete these sentences about the activities of residents at an apartment building. Select the correct verb and write it in the **passé composé**. Pay attention to whether or not the past participle needs agreement.

1. Ce matin, Romain et David _____ (se brosser/se couper) les dents pendant cinq minutes.

2. Annie et Nicole _____ (s'habiller/se déshabiller) avant de sortir.

3. Marie _____ (se brosser/se raser) les jambes parce qu'elle avait un rendez-vous.

4. Kim et Julie _____ (se laver/se lever) les cheveux pendant vingt minutes.

5. Marc et Luc _____ (se doucher/se réveiller) avec du savon biologique.

6. Diane _____ (se sécher/se maquiller) avec du nouveau maquillage.

7. Laura et Lucie _____ (se brosser/se doucher) les cheveux après le petit déjeuner.

8. Un ambulance est arrivée parce que Carole _____ (se couper/se laver).

ACTIVITÉ S La matinée d'Emma et de Laure

12-7 **Étape 1.** You will hear a conversation between Emma and Laure. Indicate whether the statements are **vrai** or **faux**.

	vrai	faux
1. Emma s'est couchée à 9 heures.	☐	☐
2. Emma a un cours de maths à 9 heures 30.	☐	☐
3. Emma s'est lavé les dents ce matin.	☐	☐
4. Elle s'est séché les cheveux ce matin.	☐	☐
5. Emma s'est amusée hier soir.	☐	☐
6. Habituellement, elle se maquille le matin.	☐	☐

Étape 2. Complete the sentences to describe what Laure did this morning. Choose the appropriate verb and pay attention to whether or not the past participle needs agreement.

LEXIQUE			
SE BROSSER	SE LAVER	SE LEVER	SE PRÉPARER

1. Ce matin, je _____ tôt car *(because)* j'ai un cours à 8 heures.

2. Je _____ les cheveux après avoir mangé.

3. Je _____ les dents avant d'aller en cours.

4. Ensuite, je _____ pour mes cours.

ACTIVITÉ T La petite Mathilde Mathilde is five years old. Decide whether a five year-old girl would logically do or not do each activity. Write affirmative or negative sentences in the **passé composé** with the elements provided.

1. Hier/Mathilde/se réveiller/tôt pour aller à l'école _____

_____

2. Elle/se brosser/les dents _____

_____

3. Elle/se raser/les jambes _____

_____

4. Elle/se sécher/quand elle est sortie de la salle de bains _____

_____

5. Elle/se maquiller/avant d'aller à l'école _____

_____

6. Elle/s'habiller/avant de prendre le bus _____

_____

7. Elle/se laver/les mains après l'école _____

_____

8. Elle/se coucher/très tard _____

_____

ACTIVITÉ U Vous et votre routine Complete the descriptions of your habits.

Étape 1. Use reflexive verbs in the present tense to describe what you usually do.

1. Avant de venir en cours, je _____.

2. Avant de me coucher, je _____.

3. Le week-end, je _____.

Étape 2. Describe what you did this morning using reflexive verbs in the **passé composé**.

1. Ce matin, je _____.

2. Ensuite, je _____.

ACTIVITÉ V Dictée: Julie se prépare pour aller en cours You will hear a passage about what Julie did this morning. The first time you hear the passage, do not write anything. Just listen for comprehension. You will then be prompted to listen to the passage again and to begin writing. You may repeat the recording as many times as necessary.

_____

_____

_____

_____

_____

PARTIE **2**

VOCABULAIRE 2

Toutes les créatures

12-9

ACTIVITÉ A Quel animal peut-on acheter dans une animalerie? You will hear the names of various animals. Indicate if they can be bought in a pet store.

Modèle: *You hear:* une girafe
You select: oui /(non)

1. oui / non   6. oui / non

2. oui / non   7. oui / non

3. oui / non   8. oui / non

4. oui / non   9. oui / non

5. oui / non   10. oui / non

12-10

ACTIVITÉ B Un animal dangereux? You will hear the names of various animals. Say aloud whether they are dangerous or not. Then, check your answers and pronunciation when the speaker provides the correct responses. (10 items)

Modèle: *You hear:* un lion   or   *You hear:* un hamster
You say: **C'est dangereux.**   *You say:* **Ce n'est pas dangereux.**

ACTIVITÉ C Les animaux et leurs caractéristiques Choose the correct answer to each question.

1. Quel animal est dangereux?
   a. le canard   b. la chèvre   c. l'ours

2. Quel animal mange des carottes?
   a. le lapin   b. le requin   c. le chat

3. Qui est le roi des fauves *(big cats)*?
   a. le tigre   b. le lion   c. l'éléphant

4. Quel animal peut-on transporter en avion?
   a. un chien   b. un ours   c. un requin

5. Quel animal a des poils?
   a. un requin   b. un chat   c. un aigle

6. Quel animal n'a pas de pattes?
   a. le coq   b. le canard   c. le serpent

7. Quel animal est le symbole des États-Unis?
   a. l'aigle   b. l'ours blanc   c. le bison

8. Quel animal est le symbole de la France?
   a. le coq   b. la grenouille   c. le hamster

9. Quel animal a deux pattes?
   a. la chèvre   b. l'aigle   c. l'ours

10. Quel animal n'a pas de poils?
    a. un lion   b. un chat   c. un poisson

ACTIVITÉ D Quel animal? Complete these definitions with the name of an animal from the **lexique**.

LEXIQUE			
LA CHÈVRE	LE COCHON	LA GRENOUILLE	LE SERPENT
LE CHIEN	LE COQ	LE LION	LE TIGRE

1. C'est un animal qui vit en Afrique. C'est un prédateur. C'est _____.

2. C'est le meilleur ami de l'homme. Il n'aime pas les chats. C'est _____.

3. C'est un reptile dangereux. Il n'a pas de pattes. C'est _____.

4. C'est un animal qui a la réputation d'être sale. Il est rose ou noir. C'est _____.

5. C'est un oiseau qui chante tous les matins. C'est _____.

6. C'est un animal aux poils blancs, noirs et orange qui vit en Inde. C'est _____.

7. C'est un animal vert qu'on mange en France. C'est _____.

8. C'est un animal très connu pour son lait et pour le fromage qu'on en fait. C'est _____.

ACTIVITÉ E Les animaux célèbres What animals are these famous characters?

Modèle: Peter Rabbit est **un lapin.**

1. Jaws est _____.

2. Winnie l'ourson est _____.

3. Rémy du film *Ratatouille* est _____.

4. Tigger est _____.

5. Woody Woodpecker est _____.

6. Simba est _____.

7. Lassie est _____.

8. Babe est _____.

ACTIVITÉ F Les phrases logiques Create logical sentences with the elements provided.

Modèle: (un hamster / un rat) être/animal/domestique.
      Un hamster est un animal domestique.

1. (les ours / les requins) habiter/dans/forêt _____

_____

2. (les rats / les oiseaux) aimer/manger/fromage _____

_____

3. (les chèvres / les grenouilles) savoir/nager/très/bien _____

_____

4. (les hamsters / les poissons) avoir/moustaches/et/queue _____

_____

5. (un lapin / un chat) avoir/queue/long _____

_____

6. (un aigle / un cochon) être/animal/que/on/pouvoir/manger _____

_____

GRAMMAIRE 2

Pour exprimer les désirs et les obligations

Les verbes réguliers au subjonctif

ACTIVITÉ G Les mesures de prudence au zoo The director of a zoo made these statements. Write **a** for *c'est un bon conseil* and **b** for *c'est un mauvais conseil*.

1. _____ Il est important que vous ne caressiez pas les lions.

2. _____ Il ne faut pas que vous buviez l'eau où il y a les ours.

3. _____ Il faut que vous mangiez avec les tigres.

4. _____ Nous préférons que vous mettiez votre main dans la cage aux lions.

5. _____ Nous aimons mieux que vous donniez votre bras au tigre.

6. _____ Il vaut mieux que le tigre ne vous touche pas.

ACTIVITÉ H Au zoo The managers of a zoo posted some guidelines for visitors. Complete the statements with the appropriate form of the verb.

1. Nous désirons que vous _____ le règlement.   a. connaissez   b. connaissiez

2. Il faut que le tigre _____ son déjeuner à 11 heures.   a. prenne   b. prend

3. Il faut que l'employé _____ bien les singes.   a. connaît   b. connaisse

4. Il vaut mieux que nous ne _____ pas les lions.   a. vendons   b. vendions

5. Nous préférons que vous ne _____ pas les grenouilles.   a. mangiez   b. mangez

6. Il est important que nous ne _____ pas avec les requins.   a. nageons   b. nagions

ACTIVITÉ I Le règlement du zoo Complete these rules posted at a municipal zoo with **il faut** or **il ne faut pas.**

1. _____ que vous dormiez avec les lions.

2. _____ que vous nagiez avec les requins.

3. _____ que vous restiez à l'extérieur des cages.

4. _____ que vous caressiez un tigre.

5. _____ que vous visitiez le parc entre 9 heures et 19 heures.

6. _____ que vous donniez à manger aux lions.

ACTIVITÉ J Ce que les gens veulent You will hear questions about what people want from other people. Say your answers aloud. Then, check your answers and pronunciation when the speaker provides the correct responses. (6 items)

12-11

Modèle: *You hear:* Les parents veulent que leurs enfants réussissent ou qu'ils boivent?
You see: Les parents veulent que...
You say: **Les parents veulent que leurs enfants réussissent.**

1. Les professeurs veulent que...   4. Ma famille veut que...

2. L'université préfère que...   5. Quand on est fatigué, il faut...

3. Le professeur de français veut que...   6. Mes professeurs veulent que...

ACTIVITÉ K **Les études à l'université** Complete the paragraph with the present subjunctive of the verbs in the **lexique**.

LEXIQUE					
ACHETER	COMPRENDRE	DORMIR	RECEVOIR	SORTIR	VENIR

À l'université, il vaut mieux que les étudiants ne (1) _____ pas trop. Il faut qu'ils

(2) _____ ce que *(what)* les professeurs disent. Personnellement, il faut que je/j'

(3) _____ en cours tous les jours. Il est important que je/j' (4) _____ des bonnes

notes et que je/j' (5) _____ bien toutes les nuits. Il faut aussi que je/j' (6) _____

mes livres cette semaine.

ACTIVITÉ L **The Biggest Loser** Imagine that you are coaching participants in the TV show *The Biggest Loser*. Select the appropriate verb and write it in the present subjunctive to complete the commands that you are giving the participants.

1. Il faut que vous _____ (prendre / lire) de l'eau.

2. Il est important que vous _____ (finir / jouer) au football.

3. Je ne veux pas que vous _____ (manger / boire) du soda.

4. Il faut que vous _____ (manger / sortir) bien.

5. Il est essentiel que tu _____ (écouter / goûter) mes conseils *(advice)*.

6. Il faut que nous _____ (acheter / connaître) notre corps.

7. Il faut que vous _____ (obéir / aider) à mes ordres.

8. Je suis content(e) qu'ils _____ (s'amuser / prendre) en faisant du sport.

ACTIVITÉ M **Votre professeur de français et vous** Give advice to your French professor by completing the following sentences.

1. Il faut que vous _____.

2. Il ne faut pas que vous _____.

3. Il vaut mieux que vous _____.

4. Je désire que vous _____.

5. Je préfère que vous _____.

ACTIVITÉ N **Dictée: Le premier jour de classe** You will hear a passage about what John needs to do during his first day of class. The first time you hear the passage, do not write anything. Just listen for comprehension. You will then be prompted to listen to the passage again and to begin writing. You may repeat the recording as many times as necessary.

12-12

_____

_____

_____

_____

_____

PARTIE 3

VOCABULAIRE 3

Rester en forme

🔊 **ACTIVITÉ A Que faire?** You will hear a series of health-related situations. Indicate what you would
12-13 do in each case by selecting either **Je vais aux urgences** or **Je prends rendez-vous chez le médecin.**

	Je vais aux urgences.	Je prends rendez-vous chez le médecin.
Modèle: Tu as un rhume.	☐	☒

	Je vais aux urgences.	Je prends rendez-vous chez le médecin.
1.	☐	☐
2.	☐	☐
3.	☐	☐
4.	☐	☐
5.	☐	☐
6.	☐	☐
7.	☐	☐
8.	☐	☐

ACTIVITÉ B Un check-up Decide whether these actions are usual (**habituel**) or unusual
(**inhabituel**) during a check-up at the doctor's office.

1. Le médecin me prend la tension artérielle.	a. habituel	b. inhabituel
2. Le médecin me fait une piqûre contre le choléra.	a. habituel	b. inhabituel
3. Le médecin me fait une prise de sang.	a. habituel	b. inhabituel
4. Le médecin me prend la température.	a. habituel	b. inhabituel
5. Le médecin me demande de respirer et de tousser.	a. habituel	b. inhabituel
6. Le médecin se gratte souvent devant moi.	a. habituel	b. inhabituel

ACTIVITÉ C Qu'est-ce qui ne va pas? A doctor is providing his patients with different
treatments. Determine what they suffer from.

1. Il faut que vous preniez du sirop contre la toux.	a. Il a des allergies.	b. Il tousse.
2. Il est nécessaire que vous passiez une radiographie.	a. Il s'est cassé le bras.	b. Il a la grippe.
3. Vous avez besoin de deux points de suture.	a. Il s'est coupé.	b. Il a de la fièvre.
4. Vous avez de la température.	a. Il a beaucoup de stress.	b. Il a la grippe.

ACTIVITÉ D Soyez un bon médecin! You know best what is good for you. Select the logical
solution to each situation.

1. Je souhaite être en bonne santé.	a. Il faut arrêter de fumer.	b. Il faut boire du Coca Cola.
2. Je suis allergique au froid.	a. Il faut aller au Canada.	b. Il faut aller au Texas.
3. L'avion me donne mal à la tête.	a. Il faut aller à l'aéroport.	b. Il faut prendre la voiture.
4. Je suis toujours fatigué.	a. Il faut boire beaucoup de café.	b. Il faut dormir plus.

ACTIVITÉ **E** **Les symptômes, les soins et les traitements** Complete the sentences with the appropriate term from the **lexique**.

LEXIQUE			
FIÈVRE	MAL À LA TÊTE	PHARMACIEN	TENSION
FRACTURE	PANSEMENT	PIQÛRE	TOUX

1. Quand je tousse, je prends du sirop contre la _____.

2. Quand j'ai _____, je prends un cachet d'aspirine.

3. Quand on a de la température, on a de la _____.

4. On passe une radiographie pour savoir si on a une _____.

5. Je vais chez le _____ avec une ordonnance du médecin.

6. Le médecin me fait une _____ contre la grippe.

7. Après une prise de sang, le docteur me pose un _____ sur le bras.

ACTIVITÉ **F** **Un accident de la route** Complete the text with the appropriate terms from the **lexique**.

LEXIQUE		
JAMBE	ORDONNANCE	RADIOGRAPHIE
MÉDICAMENTS	POINTS DE SUTURE	URGENCES

Éric a eu un accident de vélo. Il est allé aux (1) _____ parce que c'est assez grave. Il s'est

cassé la (2) _____. Le médecin lui a fait passer une (3) _____. Maintenant il doit

marcher avec des béquilles *(crutches)* pendant trois semaines. Il s'est aussi coupé le visage. Il a eu des

(4) _____. Le docteur lui a donné une (5) _____ pour qu'il achète des

(6) _____.

ACTIVITÉ **G** **Chez le médecin** Complete the doctor's responses using expressions from the **lexique**.

LEXIQUE	
ACHETER DES KLEENEX	JOUER AVEC LES CHATS
PRENDRE VOTRE TEMPÉRATURE	RESTER AU LIT

Modèle: PATIENTE: Je suis toujours fatiguée.
MÉDECIN: Il faut que vous **dormiez plus.**

1. PATIENTE: Je me suis cassé la jambe.
   MÉDECIN: Il vaut mieux que vous _____.

2. PATIENTE: J'éternue *(sneeze)* régulièrement.
   MÉDECIN: Je préfère que vous _____.

3. PATIENTE: Je suis allergique aux chats.
   MÉDECIN: Il ne faut pas que vous _____.

4. PATIENTE: Je pense que j'ai de la fièvre.
   MÉDECIN: Il est nécessaire que je _____.

Nom _____ Date _____

GRAMMAIRE 3

Pour exprimer la volonté et les émotions

Le subjonctif des verbes irréguliers

12-14

ACTIVITÉ H Que me conseillez-vous? You check the causes for different symptoms on a medical website. Unfortunately, for each question you enter, the computer gives you two suggestions. Choose the most appropriate one.

Modèle: *You hear:* J'ai mal à la tête. Que me conseillez-vous?
You see: a. Il faut que vous preniez un cachet d'aspirine.   b. Il faut que vous ayez une piqûre.
You select: **a**

1. a. Il faut que vous puissiez dormir.   b. Il faut que vous ayez un pansement.
2. a. Il faut que vous fassiez du sport.   b. Il faut que vous puissiez rester chez vous.
3. a. Il faut que vous alliez aux urgences.   b. Il faut que vous soyez drôle.
4. a. Il faut que vous ayez du sirop contre la toux.   b. Il faut que vous ayez des points de suture.
5. a. Il faut que vous alliez chez le médecin.   b. Il faut que vous fassiez du shopping.

ACTIVITÉ I Un bon conseil? A senior student is giving advice to freshmen. Determine if what he says is **un bon conseil** or **un mauvais conseil**.

1. Il est essentiel que vous fassiez la fête tous les jours.   a. un bon conseil   b. un mauvais conseil
2. Il est préférable que vous ayez des amis.   a. un bon conseil   b. un mauvais conseil
3. Je conseille que vous soyez sérieux.   a. un bon conseil   b. un mauvais conseil
4. Je recommande que vous sachiez étudier.   a. un bon conseil   b. un mauvais conseil
5. Je souhaite que vous puissiez vous ennuyer.   a. un bon conseil   b. un mauvais conseil

ACTIVITÉ J La santé sur le campus Read the impressions of a French student visiting an American university and complete his sentences with the appropriate endings.

1. Je suis surpris que les étudiants américains…
   a. soient en bonne santé.   b. sont en bonne forme.
2. Je regrette que les Français…
   a. ne fassent pas autant de sport.   b. ne sont pas en aussi bonne santé.
3. Je souhaite que les étudiants…
   a. savent faire du sport.   b. sachent prendre soin de leurs corps.
4. J'ai peur que les Français ne…
   a. peuvent pas jouer au baseball.   b. puissent pas jouer au baseball.

ACTIVITÉ K Les regrets de Sophie Sophie is a freshman and she complains about her life. Use the present subjunctive of a verb with an irregular subjunctive to complete her complaints.

ALLER	AVOIR	ÊTRE	FAIRE	POUVOIR	SAVOIR	VOULOIR

1. Je regrette que mes cours _____ ennuyeux.
2. Je suis surprise que mes camarades de classe _____ en cours aujourd'hui.
3. Je suis désolée que mon amie ne _____ pas finir ses études.
4. Je suis triste que mes parents ne _____ pas ce que je fais.
5. Je ne suis pas contente que ma colocataire n' _____ pas de voiture.

ACTIVITÉ L Les parents de Sophie Sophie's parents are not happy with their daughter's attitude. Complete their reactions by selecting the appropriate verb and writing it in the present subjunctive.

1. Nous exigeons que tu _____ (aller / avoir) en cours tous les jours.

2. Il est essentiel que tu _____ (avoir / faire) de bonnes notes.

3. Il faut que tu _____ (faire / savoir) du sport régulièrement.

4. Nous demandons que tu _____ (être / faire) sérieuse le week-end.

5. Nous sommes désolés que tu _____ (ne pas savoir / ne pas être) t'amuser.

6. Il est préférable que tu _____ (pouvoir / aller) éviter le stress.

ACTIVITÉ M Ce que pensent vos professeurs Complete the following sentences about what professors think about their students by selecting the appropriate verb and writing it in the present subjunctive.

1. Les professeurs sont heureux que les étudiants _____ (vouloir / être) apprendre.

2. Les professeurs aiment que les étudiants _____ (savoir / aller) parler une langue étrangère.

3. Les professeurs exigent que les étudiants _____ (vouloir / aller) en cours.

4. Ils sont contents que nous _____ (faire / pouvoir) nos devoirs.

5. Ils souhaitent aussi que nous _____ (être / vouloir) plus intelligents.

6. Il est triste que les étudiants _____ (avoir / savoir) peur de parler à leurs professeurs.

ACTIVITÉ N Et vous? Complete the sentences based on your wishes and experiences.

1. Je souhaite que mes professeurs _____.

2. Je suis content(e) que mon professeur de français _____.

3. Il est essentiel que mes amis et moi, nous _____.

4. Pour rester en forme, il faut que vous _____.

5. Si tu tombes malade, il est préférable que tu _____.

6. Si vous êtes allergiques aux chats, je conseille que vous _____.

7. J'ai peur que _____.

8. Je suis furieux/furieuse que _____.

ACTIVITÉ O Dictée: Pour rester en forme You will hear a passage with suggestions for how to stay fit and healthy. The first time you hear the passage, do not write anything. Just listen for comprehension. You will then be prompted to listen to the passage again and to begin writing. You may repeat the recording as many times as necessary.

_____
_____
_____
_____
_____
_____

Liaisons avec les mots et les sons

12-16 La lettre *h*, le *e* caduc et le *e* muet

As you have seen, the **h** in French is usually silent and treated as a vowel.

| l'homme | s'habiller | les humains | des heures |

Some words have an *h* **aspiré.** This means the **h** is not treated as vowel, so it is not preceded by **l'** and there is no **liaison.**

| le hockey | les haricots verts | le huit novembre | les héros |

An unaccented **e** is usually pronounced like the **e** in the following words. This sound is called an *e* **caduc.**

| ce | de | le | me | se regarder | cheveux |

An *e* **caduc** is sometimes called *e* **muet** *(mute)* when it is silent. An *e* **muet** occurs at the end of words and when it is preceded by only one consonant.

| coude | singe | tête | vache | logement | traitement |

The *e* **caduc** sound is often dropped in spoken French.

| Je ne sais pas. | Il ne se brosse pas les dents. | Je ne suis pas certain. |

12-17 **Pratique A.** Listen to and repeat these words.

1. les histoires
2. les horaires
3. les hôtels
4. les heures
5. les hivers

6. les hamburgers
7. le handicap
8. la harpe
9. le hasard
10. les hotdogs

12-18 **Pratique B.** Listen to and repeat these sentences. Then, underline the *e* **muet** sounds.

1. J'habite dans un appartement.
2. J'ai acheté une lampe.
3. Il a une assurance maladie.
4. Il a besoin d'un pansement.
5. Je vous fais une ordonnance.
6. Il se prépare une omelette.
7. Il est nécessaire qu'elle vienne à un enterrement.
8. Il regrette qu'elle n'ait pas de passeport.

12-19 **Pratique C.** Listen to these lines from the film *Liaisons*, underlining all the *e muet*, crossing out the *e caduc,* and circling all the *h muet*. Check your work against the answer key, and then listen to and repeat the lines.

1. ABIA: Claire, il est déjà dix-huit heures.

2. CLAIRE: Pourriez-vous me donner les indications pour retourner à l'hôtel... ?

3. POLICIER: Vous êtes sûre? Je vous emmène à l'hôpital?

4. CLAIRE: Comme je le disais tout à l'heure...

5. MME LEGRAND: Je dois rentrer chez moi pour me préparer.

6. MME LEGRAND: Je dois m'habiller... me maquiller...

7. ABIA: L'homme sur cette photo, c'est peut-être un parent?

8. CLAIRE: Je viens de trouver le numéro.

Pratique D.

12-20 **Étape 1.** The speaker will spell out words that make up a sentence. Write the letters and accent marks you hear.

1. _____   6. _____
2. _____   7. _____
3. _____   8. _____
4. _____   9. _____
5. _____   10. _____

Étape 2. Use the words you wrote in **Étape 1** to make a complete sentence that describes the action in the video still.

_____

_____

12-21 **Étape 3.** Now, listen to and repeat the sentence formed with the words you wrote in **Étape 2,** paying special attention to the *e caduc* and the *h aspiré*.

Le courrier électronique

Avant d'écrire

Catherine Gaughan, a French student you met in Paris, is emailing all her American friends to update them on her future projects and to ask about healthcare in the U.S. Read her email and begin to think about how you might respond to her questions.

Écrire un message

⤺ ▷ Envoyer   ✎ Enregistrer   ▯ Joindre un fichier   ✖ Annuler

A : Catherine Gaughan <catherine.gaughan11@courriel.fr>   Accès au Répertoire
Copie : Mes amis américains   ☑ Conserver une copie

Objet : Les études aux États-Unis   Priorité : normale ⬍

Chers amis,

J'espère que cette année s'est bien passée et que vous vous êtes bien amusés! Je regrette que les études soient si stressantes, mais il serait dommage que vous ne puissiez pas vous reposer de temps en temps. Je suis contente de vous annoncer que je passe le baccalauréat dans un mois et que j'aimerais faire des études de médecine aux États-Unis. Maintenant, il est essentiel que je sache comment m'occuper de ma santé quand je serai aux États-Unis. En France, on peut aller chez le docteur très souvent, c'est remboursé par l'assurance maladie. Quand j'ai un rhume, je vais chez le médecin et voilà, plus de problème! Même les urgences sont gratuites (free) en France. Si j'ai un accident grave, je peux voir un médecin à toute heure du jour ou de la nuit. Comment est le système de santé chez vous? Que faites-vous quand vous êtes en mauvaise santé ou quand vous avez un accident? Est-ce que cela coûte cher? Où allez-vous quand vous êtes malade? J'attends vos réponses et vos suggestions avec impatience.

À très bientôt,
Catherine

Écrire

Using the following template and vocabulary and grammar you have already learned, write an email to Catherine consisting of 6–8 French sentences in which you answer her questions and offer advice on the American healthcare system and on what to do when one is ill.

Ecrire un message

↰ ⇨ Envoyer 🖳 Enregistrer 📎 Joindre un fichier   ✖ Annuler

Accès au Répertoire

A : _____

Copie : _____   ☑ Conserver une copie

Objet : _____   **Priorité :** [normale ⇕]

Les **innovations** CHAPITRE FINAL

PARTIE **1**

VOCABULAIRE 1

La technologie

13-1

ACTIVITÉ Ⓐ Un ordinateur portable You will hear computer-related items. Indicate if they are always included or not always included with a laptop computer.

Modèle: *You hear:* le Wi-Fi
You see: **toujours inclus**   **pas toujours inclus**
You select: ☐   ☒

	toujours inclus	pas toujours inclus		toujours inclus	pas toujours inclus
1.	☐	☐	5.	☐	☐
2.	☐	☐	6.	☐	☐
3.	☐	☐	7.	☐	☐
4.	☐	☐	8.	☐	☐

13-2

ACTIVITÉ Ⓑ Les activités sur Internet You will hear various activities. Say aloud whether or not it is necessary to be online in order to complete them. Then, check your answers and pronunciation when the speaker provides the correct responses. (8 items)

Modèle: *You hear:* taper un devoir
You say: **Il n'est pas nécessaire d'être en ligne.**

ACTIVITÉ Ⓒ Les nouvelles technologies Select the option that is being described.

1. C'est un traitement de texte très efficace.	a. Microsoft Word	b. Sprint
2. C'est un système GPS populaire.	a. Apple	b. Garmin
3. C'est un logiciel utilisé pour faire des conférences.	a. PowerPoint	b. IBM
4. Ce groupe a inventé une navette spatiale.	a. Microsoft	b. NASA
5. C'est une source d'énergie écologique.	a. l'énergie solaire	b. l'énergie nucléaire
6. Cette compagnie fabrique des voitures hybrides.	a. Nestlé	b. Toyota

ACTIVITÉ Ⓓ Le quotidien d'un webmaster Complete the sentences with items from the **lexique**.

LEXIQUE				
EN LIGNE	LOGICIELS	MOT DE PASSE	ORDINATEUR	RÉALITÉ VIRTUELLE

Bonjour, chaque jour j'utilise mon (1) _____. J'ai beaucoup de (2) _____ qui me permettent de travailler (3) _____. Je change de (4) _____ tous les jours. J'ai créé *(created)* mon propre *(own)* univers et je vis chaque jour dans une (5) _____.

ACTIVITÉ **E** **Ordinateur 101** A person is learning how to use a computer and the Internet. Complete the sentences with items from the **lexique**.

LEXIQUE			
CLAVIER	FICHIERS	SOURIS	WI-FI
DÉMARRER	MOT DE PASSE	WEBCAM	

- Tout d'abord, il faut (1) _____ l'ordinateur.
- Vous devez utiliser la (2) _____ pour déplacer le curseur sur l'écran.
- Pour lire vos courriels, il faut utiliser le (3) _____ pour taper votre (4) _____.
- Vous pouvez sauvegarder vos (5) _____ sur le disque dur *(hard drive)* de votre ordinateur.
- Le (6) _____ permet de se connecter à Internet où on veut.
- Avec une (7) _____, on peut faire des conférences vidéo sur Internet.

ACTIVITÉ **F** **Les problèmes technologiques** You will hear a conversation between Laure and Christelle. Indicate whether the statements are **vrai** or **faux**.

13-3

	vrai	faux
1. L'ordinateur de Laure ne marche pas.	☐	☐
2. Laure doit consulter ses courriels.	☐	☐
3. Laure doit faire des exercices en ligne.	☐	☐
4. Laure veut acheter un ordinateur avec une webcam.	☐	☐
5. Laure n'aime pas son traitement de texte.	☐	☐
6. Laure va faire ses devoirs chez une amie.	☐	☐

ACTIVITÉ **G** **La technologie et le bon sens** Using the elements provided, write negative or affirmative sentences to make each statement true.

Modèle: On / devoir / dire / mot de passe / à tout le monde
On ne doit pas dire son mot de passe à tout le monde.

1. La navette spatiale / être / innovation médicale _____

_____

2. On / avoir besoin de / système GPS / pour aller sur Internet _____

_____

3. La voiture hybride / consommer / beaucoup / essence *(gas)* _____

_____

4. Le clonage / être / innovation médicale _____

_____

5. Un cœur artificiel / pouvoir / sauver / une vie _____

_____

6. Le téléchargement de films / être / légal _____

_____

GRAMMAIRE 1

Pour exprimer les opinions

Le subjonctif et les opinions

ACTIVITÉ H La santé des étudiants Listen to the opinions made by members of a student organization during a health awareness week on your campus. Write **I** if you think a statement is **intelligent.** Write **S** if you think it is **stupide.**

13-4

Modèle: *You hear:* Il est indispensable que vous mangiez sept fois par jour.
You write: **S**

1. _____

2. _____

3. _____

4. _____

5. _____

6. _____

ACTIVITÉ I Les opinions d'un médecin Select the logical completions of a doctor's statements.

1. Il a un rhume. Il est normal qu'il...
   a. se sente bien.   b. se sente mal.

2. Elle a la grippe. Il est inutile qu'elle...
   a. aille au travail.   b. se repose.

3. Il a de la fièvre. Il est bon qu'il...
   a. prenne de l'aspirine.   b. soit heureux.

4. Vous êtes allergique au pollen. Il est dommage que vous...
   a. travailliez à l'extérieur.   b. restiez chez vous.

5. Tu es stressée. Il est indispensable que tu...
   a. te relaxes.   b. prennes du café.

6. Vous vous êtes cassé la jambe. Il est indispensable que vous...
   a. ne marchiez pas.   b. dansiez tous les soirs.

7. Je suis en bonne santé. Il est injuste que je…
   a. ne puisse pas m'amuser.   b. ne sois pas malade.

8. Elle a mal au ventre. Il est stupide qu'elle...
   a. mange beaucoup.   b. aille chez le médecin.

ACTIVITÉ J La technologie et les étudiants The university has issued advice to students about their use of technology. Complete the statements with the appropriate adjective and the present subjunctive of the appropriate verb.

Modèle: Il est (essentiel / triste) que vous (aller / savoir) utiliser un ordinateur.
Il est essentiel que vous sachiez utiliser un ordinateur.

1. Il est (inutile / utile) qu'on (avoir / être) les meilleurs logiciels.

   _____

   _____

2. Il est (bon / mauvais) que les étudiants (changer / démarrer) leur mot de passe régulièrement.

   _____

   _____

3. Il est (indispensable / inutile) que vous (effacer / sauvegarder) vos documents.

   _____

   _____

4. Il est (dommage / merveilleux) que tout le monde (pouvoir / avoir) aller sur Internet.

   _____

   _____

5. Il est (bizarre / normal) que les étudiants (imprimer / éteindre) leurs documents en salle informatique.

   _____

   _____

6. Il est (merveilleux / triste) que les adolescents (imprimer / être) en ligne trop souvent.

   _____

   _____

ACTIVITÉ L Pour être heureux dans la vie Select the correct phrase to complete each sentence.

1. _____ avoir une grosse voiture.	a. Il est indispensable de/d'	b. Il est indispensable qu'on
2. _____ soit riche.	a. Il est essentiel de/d'	b. Il est essentiel qu'on
3. _____ aimer beaucoup.	a. Il est important de/d'	b. Il est important qu'on
4. _____ s'amuse et se détende.	a. Il faut	b. Il faut qu'on

ACTIVITÉ M L'infinitif ou le subjonctif? A campus nurse writes about her experiences at a university's medical center. Complete her sentences by choosing the logical verb and writing it in either the infinitive or the present subjunctive as needed.

Il est essentiel de/d' (1) (être/avoir) _____ sérieux à l'université. Il faut que les étudiants

(2) (faire/payer) _____ attention à leur santé. Je leur dis toujours: «Il faut que vous (3) (boire/

dormir) _____ bien et que vous (4) (dormir/manger) _____ trois fois par

jour.» Évidemment beaucoup d'étudiants ont des problèmes de santé en hiver. Certains ont la grippe. Il est

possible de (5) (faire/lire) _____ une piqûre contre la grippe. D'autres font trop la fête; il est

important d' (6) (imprimer/étudier) _____ tous les jours.

ACTIVITÉ **N** **Vous, votre santé et votre bien-être** Use an infinitive or the present subjunctive as appropriate to express information about how you take care of yourself.

1. Pour être heureux, il est essentiel de/d'_____.

2. Pour rester en bonne santé, il est important que je _____.

3. Pour réussir à l'université, il est indispensable _____.

ACTIVITÉ **O** **Dictée: La matinée de Rachel** You will hear a passage about what Rachel did on her computer this morning. The first time you hear the passage, do not write anything. Just listen for comprehension. You will then be prompted to listen to the passage again and to begin writing. You may repeat the recording as many times as necessary.

13-5

_____

_____

_____

_____

_____

_____

_____

_____

_____

_____

PARTIE 2

VOCABULAIRE 2

L'environnement et la société

ACTIVITÉ A Écologique ou non? Read what these people are doing and determine if **c'est écologique** or **ce n'est pas écologique.**

1. J'achète des ampoules basse consommation.
   a. C'est écologique.   b. Ce n'est pas écologique.

2. Je n'éteins jamais mon ordinateur.
   a. C'est écologique.   b. Ce n'est pas écologique.

3. Je recycle le plastique.
   a. C'est écologique.   b. Ce n'est pas écologique.

4. J'utilise de l'énergie renouvelable.
   a. C'est écologique.   b. Ce n'est pas écologique.

5. Je gaspille beaucoup d'électricité.
   a. C'est écologique.   b. Ce n'est pas écologique.

ACTIVITÉ B Pour sauver la planète Decide if these activities would be **utile** or **inutile** in saving the planet.

1. Il faut limiter la pollution.   a. C'est utile.   b. C'est inutile.
2. Il faut protéger les organismes génétiquement modifiés.   a. C'est utile.   b. C'est inutile.
3. Il faut recycler les déchets industriels.   a. C'est utile.   b. C'est inutile.
4. Il faut gaspiller les ressources naturelles.   a. C'est utile.   b. C'est inutile.
5. Il faut interdire de faire du compost.   a. C'est utile.   b. C'est inutile.
6. Il faut protéger les espèces menacées.   a. C'est utile.   b. C'est inutile.
7. Il faut limiter le réchauffement climatique.   a. C'est utile.   b. C'est inutile.
8. Il faut interdire la déforestation.   a. C'est utile.   b. C'est inutile.

ACTIVITÉ C Une préoccupation écologique ou sociale? You will hear a series of contemporary issues or concerns. Say aloud whether they are primarily ecological or societal. Then, check your answers and pronunciation when the speaker provides the correct responses. (8 items)

13-6

Modèle: *You hear:* les déchets domestiques
         You say: **C'est une préoccupation écologique.**

ACTIVITÉ D Les préoccupations sociales You will hear a conversation between Virginie who is a social worker and her best friend Hélène. Indicate if the statements are **vrai** or **faux.**

13-7

	vrai	faux
1. La pauvreté n'est pas un problème pour Virginie.	☐	☐
2. La surpopulation est un problème.	☐	☐
3. La pauvreté concerne les sans-abris et les familles.	☐	☐
4. Des enfants ont faim à cause du chômage.	☐	☐
5. L'assistance sociale a sauvé des familles.	☐	☐
6. On ne peut pas faire plus.	☐	☐

ACTIVITÉ **E** **L'écologie** Complete the following advice from an environmentalist organization with items in the **lexique**.

LEXIQUE					
CONSERVER	INTERDIRE	LA POLLUTION	LE RÉCHAUFFEMENT	SAUVER	RECYCLER

- Il faut (1) _____ l'énergie et surtout utiliser des énergies renouvelables.
- Il faut (2) _____ les déchets domestiques.
- Il faut protéger et (3) _____ les espèces menacées.
- L'effet de serre cause (4) _____ climatique.
- Il faut limiter (5) _____ et les déchets industriels.
- Nous voulons (6) _____ les organismes génétiquement modifiés.

ACTIVITÉ **F** **Les étudiants écologiques** Some ecologically-minded students made the following remarks. Decide whether their statements should be affirmative or negative and then write complete sentences with the elements provided.

Modèles: (gaspiller) de l'énergie: Il est important que vous **ne gaspilliez pas d'énergie.**
(protéger) les espèces menacées: Il est bon que nous **protégions les espèces menacées.**

1. (faire) du compost: Il est dommage que mes voisins _____

_____.

2. (utiliser) des ampoules basse consommation: Il est merveilleux que vous _____

_____.

3. (recycler) ses déchets domestiques: Il est stupide que ma voisine _____

_____.

4. (interdire) la déforestation: Il est indispensable que notre gouvernement _____

_____.

5. (acheter) des produits non biodégradables: Il est bon que vous _____

_____.

6. (gaspiller) nos ressources naturelles: Il est triste que des gens _____

_____.

ACTIVITÉ **G** **Votre opinion** Decide whether each statement is affirmative or negative for you and then write complete sentences with the elements provided.

Modèle: La faim / être / un problème / dans ma ville
La faim n'est pas un problème dans ma ville.

1. La pauvreté / être / grand problème / dans ma ville _____

_____

2. Je / voir / beaucoup de sans-abri / dans ma ville _____

_____

3. L'assistance sociale / être / une bonne solution / pour éviter la pauvreté _____

_____

4. La surpopulation / être / un problème sérieux / dans mon pays _____

_____

GRAMMAIRE 2

Pour exprimer le doute et la certitude

Le subjonctif et l'indicatif

13-8

ACTIVITÉ H Le doute ou la certitude? You will hear a series of statements. Indicate if they express **certitude** or **doute**.

Modèle: *You hear:* Je crois que vous recyclez régulièrement.
You see: a. la certitude   b. le doute
You select: **a**

1. a. la certitude   b. le doute   6. a. la certitude   b. le doute
2. a. la certitude   b. le doute   7. a. la certitude   b. le doute
3. a. la certitude   b. le doute   8. a. la certitude   b. le doute
4. a. la certitude   b. le doute   9. a. la certitude   b. le doute
5. a. la certitude   b. le doute   10. a. la certitude   b. le doute

ACTIVITÉ I La vie étudiante Select the expression that begins each sentence.

1. … ait des amis.   a. Il n'est pas certain qu'on   b. Il est certain qu'on
2. … sache s'amuser.   a. Il n'est pas évident qu'on   b. Il est clair qu'on
3. … doit étudier.   a. Il est clair qu'on   b. Il n'est pas sûr qu'on
4. … puisse s'amuser.   a. Il n'est pas sûr qu'on   b. Il est certain qu'on
5. … peut être heureux.   a. Il est clair qu'on   b. Il ne pense pas qu'on
6. … a de la chance.   a. Les gens savent qu'on   b. Les gens ne pensent pas qu'on
7. … aient peur.   a. Il est dommage que les gens   b. Il est certain que les gens
8. … soit chez elle.   a. On pense qu'elle   b. Il est important qu'elle
9. … est sérieuse.   a. Ses amis pensent qu'elle   b. Il n'est pas sûr qu'elle
10. … veuille sortir ce soir. a. Il est sûr qu'il   b. Je ne crois pas qu'il

13-9

ACTIVITÉ J Certain ou pas certain? You will hear the endings of sentences. Select the expression that best begins each sentence.

Modèle: *You hear:* vous puissiez réussir
You see: a. Je pense que b. Je ne pense pas que
You select: **b**

1. a. Il est évident que   b. Il n'est pas évident que
2. a. Je sais que   b. Je doute que
3. a. Il est clair que   b. Il n'est pas clair que
4. a. Je suis sûr que   b. Il n'est pas certain que
5. a. On est certain que   b. On doute que
6. a. Il est sûr que   b. Il est impossible que
7. a. Il est vrai que   b. Il n'est pas vrai que
8. a. Je sais   b. Je doute
9. a. Il est clair que   b. Il est impossible que
10. a. Je pense que   b. Je ne suis pas sûr que

ACTIVITÉ **K** **Cœur de Pirate** A reporter is making statements about Cœur de Pirate, a singer in Quebec. Listen to the beginning of his statements to decide if he is expressing certainty or doubt, and then select the correct phrase to complete his sentences.

13-10

1. a. ait beaucoup d'amis.   b. a beaucoup d'amis.

2. a. boive trop.   b. boit trop.

3. a. sort avec beaucoup d'hommes.   b. sorte avec beaucoup d'hommes.

4. a. est très riche.   b. soit très riche.

5. a. finisse sa tournée *(tour)*.   b. finit sa tournée.

6. a. veut se marier.   b. veuille se marier.

7. a. comprenne l'anglais.   b. comprend l'anglais.

8. a. sache jouer du violon.   b. sait jouer du violon.

ACTIVITÉ **L** **Vous croyez?** A student is talking about raising environmental awareness on his campus. Complete each sentence with **Je crois** or **Je ne crois pas**.

1. _____ que nous recyclons les déchets industriels.

2. _____ que nous conservons l'eau.

3. _____ que vous éteigniez la lumière tous les soirs.

4. _____ que nous protégions les espèces menacées.

5. _____ que nous gaspillions de l'électricité.

6. _____ que nous faisons du compost sur le campus.

ACTIVITÉ **M** **Un cours d'écologie** A Greenpeace activist visits your campus and gives advice about how to save the planet. Complete the sentences by selecting the appropriate verb and writing it in the present indicative or the present subjunctive as needed.

Modèle: (avoir / devoir) être responsables   Je pense que nous **devons être responsables.**

1. (polluer / jeter) la planète: Il est clair que les hommes _____

_____.

2. (être / interdire) un grand problème: Il est certain que le réchauffement climatique _____

_____.

3. (être / avoir) désespérée: Il n'est pas vrai que la situation _____

_____.

4. (gaspiller / protester) assez: Je ne pense pas que les étudiants _____

_____.

5. (faire / être) quelque chose: Je doute que les politiciens _____

_____.

6. (pouvoir / faire) sauver la planète: Je suis certain que nous _____

_____.

7. (éteindre / faire) la lumière quand tu sors de la maison: Je ne pense pas que tu _____

_____.

8. (utiliser / polluer) des produits biodégradables: Je ne suis pas sûr que nous _____

_____.

🔊 **ACTIVITÉ ⓝ Opinion ou certitude?** Listen to phrases that Romain is making about himself and
13-11 his roommate Kofi. Pay attention to the verb to determine if Romain is expressing an opinion (subjunctive)
or certainty (indicative). Say aloud Romain's complete sentence for him. Then, check your answers and
pronunciation when the speaker provides the correct responses.

Modèle: *You hear:* fassions la cuisine
You see: Il est bon que / Il est vrai que
You say: **Il est bon que nous fassions la cuisine.**

1. Il est important que / Il est évident que   5. Il est triste que / Il est clair que

2. Il est dommage que / Je sais que   6. Il est bizarre que / Il est vrai que

3. Il est essentiel que / Je suis sûr que   7. Il est utile que / Il est certain que

4. Il est merveilleux que / Il est évident que   8. Il est essentiel que / Il est impossible que

ACTIVITÉ ⓞ Souhaiter ou espérer?

Étape 1. Marie and Rachel express their wishes and hopes for the future. Marie is very environmentally
conscious while Rachel does not care about the environment. Complete their sentences with **j'espère** or **je
souhaite** and determine who is speaking.

1. _____ que la société utilisera des produits biodégradables. _____

2. _____ qu'on continuera à gaspiller. _____

3. _____ qu'on encourage la déforestation. _____

4. _____ que les étudiants fassent du compost. _____

5. _____ que les États-Unis soient plus écologiques. _____

6. _____ que les espèces menacées ne seront pas protégées. _____

Étape 2. Complete each sentence with the subjunctive or the future and decide whether you feel each
sentence should be affirmative or negative.

Modèles: (faire) du compost: J'espère que mes voisins **ne feront pas de compost.**
(faire) du recyclage: Je souhaite que mes amis **fassent du recyclage.**

1. (être) écologique: Je souhaite que mon ami(e) _____

_____ .

2. (avoir) beaucoup d'associations humanitaires: J'espère que nous _____

_____ .

3. (recevoir) l'assistance sociale: Je souhaite que les sans-abri _____

_____ .

4. (acheter) les nouvelles ampoules basse consommation: J'espère que mon/ma colocataire _____

_____ .

5. (trouver) de bonnes solutions aux problèmes du chômage: J'espère que notre société _____

_____ .

6. (manger) plus d'organismes génétiquement modifiés: Je souhaite que nous _____

_____ .

Nom _____ Date _____

Using the expressions provided, complete each sentence using the subjunctive, present indicative, future, or infinitive. You may only use each expression once.

Modèles: Ma mère veut que **j'écrive plus souvent**.
Je veux **sauver les espèces menacées**.

ACHETER DES VOITURES HYBRIDES	DEVOIR ÉTUDIER LES LANGUES ÉTRANGÈRES	MANGER DES OGM
APPRENDRE LE FRANÇAIS	S'ENTENDRE BIEN AVEC NOS VOISINS	POUVOIR PARLER PLUSIEURS LANGUES
AVOIR PLUS DE TEMPS LIBRE	ÊTRE UN PROBLÈME TRÈS SÉRIEUX	PRENDRE PLUS DE FRUITS BIOLOGIQUES
BOIRE MOINS D'ALCOOL		PROTESTER CONTRE LES OGM
COMPRENDRE LES PROBLÈMES DE NOTRE SOCIÉTÉ	FAIRE DU RECYCLAGE	
	INTERDIRE LE CLONAGE	SAVOIR VIVRE EN PAIX

1. Je veux que notre société _____

_____.

2. Le gouvernement doit _____

_____.

3. Il est important que nous _____

_____.

4. Il est merveilleux que vous _____

_____.

5. Il est clair que _____

_____.

6. Il est nécessaire que _____

_____.

7. Nous devons _____

_____.

8. Je pense que _____

_____.

9. Je ne crois pas que _____

_____.

10. J'espère que _____

_____.

11. Je veux _____

_____.

ACTIVITÉ Q Dictée: Greenpeace You will hear a passage about the environmental protectionist group Greenpeace. The first time you hear the passage, do not write anything. Just listen for comprehension. You will then be prompted to listen to the passage again and to begin writing. You may repeat the recording as many times as necessary.

13-12

_____

_____

_____

_____

_____

_____

_____

_____

_____

_____

Blog *Liaisons*

Avant de bloguer

In **Séquence 7** of the film *Liaisons,* Claire finally learns the truth about her past from Alexis and finds answers to the mysterious events of the past few days. In this blog, discuss your impressions of **Séquence 7**.

Consider: What is surprising? Does anything remain bizarre? Are you happy for Claire? Did you expect a different ending? Who do you think Alexis is? An angel? A dream? What do you think will happen to Claire and her mother? What do you think will happen in the sequel of this film?

In **Chapitre 12** and **Chapitre final** of your textbook, you learned many expressions that you can use to express your thoughts and reactions about the ending of the film (**Je suis surpris[e] que…, Il est bizarre que…, Je crois que…, Je ne crois pas que…, J'ai pensé que…, Il est possible que…, J'espère que…,** etc.), so don't forget to draw on them as you consider what you will write.

Jot down your ideas in the following box before writing your blog.

Bloguer

Using the template on the next page, write your blog about **Séquence 7.** Fill it in with at least six sentences in French describing your thoughts or reactions. Don't forget to think of a title (and maybe a slogan) and to date your blog!

Titre du blog (C'est le nom de votre blog. Exemple: Les fanas de *Liaisons*)

_____

_____

Slogan (C'est le thème de votre blog. Exemple: Petites et grandes réactions par John Smith)

_____

_____

Titre de votre article (Exemple: La clé mystérieuse)

_____

_____

Date _____

Article _____

_____

_____

_____

_____

_____

_____

_____

_____

_____

_____

_____

_____

_____

_____

_____

_____